GOLDMANN

Lesen erleben

Buch

Wie weit müssen wir fahren, um irgendwann einmal anzukommen? Die Antwort auf diese Frage muss jeder selbst herausfinden, doch das Wichtigste ist erst einmal das Losfahren. Denn wer nicht wegfährt, kann auch nicht heimkommen. Für Anika Landsteiner ist Reisen eine Herzensangelegenheit, die sie bereits um die ganze Welt geführt hat. Nur wenn man das warme Nest zu Hause verlässt, kann man sich für die Welt öffnen und das entdecken, was man liebt – auch wenn es manchmal mit Strapazen verbunden ist. Mit ihren Beobachtungen und Gedanken zeichnet sie manchmal das große Bild, manchmal spürt sie Zwischentöne auf – ob auf Dschungelpfaden in Kolumbien oder einem staubigen kalifornischen Highway. Der richtige Zeitpunkt zum Losfahren? Immer genau jetzt!

Autorin

Anika Landsteiner, geboren 1987, absolvierte eine Ausbildung zur Schauspielerin, ehe sie sich der journalistischen Laufbahn zuwandte. Seit 2010 schreibt sie für verschiedene Online- und Printmedien wie *ZEITjUNG.de*, *im gegenteil* oder *Jolie*. Außerdem hat sie zwei Jahre das renommierte Münchner Stadtmagazin *MUCBOOK* geleitet und führt den Reiseblog *Ani denkt*, der sich großer Beliebtheit erfreut. Wenn sie nicht gerade um die Welt fliegt, lebt Anika Landsteiner in München.

Mehr Infos unter *anidenkt.de*.

ANIKA LANDSTEINER

GEHEN UM ZU BLEIBEN

Wie ich in die Welt zog,
um bei mir anzukommen

GOLDMANN

Der Verlag weist ausdrücklich darauf hin, dass im Text enthaltene externe Links vom Verlag nur bis zum Zeitpunkt der Buchveröffentlichung eingesehen werden konnten. Auf spätere Veränderungen hat der Verlag keinerlei Einfluss. Eine Haftung des Verlags für externe Links ist daher ausgeschlossen.

Einige der Namen in diesem Buch wurden zum Schutz oder auf Wunsch der betreffenden Personen geändert. Die einzelnen Geschichten basieren auf den Erinnerungen und persönlichen Erfahrungen der Autorin. Mit den im Text geäußerten Meinungen möchte sie zum Nachdenken anregen. Reisen bedeutet, sich sein eigenes Bild zu machen – und diese Subjektivität ist das Schöne daran.

MIX
Papier aus verantwor-
tungsvollen Quellen
FSC® C014496

Verlagsgruppe Random House FSC®N001967
Dieses Buch ist auch als E-Book erhältlich.

1. Auflage
Originalausgabe Juni 2017
Wilhelm Goldmann Verlag, München,
in der Verlagsgruppe Random House GmbH
Neumarkter Straße 28, 81673 München
Umschlag: UNO Werbeagentur, München
Umschlagmotiv: FinePic®, München
Autorenfoto: © privat
Bildnachweis: shutterstock/Arcady
Redaktion: Antonia Zauner
Satz: Satzwerk Huber, Germering
Druck und Bindung: GGP Media GmbH, Pößneck
JE · Herstellung: cb
Printed in Germany
ISBN 978-3-442-17672-4
www.goldmann-verlag.de
Besuchen Sie den Goldmann Verlag im Netz:

Inhalt

Für alle,
deren Geschichten ein Teil
dieses Buches sind.

PROLOG

Das ist meine Stadt.

Ich war sicherlich nicht die Erste, die das beim Anblick New Yorks dachte, und ich wage zu behaupten, dass kaum jemand, der einmal hier oben auf dem Empire State Building stand, sich dem Sog dieser Stadt entziehen konnte.

Das war nicht nur ein Haken auf meiner »Bucketlist«, einer Liste der Dinge, die ich in meinem Leben auf jeden Fall einmal tun oder sehen wollte, das war auch kein Scheißherzklopfen, zumindest nicht nur. Das war ein riesiger Plan, der sich auf einmal wie selbstverständlich vor mir entfaltete. Er erschien mir ganz klar und genauso strukturiert wie das Straßennetz unter mir: Irgendwann, wenn ich älter war, würde ich hier leben. Ich würde morgens mit meinem Coffee to go durch die Straßen hetzen, ich würde bei Regen in Dreiviertelhose und Ballerinas über Pfützen springen, ich würde im Sommer auf den Dächern sitzen und mit Freunden grillen, denn ich würde, ganz einfach, eine von ihnen sein und ich würde die Zeit meines Lebens haben.

New York und ich, wir waren wie füreinander gemacht. Und es war mir ziemlich egal, dass ich mich mit dieser Feststellung in eine Schlange hoffnungsloser Großstadtromantiker einreihte, die bereits im Flugzeug über Manhattan glaubten, hierher zu gehören.

Einen Tag nach meiner Rückreise, als ich vom Jetlag geschlaucht auf dem Sofa lag und schlief, kollidierte das erste Flugzeug mit dem Nordturm des World Trade Centers. Ein paar Minuten später rief mich meine Tante an und sagte mir, ich solle den Fernseher anschalten. Ich sah zu, wie das zweite Flugzeug in den Südturm flog. Ich kann mich nicht mehr erinnern, ob ich dabei weinte, ob ich an die Eintrittskarte auf meinem Schreibtisch dachte, oder ob ich meine Freundin anrief, die vor ein paar Tagen mit mir dort oben gestanden hatte. Ich war damals vierzehn Jahre alt, doch was diesen 11. September im Jahr 2001 angeht, klafft in meinem Gedächtnis eine große Lücke. Auch an den Tag, an dem das World Trade Center auf dem Sightseeing-Plan stand, erinnere ich mich heute kaum noch. Nur noch an dieses Gefühl, als ich dort oben auf der Plattform stand, während der Wind des Spätsommers durch mein Haar fuhr und ich mich unsterblich in diese Stadt verliebte.

Sechzehn Jahre später blicke ich auf viele bereiste Länder zurück. Auf Nachtzugfahrten durch China und einen Roadtrip durch Kalifornien. Auf zwei Monate Leben in Kolumbiens ehemaliger Drogenhochburg Medellín und knapp drei Monate Auszeit im *Warm Heart of Africa*, Malawi. Und manchmal, wenn ich ins Flugzeug steige, frage ich mich, welches Leben ich führen würde, hätte ich nach diesem Tag im September einen anderen Weg eingeschlagen. Meine Träume weggepackt, meine Reiselust nie aufkeimen und stattdessen meine Ängste überwiegen lassen.

Zwei Tage vor dem Einsturz des World Trade Centers habe ich New York verlassen, kurz vor den Attentaten in Paris bin ich mit Freunden in der Herbstsonne entlang des Kanals Saint-Martin flaniert und vier Wochen vor den Anschlägen in Brüssel habe ich dort mit einer Freundin in der Innenstadt belgisches Bier probiert.

Was ich damit sagen möchte: Das Schlimmste, was passieren kann, ist, wenn Menschen, die reisen wollen und Spaß daran haben, in andere Kulturen einzutauchen, sich von ihren Ängsten davon abhalten lassen. Die Welt ist nicht zu einem gefährlicheren Ort geworden – wir bekommen tragische Ereignisse in Zeiten von Social Media nur heftiger, schneller und hautnah mit.

Statt zu Hause zu bleiben, sollten wir genau das Gegenteil tun: Wir sollten noch viel mehr rausgehen. Internationale Freundschaften knüpfen und kulturelle Unterschiede nicht nur verstehen lernen, sondern zwischen ihnen Brücken bauen. Neue Geschmäcker mit der eigenen Zunge entdecken und der Nase nach durch stinkende Metropolen laufen. Auf einem Hochplateau oder am Meer zur Ruhe kommen und Tuk-Tuk-Fahrer nach ihrem Lieblingsort fragen. Die Arme ausbreiten, einfach mal atmen, denn so trivial das klingen mag, wir vergessen es viel zu oft, das Atmen. Und, schlussendlich: mehr über uns selbst erfahren.

Reisen ist lehrreich, Reisen wirft uns in Ausnahmesituationen, ohne vorher zu fragen, Reisen macht Spaß, Reisen ist ungemein bereichernd. Im Endeffekt ist Reisen wie Leben im Schnelldurchlauf. Alles, was man erlebt, ist konzentrierter und intensiver. Ein Schatz an Erfahrungen, der bleibt.

Die fünfzehn Geschichten in diesem Buch stehen für fünfzehn Länder, die mich geprägt und verändert, und, ja, mir beim Erwachsenwerden ordentlich unter die Arme gegriffen haben. Die Auswahl dieser Erzählungen war gar nicht so einfach, doch schlussendlich war zurückzublicken, Fotoordner zu durchwühlen und ehemalige Reisepartner zu kontaktieren, genau die Zeitreise, die es brauchte, um dieses Buch zu schreiben. Und jetzt, so viele Jahre nach meinem ersten großen Abenteuer, kann ich sagen: Ich würde alles noch mal genau so machen. Denn die Momente, in denen ich mich auf dem Jakobsweg mit mir selbst überfordert gefühlt oder die unfassbare Armut anderer Menschen in Benin erlebt habe, sind genauso wichtig wie die Ruhe, die ich beim Tauchen auf Mauritius verspürte oder die Sehnsucht in Indien, jeden Winkel des Landes erkunden zu wollen. Heute verstehe ich diese Reisen als einzelne Puzzleteile, die ineinandergreifen und ausschließlich zusammen meinen Blick auf die Welt geformt haben. Warum ich durch das Reisen zu dem Menschen wurde, der ich heute bin. Und vor allem, warum diese eine Reise nie zu Ende sein wird.

Ich bin mir sicher, dass einige Leser dieses Buchs genauso gerne da raus würden, sich aber nicht trauen. Vor allem junge Frauen fragen mich, ob meine Eltern nicht große Angst um mich hätten. Andere erklären mir, dass es in Deutschland sicherer sei als *da draußen*. Bekannte fragen sich, wie das finanziell so funktionieren soll. Und jedes Mal denke ich mir: Mach doch einfach mal. Überwinde deine Angst, überwinde deine Vorurteile, überwinde dein Unwissen. Nach Hause kommen geht immer. Bleiben geht immer.

Reisen heißt nicht nur, einhundert Likes auf das Palmenfoto zu bekommen und sich gegenseitig mit exotischen Zielen zu übertrumpfen, um immer ein bisschen höher, schneller, weiter zu kommen als die anderen. Reisen heißt vielmehr, Vorurteile abzubauen, in verschiedenen Sprachen *Danke* sagen zu können, sich fast vergessene Eigenschaften wie Hilfsbereitschaft, Freundschaft und Menschenkenntnis anzueignen. Die Welt aus einer Höhe von zehntausend Kilometern zu sehen oder den Blick unter die Meeresoberfläche zu wagen. Und Geschichten zu sammeln, die es wert sind, erzählt zu werden.

Deshalb ist es mir sehr wichtig, die Dinge so darzustellen, wie ich sie erlebt und empfunden habe. Dazu gehören auch Erfahrungen, die man auf den ersten Blick negativ deuten könnte, die im Kern jedoch so viel mehr sind. Ich möchte mit diesem Buch anderen Lust darauf machen, Neues zu entdecken. Für sich selbst, für die eigene Entwicklung, für den persönlichen Blick über den Tellerrand. Lassen wir uns also nicht die Freiheit nehmen, mutig zu sein, unsere eigenen Erfahrungen zu machen, die Hand auszustrecken und eins zu werden. Wir können, wenn wir wollen. Wir müssen keine Angst haben.

Ich gehe, um irgendwann einmal irgendwo bleiben zu können. Vielleicht hier, vielleicht am Ende der Welt. Aber bis ich wirklich irgendwo bleibe, schaue ich mir alles an. Und ist es nicht kostbar zu wissen, dass es abseits dessen, was man kennt, eine vielleicht noch schönere Alternative gibt?

Eine solche Alternative war für mich lange Zeit New York. Um genau zu sein, dreizehn Jahre lang, denn so lange hat es gedauert, bis ich zurückgekommen bin. So verlockend und reizvoll mein zweiter Aufenthalt begann, so schnell wurde ich jedoch ins kalte Wasser der Millionenmetropole geworfen. Ich würde hier nie zu Hause sein. Ich hatte mich verändert. Viele Dinge, die ich als Jugendliche glorifiziert hatte, sah ich mittlerweile skeptisch. So auch New York, denn es ist eine der Städte, die mir klarmachten, dass ich nur zu Besuch war. Tourist.

Doch als ich ganz genau hinschaute, vorbei an den leuchtenden Werbereklamen und glamourösen Broadwayauftritten, da wusste ich, dass sie mir auch nie etwas vorgemacht hatte. Es waren meine Vorstellungen gewesen, während die Realität ganz anders aussah, und das ließ sich nur begreifen, weil ich selbst dort war.

Obwohl ich also irgendwann feststellen musste, dass die Stadt meinen Illusionen nicht gerecht wurde, ist der Zauber nie ganz verflogen. Es war eine schöne Zeit und meine Erinnerungen daran leuchten hell zwischen so vielen anderen Reisen, die herausforderten, ernüchterten, verzauberten.

Der beste Zeitpunkt, um wieder aufzubrechen? Immer jetzt. Alles auf Anfang – alles von vorne.

FREIHEIT
oder
Warum ein Roadtrip
ein gebrochenes Herz heilen kann.

USA, August 2010

Wenn mich jemand, damals wie heute, fragen würde, was mich wirklich glücklich macht, dann würde ich Folgendes antworten: ein Roadtrip mit einem Menschen meines Vertrauens in einem Ford Mustang Cabrio V8, Baujahr 67, einem verdammt guten Woodstock-Mixtape und einem Ziel: Kalifornien.

Diesem Bild, meinem persönlichen Sinnbild von Freiheit, bin ich im Sommer 2010 ziemlich nahe gekommen. Zwar fuhr anstelle des schicken Oldtimers ein beliebiger Geländewagen vor, dafür saß aber eine gute Freundin darin, was bedeutete: zwei gebrochene Herzen auf dem Weg von Los Angeles nach San Francisco. Es war der vielleicht kürzeste Roadtrip der Welt, ein Tag Freiheit, und doch veränderte er so viel in mir. Weil er den Grundstein legte für alle Reisen, die noch folgen würden, und in mir die Leidenschaft für das Aufbrechen weckte.

Das Jahr 2010 hatte furchtbar begonnen. Nach einem monatelangen Kampf war im Frühjahr meine fünfjährige Beziehung zerbrochen, und ich brauchte Wochen, um wieder auf die Beine zu kommen. Es war mein Abschlussjahr an der Schauspielschule, und so kam es, dass ich den Sommer über an einem Seminar an der Hochschule für Fernsehen und Film München teilnahm und im Rahmen dessen Kurzfilme drehte. Ich fand zu dieser Zeit langsam wieder zu mir selbst zurück und versuchte, mir klarzumachen, was ich konnte und, vor allem, was ich wollte.

Was ich in erster Linie wollte, war, diese schlimmen Monate mit einem richtig fetten Knall zu beenden, am besten mit einem Urlaub in Kalifornien – ich wollte schon immer dorthin.

Meine Hände am Hollywood Walk of Fame in die von großen Vorbildern legen und durch San Franciscos Haight-Ashbury schlendern, das Viertel, das in den 60er Jahren nicht nur Wohnort von Jimi Hendrix und Janis Joplin war, sondern weltweit zur Geburtsstätte der Hippiebewegung avancierte. Die Golden Gate Bridge im morgendlichen Nebel sehen und mit dem Auto die Küste entlangfahren und das Gefühl von Freiheit spüren, mit dem Kalifornien so viele Menschen anzieht. Ich wollte meine Haare durch die Sonne bleichen sehen und das Salz auf meiner Haut spüren. Für mich waren und sind auch heute noch Tage am Meer Tage von Freiheit, und Tage von Freiheit sind Tage des Glücks. Und von Letzterem kann man nie genug haben.

Ich fragte meine Freundin und Schauspielkollegin Lisa, ob sie nicht mitkommen wolle, doch meine Pläne kollidierten mit ihren, also blieb mir nur die Wahl, meinen Traum aufzuschieben oder spontan zu sein und alleine zu gehen. Aber ganz ehrlich: Ich hatte zu dem Zeitpunkt zu oft *Thelma & Louise* gesehen, um auch nur eine weitere Sache von jemand anderem als mir selbst abhängig zu machen.

Ich buchte einen Gabelflug, weil ich in Los Angeles starten und in San Francisco meinen zweiwöchigen Urlaub beenden wollte. Als ich beim Sommerfest der Hochschule dem Leiter des Seminars von meinen spontanen Reiseplänen erzählte, steckte er mir einen Zettel mit einem Namen und einer E-Mail-Adresse zu und sagte: »Kommt nicht infrage, dass du da alleine bist. Melde dich bei meinem Freund, er ist Agent. Bei dem kannst du schlafen.«

So weit, so gut, das Glück schien endlich wieder auf meiner Seite und ein Agent in Los Angeles hörte sich für mich nach einem verdammt guten Start an. Also stieg ich ins Flugzeug, landete nach knapp vierzehn Stunden, und als ich mein Handy anschaltete, leuchtete eine SMS von Lisa auf: »Tomatensaft, bitte. Ich komme in einer Woche.«

Erst als ich in der glattgebügelten Siedlung mit den hübschen, kleinen Villen und den dazugehörigen, wie mit dem Lineal gezogenen Vorgärten ankam, kam ich auch wirklich in L.A. an. Es war unerträglich heiß, und das, was ich aus dem Taxifenster hatte sehen können, entsprach genau meiner Vorstellung von der Millionenstadt. Anders gesagt: Zu viele Filme wurden hier gedreht. Wer hollywoodaffin ist, kennt die Stadt schon vor der Ankunft.

Mit dem hinterlegten Schlüssel öffnete ich die Tür und war erst einmal überrascht, wie karg und lieblos das von außen so schöne Haus eingerichtet war. Ein Golden Retriever stürmte auf mich zu und sprang an mir hoch, dabei wirbelten riesige Staubflusen über den Parkettboden. Fast alle Räume waren, bis auf das Nötigste wie ein Bett, Schrank oder ein Tisch im Esszimmer, vollkommen leer. Keine Fotos oder Bilder an der Wand, keine persönlichen Gegenstände bis auf zwei Gitarren. Entweder hatte dieser Mensch keine Persönlichkeit oder er war schlichtweg nie zu Hause – ich wusste nicht, was davon ich trauriger fand, als ich dort stand und den schwanzwedelnden Hund kraulte, der vor Euphorie, eine ihm fremde Person zu sehen, immer wieder so rasant über den Holzboden schlitterte, dass er kaum abbremsen konnte und manchmal gegen Möbelstücke stieß. Er tat mir leid.

Steve, der Agent, stand mir dann am Abend gegenüber und bemühte sich nicht einmal, seine allgemeine Gleichgültigkeit zu kaschieren. Er tippte auf seinem Blackberry herum, während er mich begrüßte, und wir schafften es nicht mal, uns durch etwas Smalltalk zu hangeln, der Versuch eines Gesprächs stoppte irgendwo zwischen *Hey, how are you?* und der Frage nach dem nächsten Supermarkt.

Obwohl ich ihn unsympathisch fand, bewunderte ich gleichzeitig seine amerikanische Mentalität, mich einfach zu sich einzuladen, ohne mich zu kennen oder sich zuvor zumindest mal kurz mit mir auszutauschen. Es machte für ihn keinen Unterschied, ob ich hier war oder nicht, doch ich war hier und sein Haus war eben kein Hotel. Ich konnte daraus, so unwohl ich mich in seiner Gegenwart fühlte, etwas Positives ziehen. Zumindest für den Moment.

Als er am Abend erneut das Haus verließ und ich nicht wusste, ob und wann er wiederkommen würde, tat ich etwas, worüber ich heute nur schmunzeln kann. Weil ich wegen des Jetlags keinen vernünftigen Gedanken auf die Reihe bekam, fing ich an zu zweifeln, ob ich wirklich in der Villa bleiben sollte. Und aus Zweifeln wurde schließlich Angst, weil ich die Situation nicht einschätzen konnte und mir immer wieder vor Augen führte, dass ich alleine im Haus eines fremden Mannes schlafen würde. Also tat ich das für mich in dieser Situation einzig Richtige: Ich entschied mich für Hilfe zur Selbsthilfe, suchte in der Küche nach einem großen Messer, legte es unter mein Kopfkissen und schlief gegen neun Uhr ein.

Um sechs Uhr wurde ich von Schritten auf dem Flur geweckt. Ich lag mit angehaltenem Atem und unfähig, mich zu bewegen, in meinem Bett und lauschte, wie der Golden Retriever hinter Steve hertrottete. Nachdem die Tür ins Schloss gefallen war, döste ich wieder ein, und als Steve eine halbe Stunde später wieder nach Hause kam und ich kurz darauf die Dusche hörte, zog ich mir vor Scham die Bettdecke über den Kopf: Er war mit seinem Hund joggen gegangen. Und das tat man in einem Sommer in Los Angeles so früh oder so spät wie möglich.

Ich brauchte einige Tage, um mich zu akklimatisieren. Die Zeitverschiebung von neun Stunden haute mich um, hinzu kam die Hitze. Und weil ich unter fünfundzwanzig war und ein Mietwagen deshalb für mich fast das Doppelte kostete, verzichtete ich auf diesen Komfort und war damit womöglich der einzige Mensch, der in dieser Stadt jemals eine Strecke zu Fuß gegangen ist.

Ich liebte es, spazieren zu gehen, von mir aus auch stundenlang, aber per pedes durch eine der weitläufigsten Städte überhaupt, das war eine vollkommen absurde Idee. Manchmal, vor allem, wenn ich nach Santa Monica oder Venice wollte, nahm ich den Bus. Ein sagenhaftes Upgrade, das sicherlich nur ich so empfand, denn den Bus nutzen in Los Angeles nur diejenigen, die sich kein Auto leisten können.

Los Angeles ist der Inbegriff von Gegensätzlichkeit. Während dieser langen Fahrten konnte ich mir relativ schnell ein Bild davon machen, dass Los Angeles ein komprimiertes Abbild des amerikanischen Lebens darstellte. Der Größenwahn, die Absurdität und Zerrissenheit können anfänglich schockieren. Die Burger passen kaum in den Mund, niemand, absolut niemand, fährt einen Kleinwagen, überall laufen blondierte Babes mit aufgeblasenen Wannabe-Rockys herum, und alle sehen aus, als seien sie dem Tele-Gym entsprungen.

Der Kontrast zwischen Arm und Reich, zwischen Selbstdarstellung und Unsichtbarkeit ist nicht nur extrem, er ist zudem messerscharf. Freundliche Offenheit steht einer hohen Kriminalitätsrate gegenüber und die allgemeine Oberflächlichkeit einer unerschöpflichen Hilfsbereitschaft. Der Schönheitswahn, der Körperkult und der Wunsch, berühmt zu sein, stecken in jeder von Botox verschonten Falte und das wurde mir spätestens klar, als mir ein Mann nach einem netten Gespräch im Bus seine Visitenkarte in die Hand drückte – er war Stand-up-Comedian und Fan-Akquise sollte man bekanntlich nicht unterschätzen.

Los Angeles ist riesig, genauso wie die Träume seiner Bewohner. Ein Melting-Pot, der alle verschluckt, die nicht schnell genug, nicht gut genug sind, oder einfach nicht zur richtigen Zeit am richtigen Ort.

Doch als ich mich erst mal an den Irrsinn gewöhnt hatte, konnte ich die Stadt als ein unterhaltsames Schauspiel betrachten – und spielte mit. Eine Woche lang war ich Stammgast bei irgendeiner In 'n' out-Burger-Filiale. Danach ging ich entweder in einem der Second-Hand-Läden, für die die Stadt bekannt ist, shoppen oder fuhr nach Venice Beach. Ich beobachtete die Skater und verglich die Muskeln der Rettungsschwimmer mit meinen Kindheitserinnerungen an *Baywatch*. Ich zwinkerte den oberkörperfreien Rollerbladern zu, lief durch die luxuriös angelegten Wohnkanäle, fragte jeden Passanten, ob er wisse, wo Emile Hirsch, mein damaliger Lieblingsschauspieler wohne, und grüßte einen alten Rastafari, der so stoned war wie zehn deutsche Dealer zusammen. Keine Frage, es ging schnell: Ich verliebte mich Hals über Kopf in Venice. Vor allem in seine verrückten Bewohner und die Tatsache, dass niemand von ihnen auch nur eine Sekunde darüber nachdachte, seine Andersartigkeit zu verschleiern. Wozu auch, in Venice war sie Voraussetzung.

Abends ging ich oft an den Santa-Monica-Pier und blieb dort bis zum Sonnenuntergang. Einmal saß ich stundenlang dort und hörte einem Musiker zu, den ich unglaublich talentiert fand. Als ich seiner Akustikversion von Leonard Cohens *Hallelujah* lauschte, während am Horizont die Sonne unterging und sich der Himmel über dem Meer pink färbte, rissen meine frisch verheilten Wunden wieder auf. Das war nicht kitschig, und das war auch nicht romantisch, das tat einfach nur verdammt weh.

Und wenn's wehtut, ist der Liebeskummer noch nicht vorbei, dachte ich und blieb sitzen, bis es dunkel war.

Als ich nach Hause kam, saß Steve am Tisch und aß. Er bot mir ebenfalls etwas an, wies mich allerdings darauf hin, dass es ein spezielles Diät-Menü sei. Bis zu dem Tag hatte ich keinen Mann getroffen, noch dazu einen sowieso schlanken, der sich ernsthaft auf Diät setzte. Ich sagte ihm nicht, dass ich als Zwischenmahlzeit fette Milkshakes trank und in der Küche ein großes Glas Nutella auf mich wartete, und lehnte dankend ab. Aber ich setzte mich zu ihm, in der Hoffnung, zumindest für ein paar Minuten ein Gespräch mit ihm zu führen. Ich hatte das Bedürfnis, ihm zu zeigen, dass ich Interesse an ihm und seiner Person hatte.

Er erzählte, dass er als Schauspielagent arbeite und zu den Klienten seiner Agentur unter anderem Tommy Lee Jones und Bruce Willis gehörten. Ich nickte und versuchte, mich nicht davon beeindrucken zu lassen, denn genauso brachte er es selbst rüber: als einen ganz normalen Job.

Wir unterhielten uns ein paar Minuten über die deutsche Filmbranche, dann klingelte sein Blackberry, und er verabschiedete sich. Ein Dinner hier, ein Drink da, sein Job spielte sich oftmals außerhalb seines Büros ab. Am nächsten Tag schrieb er mir eine SMS, in der stand, dass er kurzfristig für ein paar Tage nach Argentinien müsse und ob ich so lange seinen Hund sitten könne. Ich sagte zu, checkte meinen Kalender und stellte fest: Steve und ich würden uns genau verpassen und somit nie wiedersehen, denn ein paar Stunden vor seiner Rückkehr würde Lisa hier sein und mich abholen, um zusammen nach San Francisco zu fahren.

Drei Tage später schmiss sie den Motor unseres Mietwagens an, und wir bogen auf den Highway. Ließen den Sumpf von Los Angeles hinter uns und tauchten gleichzeitig ein letztes Mal in ihn ein. Unser Auto wurde eins von vielen, von oben betrachtet waren wir lediglich eine von unzähligen Ameisen.

Lisa stellte ein Bein auf dem Sitz ab und lenkte lediglich mit ihrer rechten Hand. Ich legte meine nackten Füße auf das Armaturenbrett und lackierte mir die Fußnägel.

»Das wollte ich schon immer mal machen«, sagte ich. Wir lachten beide, nicht wegen meiner Füße oder meines Kommentars, sondern weil es uns plötzlich so verdammt gut ging. Ich war so aufgeregt und hibbelig, dass ich mich fühlte wie in einem 90er Streifen, *Clueless* vielleicht. Als würde der heißeste Typ der Schule vor mir stehen und mir sagen, dass ich das tollste Mädchen der ganzen Highschool sei. Für einen langen Moment, für einen ganzen Tag, im Auto von Los Angeles nach San Francisco, war ich das *coolste Mädchen*. Sonnengebräunt, mit wehendem Haar und gelb lackierten Fußnägeln. Wer brauchte Therapiestunden mit hässlichen Zimmerpflanzen, wenn man sich selbst heilen konnte?

Ich machte ein Foto von Lisa beim Fahren. Als ich abdrückte, tauchten im Hintergrund drei Palmen auf. Es war, als könnte ich das Glück einfach festhalten, weil es bei solchen Roadtrips einfach immer mit im Auto sitzt. Ich musste dem Glück nicht mehr hinterherjagen, es stieg freiwillig ein.

Wir überholten Trucks, die ich bisher nur aus Filmen kannte. Vorne drin saß immer ein dicker Fahrer mit Bart. Er hieß John oder Bob, meistens Bob, und allen winkte ich zu, wohin auch mit meiner Energie, wohin mit meinen Händen. Sie lachten immer zurück. Ich glaube, sie sind nette Jungs, die Bobs dieser Welt.

Ein paar Stunden nachdem wir Los Angeles verlassen hatten, überfiel uns der Hunger, und wir hielten an einem Diner, das wie ein Klischee in die karge Landschaft geworfen war. Daneben parkte ein Cadillac, blank geputzt, und ich musste mich kneifen.

Drinnen war es ruhig, nur die Ventilatoren surrten monoton. Das Diner war riesig und die Klimaanlage auf unangenehme siebzehn Grad heruntergedreht. Wir setzten uns ganz nach hinten an ein großes Fenster und bestellten, wie sollte es anders sein, Burger und Softdrinks – *denn das* hier *war Amerika!* –, und das Pathos eines ganzen Landes überkam mich. Aber das war egal, denn an diesem Tag durfte ich alles, vor allem, mich danebenbenehmen. Ich befand mich schließlich im Liebesschmerz. Ich hatte die Erlaubnis für alles, und ich liebte den Refill.

Die kalifornischen Radiosender machten uns die Auswahl schwer. Sie konkurrierten mit den besten Songs der Rockgeschichte um die Wette, und wir klickten uns durch die Rolling Stones, Bruce Springsteen, Aerosmith, Journey und Pearl Jam. Alles, was ich von meinem Vater als die *richtige Musik* erklärt bekommen hatte, dröhnte nun in meinen Ohren, und ich wünschte mir, dass heute noch jemand solche Musik machen würde, die so perfekt einfängt, was wir an diesem Tag fühlten. Musik war alles bei dieser Fahrt, denn ohne sie wäre es kein richtiger Roadtrip gewesen, dann wären wir lediglich von A nach B gefahren. Doch so wurde der Weg unbeschreiblich schön, und das Ziel schien so unwirklich, dass wir die Straße, gesäumt mit all den Glücksgefühlen am Wegesrand, brauchten, um uns darauf vorzubereiten.

Die Sonne ging unter, wir waren fast da, und mussten feststellen, dass wir überhaupt nicht vorbereitet waren. Plötzlich lag San Francisco in dichten Nebel gehüllt vor uns. Es war eine unwirkliche Szene, nachdem wir gerade den ganzen Tag durch diese staubtrockene, heiße Landschaft gefahren waren, wo Tumbleweeds über die Straßen fegten und Mundharmonikas in den Ohren nachklangen.

Wir fuhren und fuhren, und es kam mir vor, als würden wir niemals ankommen. In unregelmäßigen Abständen kündigten uns vereinzelte Schilder die Golden Gate Bridge an, und langsam wurde ich nervös.

Lisa drehte den Radiosender lauter und bedeutete mir, die Klappe zu halten. Ich hielt zusätzlich die Luft an. Den Song kannte ich. Die Abfolge dieser Gitarrengriffe, das lange Intro.

Die Härchen auf meinen Armen stellten sich auf und ich hatte Gänsehaut am ganzen Körper: »Wish you were here« von Pink Floyd. Der Nebel lichtete sich, und da war sie auf einmal, die verdammt schönste Brücke der Welt.

»Ach du Scheiße«, sagte ich, und krallte meine Finger ins Leder des Sitzes.

»Verdammt, ich muss fahren, ich will nicht fahren, ich will gucken«, rief Lisa neben mir, und ich griff nach ihrer Hand.

How I wish, how I wish you were here, we're just two lost souls swimming in a fish bowl year after year, kam es aus dem Radio.

Wir fuhren über die Brücke und saugten das Gefühl vollkommener Freiheit ein, und es war egal, ob wir wirklich frei waren, denn wir fühlten uns so, und das war alles, was zählte. Wir schlossen einen Pakt, nicht mehr zurückzuschauen, denn dieser Moment fühlte sich richtig an. Alles hatte wieder seine Ordnung, und was wehtat, war plötzlich aus dem Rahmen herausgefallen. Ich hatte die Trümmer meiner Beziehung abgeschüttelt, mein Bild zurechtgerückt. Am Ende war es gar nicht so schwer gewesen. Vielleicht, weil ich es endlich einfach wollte.

Auf Couchsurfing, ein Portal, über das man einen kostenlosen Schlafplatz bei Einheimischen finden kann, stießen wir auf die Brüder Marty und Matthew aus Orange County, die sich seit Kurzem eine Wohnung in San Franciscos Studentenviertel teilten. Nachdem Marty, der ältere von beiden, uns am Abend die Tür geöffnet hatte, standen wir kurz darauf mit einem grinsenden Amerikaner in einer großen Wohnküche. Mein Blick fiel als Erstes auf einen Kühlschrank, an dem ein Zapfhahn befestigt war.

»Ich braue Bier im Hinterhof«, war Martys Antwort auf meinen Blick, und schon eine Stunde später saßen wir mit ihm in einer Bar und tranken Schwarzbier.

Marty war ein unglaublich herzlicher Mensch, einer von der gleichen Wellenlänge, einer, der uns das Gefühl gab, dass wir willkommen waren und er mehr über uns und unser Leben erfahren wollte. Er selbst suchte im bodenständigen und offenen San Francisco das einfache Leben, das ihm im für sein Spießertum bekannten Orange County verwehrt geblieben war. Allein diese Tatsache machte ihn für mich sympathisch. Er erinnerte mich unweigerlich an den rebellischen Teenager Ryan Atwood aus der klischeebeladenen Serie *O.C. California*, die ich als Jugendliche immer geschaut hatte.

Am nächsten Morgen stand Eva aus Chicago in der Tür und am Nachmittag stießen auch noch Lisas Freunde, die für einen Verwandtenbesuch in L.A. gewesen waren, zu uns. Marty und Matthew legten weitere Matratzen aus, und so wurde aus einer Übernachtung bei zwei Brüdern schließlich eine Kommune über sieben Tage, die in Kochabenden und Partys mündete, bei denen Eva lediglich einen Badeanzug trug und Dart spielte, während Lisa und ich den anderen deutsche Songs beibrachten.

Kurz vor unserem Abschied bestand Marty darauf, uns San Franciscos Umgebung zu zeigen, und so fuhren wir am frühen Morgen durch dicke Nebelschwaden an seinen Lieblingsstrand, den Stinson Beach. Es war noch kühl, doch wir setzten uns barfuß in den kalten Sand, tranken Kaffee und aßen Toast. Wir waren eine kleine Familie geworden, stellte ich fest, als ich mich so in der Runde umschaute. Und ich glaube, dass auch Marty, obwohl er sich vermutlich freute, bald wieder ein leeres Haus zu haben, uns gerne für längere Zeit um sich gehabt hätte. Zum Abschluss des Tages machten wir noch einen Abstecher ins Sonoma Wine Country und fuhren nach einer Weinprobe bei Sonnenuntergang in den heißen Bergen nicht nur angetrunken, sondern glücklich und sentimental wieder nach Hause.

Als ich an meinem letzten Tag in Kalifornien aufwachte, hatte ich all diese Eindrücke nicht nur gesammelt, sondern tief in mir verstaut. Nach dem unerträglich langen Prozess der Trennung war ich so sehr in meiner eigenen kleinen Welt gefangen gewesen, dass ich fast vergessen hatte, wie schön das Leben sein konnte. Die allgemeine Fabelhaftigkeit. Und das Ungebundensein.

Ich erinnere mich noch ganz genau an einen Abend in einer Bar in San Francisco, als ich zur Tür blickte und mich plötzlich eine Erinnerung an meine vergangene Beziehung so einholte, dass mir schlecht wurde. Ich ging nach draußen und fing so erbärmlich an zu heulen, dass Lisa sich dazusetzte und mitweinte. Wir saßen einige Minuten vor der Tür, unsere Körper schüttelten sich, so lange, bis es irgendwann gut war.

»Was raus muss, muss raus«, sagt meine Mutter immer. Und ich, ich hatte im Sommer 2010 wirklich rausgemusst. Nicht nur nach Kalifornien, nicht einfach nur physisch, sondern raus aus meinem Elend und rein in etwas ganz Neues. Als ich schließlich am Flughafen von San Francisco stand, war ich wieder die Alte. Ich wusste, dass das noch lange nicht alles war, dass jetzt nicht einfach alles wieder gut war, doch nachdem ich wochenlang nur noch funktioniert hatte, fing ich jetzt wieder an zu leben.

Die Frage, die sich mir von da an immer wieder stellte, war: Sollte man also auf Reisen gehen, um ein Beziehungsende zu verarbeiten?

Ich finde, dass das grundsätzlich eine fabelhafte Idee ist, solange man sich sicher sein kann, dass man nicht wegläuft. Probleme überqueren Ozeane und sind manchmal noch vor einem selbst dort. Sie warten überall auf uns.

Reisen stellt keine Lösung dar, Reisen hilft lediglich dabei, Lösungen zu finden. Es ist einfacher, am Strand bei Sonnenaufgang zu philosophieren, was Freiheit wirklich bedeutet, als zu Hause im Bett. Nämlich, dass wir immer machen können, was wir wollen. Und wer uns dabei begleiten darf. Ich für meinen Teil habe in Kalifornien erkannt, dass nichts meinen Kopf so klar werden lässt wie stundenlang mit dem Auto zu fahren, Musik zu hören, still zu sein. Ich habe mir die Freiheit genommen, alleine nach Kalifornien zu fliegen, und ich nahm sie mir danach immer wieder, und ich spüre jedes Mal, wie gut das tut.

Überall unterliegen Menschen ihren eigenen Konsumzwängen. Sie hängen ihr Geld in den Kleiderschrank und betrachten ihre Wochenenden nur dann als gelungen, wenn schick gegessen wird und man am Sonntagmorgen vor dem Brunch betrunken aufwacht. Wen das wirklich glücklich macht, der darf das gerne tun. Interessanterweise sind das aber oftmals die Leute, die mich mit großer Skepsis fragen, woher ich das Geld zum Reisen hätte, und das sind auch diejenigen, die nach meiner Antwort durchblicken lassen, dass sie die Hätte-hätte-Fahrradkette nicht unterbrechen wollen, weil sie sich einbilden, es nicht zu können. Ein selbst geschaffener goldener Käfig, der von außen hübsch anzusehen ist, vintage, frisch vom Flohmarkt, innen drin jedoch gefüllt mit Konjunktiven.

Reisen ist mit Sicherheit nicht der einzige oder der ausschließlich beste Weg, um aus dem eigenen Käfig auszubrechen. Frei sein bedeutet lediglich, eigene Entscheidungen zu treffen und sie nicht von irgendetwas abhängig zu machen. Beziehungen zu beenden, wenn sie nicht mehr guttun, genauso wie Freundschaften. Den Job kündigen, sobald der Montag überhaupt keine Chance mehr bekommt. Prioritäten setzen, selbstbestimmt leben und dabei keine Kompromisse machen. Vielleicht klappt das nicht immer, aber wer Roadtrips mag, der weiß ja, dass der Weg das Spannende ist und das Ziel lediglich das Sahnehäubchen.

Mir hilft das Reisen dabei, frei zu sein. Und wenn ich dann an Stränden wie Venice Beach sitze, halte ich mir vor Augen, dass, solange ich hierherkommen kann, doch irgendwie alles gut ist. Denn wirklich selbstbestimmt leben, das gönnen sich die Wenigsten.

So viele Jahre lang habe ich meine Entscheidungen von anderen abhängig gemacht. Weil ich mir zu wenig zutraute, weil ich mich mit anderen immer gut stellen wollte. Weil ich die feine Linie zwischen Kompromiss und Gehorsam nicht ziehen konnte. Immer war ein Mensch wichtiger als mein Traum, immer kam etwas dazwischen, so dass mein eigener Wunsch warten musste. Das wurde mir erst in Kalifornien so richtig bewusst. Und nachdem ich die verlorenen Jahre beweint hatte, sagte ich mir, dass ich es eben auf die harte Tour hatte lernen müssen. Andere hatten sicher schneller erkannt, dass in ihrem Leben immer eine Person ganz hinten in der Schlange stand, und diese Person immer dieselbe war. Bei mir waren neuntausend Kilometer nötig, um zu begreifen, dass ich selbst nun endlich an der Reihe war.

Niemand muss seinen Job kündigen, um zu zeigen, wie mutig er ist, oder seinen Partner verlassen, um kompromisslos zu leben. Aber es ist wichtig und zudem machbar, ab und an etwas für sich selbst zu tun. Das ist etwas, das ich in meinem eigenen Leben immer wieder überprüfe. Als Basis für alles, was noch kommen mag.

Meine Zeit in Kalifornien habe ich so sehr genossen, weil ich selbst entschieden habe hinzufliegen. Das Gefühl der Freiheit und das Wissen, dass in genau diesem Gefühl eine unglaublich ansteckende Abenteuerlust liegt, macht diese Reise zu einer meiner schönsten Erfahrungen. Sie war meine Basis für alles, was danach kam. Und ich hätte mir keine bessere wünschen können.

SCHEITERN

oder

Warum ich nicht weglaufe, sondern einfach laufe.

Spanien, März–April 2011

Ich laufe gerne. Ich mag es, einen Fuß vor den anderen zu setzen. Es gibt mir das Gefühl, etwas zu tun, in Bewegung zu sein und trotzdem innezuhalten. Ich weiß nicht, ob das wirklich Sinn macht, aber unterm Strich ist Laufen genau das für mich.

Ein halbes Jahr nach meinem Abschluss an der Schauspielschule und einem dreitägigen Dreh für eine deutsche Serie wachte ich an einem Montagmorgen auf. Nicht, weil mein Wecker klingelte, sondern, weil ich ausgeschlafen hatte. Ich machte mir Kaffee und hatte, wie an allen anderen Tagen auch, nichts zu tun. Dutzende Bewerbungen waren rausgeschickt, meine Fotos aktuell, mein Demoband frisch geschnitten. Ich wusste, dass das eingetreten war, was man uns am ersten Tag an der Schule prophezeit hatte: *Kaum einer von euch wird es schaffen. Macht euch darauf gefasst.* Und ich gehörte offenbar zu denjenigen, die es nicht schafften.

Wie kontraproduktiv sich diese Warnung durch die drei Jahre meiner Ausbildung gezogen hatte, wurde mir erst an diesem Montag im Januar klar. Als ich dort ankam, wo viele andere meiner Klasse bereits waren: beim Nichtstun.

Ich lief alleine durch die WG, von Zimmer zu Zimmer, und ich fragte mich, ob außer mir niemand hier spülte und wessen Haare da eigentlich in der Badewanne klebten. Antworten auf diese Fragen bekam ich nie, dafür aber eine viel wichtigere Erkenntnis: Ich musste, erneut, raus hier. Raus aus dieser Wohnung. Und raus aus meinem dahinsiechenden Alltag. Ich spürte das Verlangen nach einer Reise, um wieder einen klaren Kopf zu bekommen. Doch so schnell die Euphorie gekommen war, so schnell bekam sie einen Dämpfer: Für eine Reise fehlte mir das nötige Kleingeld.

Ich weiß nicht mehr, warum und wie es passierte, aber der Gedanke an den Jakobsweg schob sich zwischen meine Überlegungen. Jahre zuvor hatte ich mich bereits damit beschäftigt, nicht, weil ich gläubige Christin bin, sondern wegen des Laufens. Die Vorstellung, jeden Tag kilometerweit zu gehen und dabei ein Ziel zu haben, faszinierte mich. Ich wollte das ausprobieren, ein bisschen Grenzen austesten. Das Praktische abseits der Metaebene: Es gab günstige Flüge nach Spanien und die Unterkünfte auf dem Weg, die *Albergues de Peregrinos*, kosteten nur rund fünf Euro pro Nacht. Der Jakobsweg als perfekte Urlaubsdestination für arbeitslose Schauspieler – ich fühlte mich angesprochen.

Ein kurzer Kassensturz ergab, dass ich gute zwei Wochen finanzieren konnte. Also buchte ich einen Flug nach Madrid und ein Busticket in die Kleinstadt Ponferrada, denn das ist der Ort, der rund zweihundert Kilometer vor der Pilgerstadt Santiago de Compostela liegt. Ich packte meine ausgetretenen Wanderschuhe ein, zwei T-Shirts, eine Fleecejacke, eine Regenjacke, zwei Wanderhosen, Sandalen, drei Paar Socken, drei Paar Unterhosen und einige Utensilien wie eine Wäscheleine, Pflaster, Pferdesalbe und weitere sexy Überlebensgadgets. Nur knapp sechs Kilo – ein Zehntel meines eigenen Gewichts – durfte mein Rucksack wiegen, um ihn jeden Tag problemlos mehrere Stunden tragen zu können. Ich war ein bisschen überrascht, dass ich das so einfach hinbekam, beschloss aber, lieber nicht genauer darüber nachzudenken. Die Reaktionen meiner Freunde waren gemischt, einige fanden meinen Entschluss gut und wollten mehr darüber wissen, andere schüttelten den Kopf. Ich ließ mich jedoch nicht beirren.

Kurz vor meiner Abreise änderte eine meiner ältesten Freundinnen das Passwort meines Facebook-Zugangs. Wenn schon Detox, dann auch digital.

Als ich dann ein paar Tage später am Busbahnhof von Ponferrada stand, fühlte ich mich verloren und deplatziert, während der Regen und die Kälte, die unter meine Haut krochen, erstmals Zweifel an meiner Entscheidung aufkommen ließen.

Auf dem Weg zur ersten *Albergue* sprang vor mir plötzlich eine hübsche, dünne Spanierin aus ihrem Auto und versperrte mir den Gehweg. Sie lächelte mich an und legte direkt los: *Es sei offensichtlich, dass ich Pilgerin sei, wie es mir gehe, woher ich käme, ob ich nicht ein Stück Kuchen wolle?* Sie holte eine Torte aus dem Kofferraum, und ich war fassungslos. Wer Torten aus Kofferräumen zaubern konnte, hatte meine volle Aufmerksamkeit.

Sie schob mich in den Blumenladen, vor dem sie geparkt hatte. Ich konnte nicht anders, ich ließ mich hineinbugsieren, sie war schlichtweg bezaubernd. So stand ich mit meinem Rucksack zwischen Blumensträußen und Grabkränzen und stellte mich dem Floristen, seiner Frau und zwei weiteren Männern vor. Und Marta, das war der Name der Frau mit der Torte. Und heute war ihr Geburtstag.

Später fuhr Marta mich zur Albergue, die in Ponferrada in einem Kloster war. Als wir angekommen waren, schaltete sie den Motor aus und sagte: »Ich muss dir davon abraten, hier zu schlafen. Die Räume sind nicht beheizt, und es ist nachts noch sehr kalt. Möchtest du nicht lieber bei mir übernachten?« Zu diesem Zeitpunkt befand ich mich bereits in einer Seifenblase, randvoll mit schwammigen, aber guten Gedanken. Das war also der Jakobsweg. Ich hätte viel früher kommen sollen. Wer hätte gedacht, dass es hier Kuchen und Freunde gab.

Ich nickte und sagte: »Du lässt dich aber bitte nicht davon abhalten, deinen Geburtstag zu feiern, ja?«

Wir fuhren weiter zu einem Friseursalon, wo Marta einen neuen Schnitt verpasst bekam und ich in spanischen Boulevardzeitschriften blätterte. Einen kurzen Moment, irgendwo zwischen dem Glas Prosecco und ihren Erzählungen von ihrer Zeit in England, überlegte ich, einfach hierzubleiben. Ich hatte jemanden gefunden, der so herzerwärmend ehrlich und hilfsbereit und sympathisch war – warum sollte ich wieder gehen wollen?

Am Abend saßen wir mit Martas Freunden in einer Bar, doch ich konnte den Abend nicht vollends genießen, denn immer wieder keimte in leisen Momenten meine Nervosität angesichts der Tatsache auf, dass ich meine Reise am nächsten Morgen wirklich beginnen würde. Statt in einem der kalten Betten im Kloster zu liegen, saß ich hier mit ein paar tollen Menschen in einer Kneipe. Ich hätte auch einfach zwei Wochen hierbleiben, mit Marta Ausflüge machen, kochen und abends ausgehen können. Doch die Schmach, allen zu Hause beichten zu müssen, dass ich nicht weiter als bis zur ersten Station meiner Reise gekommen war, hielt ich nicht stand. Gegen Mitternacht verabschiedete ich mich.

Noch vor dem ersten Klingeln meines Weckers lag ich hellwach im Bett. Während ich mich anzog, hörte ich, wie Marta die Haustür aufschloss. Als ich in die Küche kam, saß sie an dem kleinen, runden Esstisch, vor ihr zwei Tassen mit frisch gebrühtem Kaffee und ein noch warmes Baguette.

»Marta«, sagte ich, »du bist verrückt. Aber ich glaube, das weißt du.«

Als wir mit dem Frühstück fertig waren und ich mir ein paar Brote eingepackt hatte, stellte sie eine kleine Schatulle auf den Tisch. Sie hatte Tränen in den Augen und ich – ich hatte keine Ahnung, was ich tun sollte. Ich war vollkommen überfordert mit so vielen Ereignissen vor Sonnenaufgang.

Ich öffnete die Schatulle, und darin lag ein winziger, silberner Anstecker in Form eines Engels. Sie sagte: »Das ist Tradition. Man behält ihn so lange, bis man auf einen echten Engel trifft. Dann verschenkt man ihn an diesen Menschen.«

Einige mögen das jetzt unerträglich kitschig finden und andere bezweifeln sicherlich, dass das wirklich so passiert ist. Egal. Was Marta und mich anging: Wir wischten uns ein paar Tränen aus den Augen. Das war alles ein bisschen zu viel. Wie konnte ein Mensch innerhalb von knapp vierundzwanzig Stunden so voller Liebe für einen anderen Menschen sein? Ich fragte mich, ob es daran lag, dass Ponferrada am Jakobsweg lag. Vielleicht bekam man hier eine große Portion Emotionalität automatisch mit. Vielleicht war es auch einfach nur Martas Charakter. Sie zu hinterfragen, nahm der Sache den Zauber, also hörte ich damit auf. Der wahre Engel saß vor mir, und ich wertete es als ein gutes Zeichen, dass er mir begegnete, bevor ich überhaupt einen Schritt gelaufen war. Ich steckte das Souvenir an meine Mütze und umarmte sie zum Abschied. Dann ging ich los, durch den noch schlafenden Ort, bis zu einer Brücke. Auf der anderen Seite entdeckte ich die erste kleine Gruppe von Menschen mit Wanderstöcken. Die Sonne war gerade aufgegangen, der Himmel klar. Es würde ein guter Tag werden, das konnte ich spüren. Ich drückte *Play* auf meinem iPod und Elton Johns *Don't let the sun go down on me* begann. Das war also der Song, mit dem alles beginnen sollte.

Am ersten Tag lief ich rund dreiundzwanzig Kilometer. Als ich an meiner Unterkunft ankam, duschte ich heiß, und ein paar Stunden später spürte ich in jeder einzelnen Zelle meines steifen Körpers folgende Erkenntnis: Sie würde verdammt wehtun, diese Reise.

Der zweite Morgen stand unter dem Motto:

Laufen, das: Wie es möglich ist
zu gehen, wenn nichts mehr geht.

Als ich versuchte aufzustehen, fiel ich fast aus dem Bett. Meine Beine waren Wackelpudding, meine Glieder schmerzten, meine Muskeln waren hart. Wie ein Kleinkind tastete ich mich an den aufrechten Gang heran. Seltsamerweise fühlte ich mich, obwohl alles wehtat, gut dabei. Wann konnte man heutzutage schließlich schon von sich behaupten, bereits am Morgen zu spüren, etwas geleistet zu haben? Zwischen Serienmarathon und Lesen, zwischen Rioja und Rittersport, zwischen Bett und Schreibtisch hatte die Freizeitbeschäftigung »Sport« nie eine tragende Rolle in meinem Leben gespielt. Schade eigentlich.

Die Anfangseuphorie fand allerdings ein schnelles Ende. Im Laufe des Tages schlug mir ein Vorgeschmack von Einsamkeit ins Gesicht. Bisher war ich mit kaum jemandem über den Camino-Smalltalk hinausgekommen (»Wo bist du gestartet?«, »Wie lange bist du schon unterwegs?«, »Was tut dir am meisten weh?«), und ich war auch mit Abstand die Jüngste weit und breit. Selten hatte ich mich so fehl am Platz gefühlt.

Am Nachmittag musste ich mich entscheiden, entweder in einer Herberge unterhalb eines kleinen Berges einzukehren oder den Anstieg noch dranzuhängen und in einem alten Bergdorf zu übernachten. Ich entschied mich für Letzteres, was mal wieder eine meiner Glanzleistungen in Sachen Einschätzung meiner körperlichen Fähigkeiten darstellte. Vollkommen erschöpft kam ich in der Albergue an und bezog mein Bett. Außer mir war niemand im Schlafsaal, also streunte ich noch etwas durch das Dorf, das ebenfalls menschenleer war. Ein paar Steinhäuser, leere Gehwege, ein geschlossener Tante-Emma-Laden. Ich lugte durch die Fenster, in den spärlich gefüllten Regalen lagen Spaghetti und Fertigsoßen, ein trauriger Anblick. Und in diesem Moment traf es mich. Von da an zweifelte ich beinahe in jeder Minute an meiner Entscheidung und ertappte mich immer wieder bei dem Gedanken, mit dem Bus nach Santiago zu fahren und meinen Rückflug vorzuverlegen. Einfach umkehren, das konnte man immer, und es war fast zu leicht, um wahr zu sein.

Obwohl mir das Laufen Spaß machte, erschien es mir mit einem Mal sinnlos. Ich hatte mir das alles einfacher vorgestellt. Auf mehr Menschen zu treffen, die inspirieren konnten, die Geschichten zu erzählen hatten. Mein Fokus lag nicht auf mir selbst, sondern auf meiner Umgebung, und man brauchte kein Diplom in Psychologie, um zu erkennen, dass da etwas grundsätzlich falsch lief.

Ich ging in die Kirche und saß dort eine ganze Weile. Ich sagte mir, dass es nicht sein konnte, dass das nun alles war. Ich war überzeugt, dass ich es nicht schaffen würde. Nicht einmal hier, wo ich lediglich laufen musste. Zum ersten Mal im meinem Leben fühlte ich mich grundsätzlich gescheitert. Nicht nur an meiner Reise, sondern am Leben selbst. Das klingt heute theatralischer, als es wirklich war, doch damals, in der Stille dieser kalten, kleinen Kirche in diesem verlassenen Dorf fand ich keine Ruhe und auch nicht zu mir selbst, sondern stattdessen vor allem Zweifel. An meiner Berufswahl und an mir selbst.

Ich überlegte, was schiefgelaufen war. Warum ich trotz abgeschlossener Ausbildung nun kein Engagement fand und ob meine Lehrer, denen es vermutlich genauso ergangen war, wirklich Recht behalten sollten. Mein Leben war sehr lange ganz einfach und schnörkellos dahingeplätschert, und jetzt passten plötzlich so viele Dinge nicht mehr dass mir nun der Durchblick fehlte.

Im Grunde gehöre ich einer Generation an, der alle Türen offen stehen. Die das Privileg hat, prinzipiell alles machen zu können und nicht mit Anfang zwanzig schon eine Familie ernähren muss. Doch all das sah ich an diesem zweiten Tag auf dem Jakobsweg nicht. Was ich sah, war die Fülle an Möglichkeiten und wie das, was ich wirklich machen wollte, nämlich als Schauspielerin zu arbeiten, mir entglitt.

Ich beschloss, mich zunächst auf die kleinen Schritte zu konzentrieren. Auf das Hier und Jetzt. Es ging darum, eine Strecke von knapp zweihundertzwanzig Kilometern zu laufen – das war doch machbar, das war doch Urlaub vom Alltag. Zu Hause war ich gescheitert, zumindest fühlte es sich im Moment so an, aber das hier, das wollte ich erfolgreich zu Ende bringen.

An diesem Abend ging ich sehr früh ins Bett, weil die Herberge dunkel und still war und es nichts, absolut gar nichts zu tun gab, außer, sich a) mit sich selbst zu beschäftigen oder b) zu schlafen. Und da ich bereits den ganzen Tag mit mir selbst geredet hatte, entschied ich mich für Letzteres.

Als ich am nächsten Morgen die Tür zur Küche öffnete, saßen drei Deutsche vor mir, die mich anlächelten. Ich hatte am späten Abend im Halbschlaf noch wahrgenommen, dass Leute in den Schlafsaal gekommen waren, aber ich war zu müde gewesen, um etwas zu sagen. Und von diesem Tag an hatte ich so was wie Freunde.

Mit Martina, Andrea und Jan konnte ich über das Wetter genauso gut reden wie über Lebenskatastrophen. Wir liefen und redeten und schwiegen und in den kleinen Kaffeepausen am Wegesrand trafen wir immer wieder auf andere. Das Schöne an diesem Jakobsweg war, dass alle ein ungefähr gleiches Tempo hatten, das sich meist nur um ein paar Stunden unterschied. Daher kannten sich nach ein paar Tagen fast alle, die gleichzeitig gestartet waren. Das war wie Speed Dating, nur eben mit Laufen.

Ich traf Gordon das erste Mal, als ich an einem kühlen, nebligen Morgen an einer Mauer lehnte und Pause machte. Mir fiel der übergewichtige Mann sofort auf, der mit zwei Wanderstöcken so beschwingt und federnd die Straße entlanglief, dass er einen auf seltsame Weise grazilen Eindruck dabei machte. Er lächelte mich an und sagte im Vorbeigehen: »Ahhhh. Wie kann man den Geruch von Kuhscheiße eigentlich nicht lieben?«

Gordon stammte aus Toronto. Man kann ihn sich ungefähr so vorstellen: sehr umfangreich, sehr herzlich, sehr lustig. Er hätte mein Vater sein können, und ein bisschen fühlte es sich auch so an. Wahrscheinlich, weil er mir jeden Kaffee und jedes Croissant bezahlte und mich sogar oftmals abends zum Essen einlud, wenn wir mit rund zehn weiteren Pilgern aus der ganzen Welt am Tisch saßen und einige Flaschen Wein leerten. Wenn ich protestierte und ihm sagte, dass mir das unangenehm war, meinte er lediglich, ich solle es gefälligst annehmen. Vielleicht machte er das, weil seine eigenen Kinder so weit weg waren und er einen Sohn im gleichen Alter hatte, der ebenfalls als Schauspieler arbeitete. Zu dieser Zeit war er allerdings der Star einer kanadischen Seifenoper, dem musste er also keinen Kaffee ausgeben. Lucky me.

Nach ungefähr einer Woche auf dem Weg hatte ich immer noch keine Blasen an den Füßen und mich an den abendlichen Muskelkater längst gewöhnt.

Mit den drei Deutschen teilte ich mir einmal ein großes und für den Jakobsweg luxuriöses Zimmer in einem neuen Hotel. Wir saßen auf unseren Betten und packten Salben, Cremes und Pflaster aus. Martina gab ihren Blasen Namen, weil sie daran glaubte, sich mit ihnen gutstellen zu müssen, das sollte laut einer alten Camino-Weisheit helfen. Schon nach kurzer Zeit roch das Zimmer wie ein Lazarett mit Patienten im Endstadium, und wir hatten die Zeit unseres Lebens.

Etwa zu dieser Zeit rückte auch Daniel in mein Blickfeld. Er war etwas weiter voraus, deswegen traf ich ihn immer in einem der Cafés unterwegs, wenn ich dort ankam und er gerade aufbrach. Daniel war ein spanischer Dokumentarfilmer und einer der Menschen, die bereits in den entlegensten Gebieten der Welt gewesen waren. Unnötig zu erwähnen, dass mich seine Geschichten interessierten und er eine Ausstrahlung besaß, die mich anzog. Erst in Santiago stellte sich dann heraus, dass das auch seinen Grund hatte.

Loslaufen, Musik hören, die frische, kühle Waldluft einatmen, den ganzen Körper jeden Tag neu auftanken, sich unterhalten, Kaffee trinken, die Gesichter in die Sonne strecken, weiterlaufen, durch Regen und Nebel kämpfen, ankommen, duschen, Körper einreiben, Unterwäsche und Socken per Hand waschen, essen gehen, schlafen, von vorne. Jetzt, wo ich wirklich angekommen war, wo ich meinen neuen Alltag lieben gelernt hatte, sollte alles zu Ende sein. An einem Vormittag im April trank ich mit rund dreißig anderen Wanderern Sekt in einem Vorort von Santiago, bis wir dann gemeinsam in die Stadt aufbrachen. Mein Herz schlug mir bis zum Hals, ich hatte zuvor so viel darüber gelesen, wie es sich anfühlte, vor der Kathedrale zu stehen. Ich war bereit für die ganz großen Emotionen.

Als ich auf dem Platz vor der Kirche ankam, fühlte ich mich wie herausgeschnitten aus meiner Umwelt. Es passierte so viel und in mir drinnen absolut gar nichts. Viele um mich herum lachten, manche weinten, alle lagen sich in den Armen – und ich drehte mich einmal um die eigene Achse, betrachtete die Kirche vor mir und spürte nichts außer meiner ersten und einzigen Blase an der linken Ferse.

Das schockte mich so sehr, dass ich beinahe losgeheult hätte – was hier überhaupt nicht aufgefallen wäre. Zehn Tage war ich jeden Tag gelaufen und nun, da ich an meinem Ziel angekommen war, passierte absolut gar nichts. Lag es daran, dass die meisten um mich herum im Schnitt sechs Wochen unterwegs gewesen waren? Nicht zweihundertzwanzig, sondern knapp neunhundert Kilometer hinter sich hatten? Alles umsonst.

Ich brachte meine Sachen ins Hotel und ging in ein Internetcafé, um meine E-Mails zu checken. Seit drei Tagen lag in meinem Posteingang die Einladung zu einem Casting für einen Werbespot. Ich war kurz davor, vollkommen überstürzt nach Hause zu fliegen, doch ich zwang mich, die Entscheidung erst am nächsten Morgen zu treffen. Was ich jetzt brauchte, war Klarheit.

In Sandalen schlurfte ich zurück zur Kathedrale, wo mich Daniel in den Arm nahm. Er fragte, was los sei, warum ich mich nicht freute, und ich erzählte es ihm.

»Castings kommen, Castings gehen. Bleib hier. Du solltest noch mit uns nach Finisterre laufen. Santiago ist doch nicht das Ende.« Ich wusste, dass man noch bis ans Meer laufen konnte und auch erst dort der Stein mit der Wegmarkierung »0 km« stand, hatte es aber nie in Betracht gezogen. Ich zuckte mit den Achseln, und wir machten uns auf den Weg zu den anderen, als nach ein paar Metern die Sohle meiner Sandalen in der Mitte durchbrach. Wir blieben stehen, Daniel deutete auf meine Füße und sagte: »Wenn du ein Zeichen brauchst, da hast du's. Jetzt hast du nur noch Wanderschuhe.«

Am nächsten Morgen stand ich zum Sonnenaufgang auf und lief durch die Stadt. Auf den gepflasterten Straßen war noch kaum jemand unterwegs, doch die ganze Altstadt war in ein so warmes und schönes Orange getaucht, dass ich mir mit einem Mal sicher war: Ich wollte noch nicht nach Hause. Ich war noch nicht am Ziel und vielleicht würde ich das auch in Finisterre nicht sein, aber wenigstens war dort das Meer und wenigstens hieß das, mich noch nicht von meinen Reisegefährten verabschieden zu müssen, denn meine drei Zimmernachbarn und Gordon gingen ebenfalls weiter. Also setzten wir unseren Weg gemeinsam fort. In drei Tagen würden wir am Meer sein.

Wenn ich heute zurückblicke, dann war dieser letzte Abschnitt mit Abstand der schönste. Zwar war Galizien landschaftlich traumhaft, mit dem satten Grün und den weichen Hügeln, die mich an Irland erinnerten, aber der Weg von Santiago nach Finisterre war deutlich mediterraner. Die Luft war wärmer, und man schmeckte das Salz auf der Haut. Wir legten jeden Tag knapp dreißig Kilometer zurück, eine Etappe erstreckte sich sogar über fünfunddreißig, und als ich in der Herberge am vorletzten Etappenziel ankam und es nur noch einen einzigen Platz, ganz oben im Hochbett, gab, war ich kurz den Tränen nahe. Mein ganzer Körper schmerzte, doch auf diesem Abschnitt gab es kaum Zwischenstationen, und wenn ich nicht mit den anderen mitgehalten hätte, hätte ich sie verloren und vielleicht sogar am Ziel verpasst. Stattdessen verbrachten wir die Abende an langen Tischen, kochten gemeinsam und hatten inspirierende Gespräche – fernab des Mythos, dass jeder, der zum Pilgern aufbricht, ein schweres Päckchen trägt. Das eigene erdrückende Schicksal auf den Rücken geschnallt, das so schmerzt beim Gehen. Man kann nicht, sagen, dass alle Frauen zum Wandern aufbrechen, um sich zu finden und Männer lediglich pilgern, weil sie Freude am Laufen in der Natur haben. Es geht auch umgekehrt, und es ist letztendlich auch egal. Natürlich hatte jeder seine eigenen Gründe, warum er hier war. Warum er alleine oder mit fremden Menschen kilometerweit lief, über Wochen hinweg. Doch am Ende des Tages war es einfach eine unvergessliche Zeit für uns alle. Momente, in denen Daniel und ich uns vor Lachen kaum halten konnten und dann wiederum zum Sonnenaufgang ganz leise nebeneinanderstanden und kein Wort sprachen.

Am letzten Tag lief ich, wann immer ich die Möglichkeit hatte, barfuß am Strand entlang. Manchmal setzte ich mich auch für ein paar Minuten und blickte auf den Atlantik hinaus. Ich wurde ruhiger und gelassener. Zwar lösten sich meine Probleme nicht in Luft auf, aber meine Kehle fühlte sich nicht mehr so zugeschnürt an wie vor meiner Abreise. Und ich machte mir bewusst, dass wenn überhaupt etwas sicher war, dann, dass ich Anfang zwanzig war und mir noch viele Türen offenstanden. Und damit schien alles nur noch halb so bedrohlich.

Kurz vor dem Kap von Finisterre lief jeder für sich, wahrscheinlich hatten wir alle das Bedürfnis, diesen letzten Schritt alleine zu gehen. Irgendwann passierte ich dann wirklich den allerletzten Meilenstein und suchte die felsigen Klippen nach den anderen ab. Einige von ihnen saßen verstreut in der Sonne, und als sie mich entdeckten, drückte mir jemand einen Becher Champagner in die Hand. Wir hatten es wirklich geschafft, und alles war gut.

Bis Gordon ankam, einen Becher trank und sagte, er müsse sofort zum Busbahnhof, weil er sonst seinen Flug verpassen würde. Gordon hatte sich ein paar Wochen zuvor verletzt und deshalb einige Tage verloren. Ohne diese Verletzung hätten wir uns allerdings sehr wahrscheinlich nie kennengelernt. Wir standen uns gegenüber, und ich weigerte mich zu akzeptieren, dass es das nun gewesen sein sollte.

Er sagte: »Fang jetzt nicht an zu heulen.« Und ich fragte mich, ob denn niemand wusste, dass man mit diesem Satz genau das Gegenteil erreichte.

Wir lagen uns lange in den Armen, ich hörte ihn »Du machst das schon!« sagen, und dann ging er. Wir haben uns bis heute leider nicht wiedergesehen.

Ich blieb noch eine Weile zwischen den Felsen sitzen, während Martina, wie es die Tradition verlangte, ein Kleidungsstück verbrannte. Die Wahl fiel auf eine ihrer Unterhosen. Daniel setzte sich irgendwann zu mir und sagte: »Weißt du, was mein Vater mir geraten hat, als ich ihm erzählt habe, dass ich in Santiago noch nicht umdrehe? Er meinte, ich solle am Kap

stehen bleiben und nicht auch noch mit einem Boot übersetzen.«

Ich musste lachen bei der Vorstellung, dass wir vielleicht
niemals stehen geblieben wären, wäre da nicht der Atlantik vor
uns gewesen, der schäumend gegen die Klippen schlug.

Zurück in Santiago saß ich in einem Café und wartete auf den
Bus, der mich zum Flughafen bringen sollte. Eine Frau Anfang
vierzig packte einen Tisch weiter ihren Rucksack hektisch ein
und aus. Sie türmte mehrere Hardcover-Bücher vor sich auf,
als sie meinen Blick auffing und lächelte. »Haben Sie ihn noch
vor sich oder bereits hinter sich?«, fragte sie mich und wirkte so
nervös, dass ich das Bedürfnis hatte, sie aufzufangen.

»Hinter mir«, antwortete ich. Sie nickte.

»Können Sie mir einen Rat geben? Irgendeinen?«

Ich ließ ihre Frage kurz sacken. Nach all den Monaten, in
denen ich mich so unsicher gefühlt hatte, saß ich jetzt vollkommen entspannt in einem Café in Spanien und wurde von
einer Frau um Hilfe gebeten, die sicherlich doppelt so alt war
wie ich.

»Ja. Lassen Sie die Bücher hier. Damit tun Sie sich keinen
Gefallen.« Sie schluckte, natürlich, ohne Bücher fühlte sie sich
sicherlich genauso nackt wie ich, als ich in München meinen
Rucksack geschnürt hatte. Doch dann gab sie den Stapel an
der Bar ab. Ich bezahlte meinen Kaffee und ging nach draußen.

»Sie werden das hinkriegen«, sagte ich im Vorbeigehen und
meinte damit nicht nur ihre bevorstehende Reise.

Drei Tage vor meinem Geburtstag war ich zurück in München. Ich lud meine engsten Freunde zu einer Party ein, und als einer nach dem anderen absagte, wünschte ich mich jeden Tag mehr zurück auf den Weg. Mir war klar, dass meine Zeit dort eine Seifenblase war, eine, in der irgendwie alles in Ordnung war, eine, in der es auf Fragen gute Antworten gab.

Hier in München musste ich mich wieder meinem Alltag stellen und meine Entscheidungen auch wirklich in die Tat umsetzen. Ich wusste, dass ich nicht die Einzige war, die schnell in alte Muster zurückfiel. Der Jakobsweg ist wie eine verdammt gute Therapiestunde. Aber mit einem Mal ist es eben nicht getan.

Am Abend vor meinem Geburtstag ging ich zu einer Freundin und saß gemeinsam mit ihrem Freund am Tisch, meine Stimmung lag darunter, während ich den beiden beim Essen zusah. Ich hatte die schlechtesten Freunde aller Zeiten.

Während mich der damalige Freund meiner Freundin sehr damit nervte, mir doch bitte mal die neue Lampe im Bad anzusehen, fragte ich mich, wie tief ich eigentlich fallen und wie peinlich so ein Abend wirklich verlaufen konnte. Ich öffnete die Badezimmertür, und in dem drei Quadratmeter großen Raum standen rund fünfzehn Freunde, die »Überraschung!« riefen und nach Luft schnappten.

Ich hatte die besten Freunde aller Zeiten.

Natürlich war es so: Der Jakobsweg hatte nichts an meiner Situation geändert. Doch zwei Wochen konstant an der frischen Luft zu sein, fernab von Facebook und der täglichen Flut an Information, war vor allem eins: extrem gesund.

Wenn wir mal ehrlich sind, laufen wir alle jeden Tag unseren eigenen Jakobsweg. Mal geht's uns scheiße und mal zwickt nur der große Zeh, mal stellen wir uns den Steinen, mal laufen wir drum herum. Dass der Weg immer das Ziel sein wird, wusste ich schon vorher, aber in diesen zwei Wochen ist es mir wirklich klar geworden. Was wir dabei oftmals vergessen, ist, dass es immer jemanden gibt, der ihn mit uns läuft, und dass es immer jemanden gibt, der für uns das Licht anknipst, und dass immer jemand unsere Hand hält. Vorausgesetzt, wir nehmen sie.

Das Casting hatte ich verpasst, geärgert habe ich mich darüber nie so richtig. Ich wollte nie Werbung machen, und es hat auch in den Jahren danach nicht geklappt. Aus meiner Wohnung bin ich kurze Zeit später ausgezogen. Dank meiner Freundin bekam ich das Apartment über ihr. Ich mochte von Anfang an mein winziges Badezimmer am meisten.

Ein halbes Jahr später besuchte Daniel mich in München, und wir gingen mit ein paar der anderen Pilger aufs Oktoberfest. Das Wiedersehen war schön, allerdings fehlte der Zauber der Zeit auf dem Jakobsweg.

Daniel ist immer wieder unterwegs, zuletzt reiste er mit einem Kamerateam über ein Jahr lang von Japan nach Neuseeland. Manche Menschen sind einfach nicht dafür gemacht, an einem Ort zu bleiben. Sie wollen immer in Bewegung sein, und das ist auch verdammt in Ordnung so.

Gordon lief noch jahrelang verschiedene Pilgerwege, bis er den für sich perfekten gefunden hatte und damit das Pilgern in Spanien beendete. Der Gedanke, dass er noch so viele andere Menschen zum Lachen gebracht hatte, wenn er ihnen erzählte, dass er Bademoden-Model für Speedo sei und wieder dringend in Form kommen müsse, macht mich sehr, sehr glücklich. Kurz bevor ich das Buch fertig geschrieben habe, habe ich nach langer Zeit mal wieder Kontakt zu ihm aufgenommen. Er hat mir ein Foto von einem Herzen geschickt, das auf eine der Straßen des Pilgerweges gemalt ist, und er schrieb dazu: »Kannst du dich erinnern, dass du dich damals in dieses Herz gesetzt hast und ich ein Foto von dir gemacht habe? Das Bild hier habe ich ein Jahr später aufgenommen – das Herz ist leer und wartet. Vielleicht solltest du das Camino-Kapitel in deinem Buch ›Folge deinem Herzen‹ nennen.«

Ich war unglaublich gerührt. Vor allem, weil er hinterherschob, dass er meinen Blog mithilfe der Google-Übersetzung las und sagte: »Du hast eine wahrhaftige Reiseseele.«

Er erzählte mir außerdem von seinem geplanten Roadtrip, mit dem Motorrad durch den Süden der USA nach Mexiko, Mittel- und Südamerika zu fahren, seine persönlichen *Motorcycle Diaries,* wie er es nannte. Es wird wirklich Zeit, ihn in Kanada zu besuchen – oder irgendwo anders auf der Welt.

Das Gefühl des Scheiterns hielt allerdings noch eine Weile an. Die Schauspielerei lief schleppend und diese Tendenz bei all meinen Kollegen beobachten zu müssen, machte die Sache nicht einfacher. Jobs kamen und gingen, doch der, den ich wollte, einer, der mich an meine Grenzen bringen, der mich und mein Können zutiefst fordern und letztlich fördern würde, war nie dabei. Deshalb habe ich die Sache einige Jahre später an den Nagel gehängt und kann heute sagen, dass ich vielleicht gescheitert bin, es aber zumindest versucht und mich der Herausforderung eines schweren Berufes gestellt habe.

Was mir in diesem Sommer 2011 klar wurde, war, dass ich viele Dinge, die mir nicht passten, ändern konnte. Und das brauchte auch nicht von heute auf morgen passieren, ich musste einfach nur einmal damit anfangen. Montags nicht mehr ausschlafen, sondern den Wecker stellen. So tun, als hätte ich etwas zu tun, war der erste Schritt aus meiner kleinen Lebenskrise. Ich schrieb eine Bewerbung nach der anderen, selbst für Jobs, auf die ich maximal keine Lust hatte.

Gedanklich trug ich eine Liste in mir mit Dingen, die mir wichtig waren. Ganz oben stand: Geld sparen für den nächsten Aufbruch. Überhaupt das Reisen zu meiner Priorität zu machen. Die Disziplin, in der ich am allerbesten wurde und aus der nach und nach ein ganz neuer Beruf entstand. So schleichend und vollkommen natürlich, dass es diesmal der richtige sein musste. Es konnte gar nicht anders sein.

(ENT-)TÄUSCHUNG
oder
Warum Paris ein launischer, arroganter Lover ist.

Frankreich, November & Dezember 2011

Mehrmals zurückzukehren ist der größte Liebesbeweis, den man einem Ort erbringen kann. In New York war ich zweimal. In Rom auch. Zur Kaffeeplantage Campo Amor in Kolumbien möchte ich irgendwann auch noch einmal zurück. Doch Paris ist bisher die einzige Stadt, die mich regelmäßig anzieht. Als könnte ich es nicht ohne sie aushalten. Als wäre ein Jahr ohne Paris ein verlorenes.

Paris und ich, wir funktionieren, vielleicht vor allem, weil wir nicht nur glückliche Tage miteinander hatten. Die Sehnsucht und das Verlangen nach einem Wiedersehen sind einfach immer da, vor allem wenn ich versuche, in anderen Städten das zu finden, wonach ich in Paris nicht einmal suchen muss.

Viele meinen, die Franzosen seien arrogant, und in dieser pauschalen Aussage liegt sicherlich ein wahrer Kern. Doch während so viele Menschen aus Frankreich zurückkommen und über diese eine, bestimmte französische Arroganz schimpfen, komme ich auf seltsame Weise damit klar. Ich denke mir, daran halten sie sich eben fest, diese Franzosen, wenn die ganze Welt sie wieder einmal nicht ernst nimmt, weil sie kein Englisch können, viel schlimmer, nicht können wollen. Und wenn mir der Barkeeper sagt, er habe keine Cola und kurze Zeit später einen Long Island Ice Tea vor meinen Augen mixt, dann bleibe ich ruhig und zerlege den Laden eben nicht.

Die Stadt ist ein launisches Ding, aber ein verdammt schönes, und man muss einfach auf manches vorbereitet sein. Oder dem eigenen Selbstbewusstsein den roten Teppich ausrollen. Wann, wenn nicht hier, sollte man mit erhobener Nase durch die Straßen flanieren? Wo, wenn nicht hier, auf hohen Hacken den Espresso am Tresen hinunterkippen, für ein paar Tage Kette rauchen und das Leben auf sich regnen lassen, während die Fassade von Sacré-Coeur im Sonnenlicht leuchtet?

Paris darf alles, und du darfst alles in Paris. Eins sollte man jedoch wissen: Über Paris wird man nie hinwegkommen, wenn man einmal verliebt war. Die Stadt ist der Lover, den man immer wollte, der manchmal ganz nah war, und den man doch nie haben konnte. Weil alle Paris lieben, aber Paris ein wählerischer Franzose mit Dreitagebart und zerschlissener Lederjacke, mit dunklen Wuschelhaaren und seltsam attraktiven Augenringen ist, dessen Hang zur Dramatik man nicht unterschätzen sollte.

Ich kenne kaum jemanden, der so stolz auf seine Stadt ist wie die Pariser selbst. Und sie haben wenig Verständnis für jemanden, der sich nicht in sie verliebt – denn wo sollte man sich verlieben, wenn nicht hier?

Ich stand an einer der vielen Kreuzungen an der Place de la Bastille und wartete darauf, dass die Ampel auf Grün schaltete, als er mich anlächelte. Ich sah mich um, denn wir kannten uns nicht, und ich ging davon aus, dass er irgendeine hochgewachsene, brünette Französin meinte, die vermutlich hinter mir stand. Doch da war niemand und er, er lächelte immer noch.

Die Ampel wurde grün, und ich ging los, auf ihn zu, und als ich merkte, dass er auf der anderen Seite stehen blieb, wurde ich nervös. Er sprach mich auf Französisch an. Ich blieb stehen, winkte jedoch gleichzeitig ab, ich konnte die Sprache nicht. Er wechselte ins Englische, und ich fragte mich, ob er wirklich geglaubt hatte, dass ich Französin war, oder ob das nur Teil einer Masche war, so ein charmantes und engmaschiges Netz, in dem man festhing, bevor man überhaupt merkte, dass man dabei war, sich ziemlich zu verheddern.

»Das ist ein toller Pullover, den du da trägst«, sagte er in lupenreinem Englisch mit französischem Akzent. Ich lachte, natürlich aus Verlegenheit. Ohne sich vorzustellen oder nach meinem Namen zu fragen, lud er mich zu einer Halloweenparty am Abend ein und gab mir seine Nummer. Es war der 31. Oktober, das hatte ich angesichts der zwanzig Grad und der warmen Sonnenstrahlen, die durch die längst verfärbten Blätter schienen, komplett vergessen. Ich nahm den Zettel, antwortete *sure,* lief weiter und dachte mir: So was mache ich normalerweise nicht.

Den ganzen Tag überlegte ich, was ich tun sollte. Und ich überlegte, warum ich überlegte. War es gefährlich, sich in einer fremden Stadt mit einem fremden Mann zu verabreden, um auf eine Party zu gehen? Das war zumindest das, was mir eine Freundin sagte, als ich ihr davon erzählte.

Wenn ich in München auf der Straße mit einem Mann ins Gespräch gekommen wäre und wir danach Nummern ausgetauscht hätten, hätte ich mir dann genauso viele Gedanken gemacht? Vielleicht war ich es einfach nicht mehr gewohnt, jemanden kennenzulernen, indem ich ihn schlichtweg kennenlernte. Das Gesicht gegenüber, ein bisschen Mut und fertig. Ich warf die Einwände meiner Freundin über Bord – es waren schlichtweg nicht meine.

Gemeinsam mit seinem Freund liefen wir durch die kühlen Gassen, wir waren schnell und unsere Schuhe klackerten auf dem Steinpflaster. Wir stiegen eine steile Treppe hinauf in den sechsten Stock eines Altbaus und wurden von einem Mädchen empfangen, das schrecklich aussah. Schrecklich gut geschminkt. Sie war Visagistin, und weil sie täuschend echte Wunden in ihr Gesicht gezaubert hatte, erschrak ich bei ihrem Anblick. Nachdem sie ihm eine Schusswunde auf die Stirn und mir eine Schnittverletzung quer über die linke Wange gemalt hatte, setzte ich mich an das offene Fenster mit Blick auf den erleuchteten Eiffelturm. Hoch oben über den Dächern von Paris redeten wir, tranken und lachten, und die Frage, was ich hier eigentlich tat, hing über mir, als bräuchte sie dringend eine Antwort.

Er war arrogant. Zwar nicht mir gegenüber, doch es steckte in seinem Gang, in der Art, wie er rauchte, in dem Wissen, dass er nicht größer war als ich und es ihn überhaupt nicht störte. Immer, wenn ich ihn musterte, hatte ich das Gefühl, ganz Paris steckte in ihm. Ihn und seine Freunde beim Feiern zu beobachten, das war für mich eine Art Sozialstudie, das Eintauchen in intime Blicke und Gesten, die ich plötzlich sehen durfte. Ich war wie selbstverständlich aufgenommen worden und doch fühlte ich mich nicht als eine von ihnen, aber das machte nichts, ich stand gerne abseits und beobachtete, und wenn er mich ansprach und fragte, ob alles in Ordnung sei, dann lächelte ich und fasste an meine Wange, als wäre sie kein Teil von mir.

Die Getränke wurden nie warm und meine Zunge lockerer. Ich sagte, ich wolle alles wissen, und er antwortete: »In Ordnung, du hast fünf Fragen, ich beantworte jede.«

Ich spielte mit, denn obwohl ich Spiele eigentlich nicht besonders mag, fand ich das hier aufregend.

Inder. Das überraschte mich, er sah für mich überhaupt nicht indisch aus. *Ingenieur, Raumfahrttechnik.* Spannend. *Eine Schwester, jünger,* die ich ohne ersichtliche Gründe kennenlernen wollte. *In Paris geboren.* Daran bestand kein Zweifel. Den Rest vergaß ich sofort wieder. Ich weiß nicht mal, ob ich überhaupt eine fünfte Frage gestellt habe.

Um halb drei verabschiedeten wir uns auf der Straße, er winkte mir ein Taxi heran, und ich stieg ein.

»Ich würde dich gerne wiedersehen«, sagte er und schloss die Tür, bevor ich eine Antwort geben konnte. Der Taxifahrer fragte mich, ob ich etwas über die Sehenswürdigkeiten wissen wolle, an denen wir nun vorbeifuhren, und ich taumelte innerlich, *oui, oui!*, und ließ die Lichter an mir vorbeiziehen. Paris bei Tag war lebensfroh, elegant und bunt. Paris bei Nacht war erhaben, ein bisschen so, als flüstere die Stadt: *Ich weiß, dass ich schön bin, und du, du bist mir rettungslos verfallen.*

Am nächsten Tag saß ich am Flughafen und wartete auf das Boarding, als mein Handy klingelte.

»Ich muss nächste Woche nach Bangalore fliegen und kann übers Wochenende einen Stopp in München einlegen. Soll ich?«

Fünf Tage später stand er vor mir, und ich habe mich selten so lebendig gefühlt wie in diesem Moment. Wir schlenderten durch die Straßen und feierten mit Freunden, wir tranken Espresso und fuhren aufs Land. Da war plötzlich ein kleines Stückchen Paris in München, und ich flirtete mit dem Geschmack einer Fernbeziehung, wie man sie nur mit Paris haben konnte. Mit der bitteren Süße einer unausgesprochenen Liebe, die weder definiert war noch Sicherheit gab, kamen die Antworten, ohne dass die Fragen dazu je gestellt worden wären.

»Du kannst mich in Paris besuchen kommen, aber nicht bei mir zu Hause. Ich wohne bei meinen Eltern und für diesen Besuch müssten wir verlobt sein.«

Ein Teil von mir verstand das und war bereit, eine Religion, von der ich kaum etwas wusste, kennenzulernen, aber die Schwere, die sich über meine Frühlingsgefühle legte, war nicht zu leugnen. Meine Fragen, meine Unsicherheiten, meine Skepsis, all das fing an, sich zu zeigen. Er hatte es hervorgeholt, obwohl ich selbst noch gar nicht an dem Punkt war, Klarheit zu fordern. Seine Eltern wussten nichts von mir, und das Apartment eines Freundes am Oberkampf, in dem wir ein paar Wochen später wohnten, fühlte sich wie ein Versteck an.

»Ich kann keine Beziehung mit dir führen, denn wir haben keine Zukunft. Du gehörst nicht meiner Religion an. Wir werden irgendwann an eine Grenze kommen, dann geht es nicht mehr weiter.« Die Worte hallten in meinem Kopf, als ich erneut nach Paris fuhr, während meine Gedanken bereits auf dem Absatz kehrtmachten. Es war der 26. Dezember und die Stadt in eine Romantik gehüllt, die angesichts meiner Situation kaum zu ertragen war. Alles war kalt. Das warme Croissant am Morgen, der Tag im Louvre und die Nächte in den Bars. Es war nicht seine Meinung, die mich schmerzte, es war die Art, wie er sie mir darlegte. Kompromisslos, kühl und sagenhaft endgültig. Der Ton, in dem er mit mir sprach und in was für einer Blase von Doppelmoral er, der laut seiner Freunde die Frauen schon lange nicht mehr zählen konnte, wirklich lebte.

Ich hätte nicht noch einmal zu ihm nach Paris fahren sollen – die Weisheit kommt bekanntlich meist erst hinterher.

Als wir uns am letzten Tag meines kurzen Besuchs in der Schlange einer Fastfoodkette stritten, sagte er gedämpft, ich solle ihn nicht herumkommandieren. Wir schwiegen, während wir in die U-Bahn stiegen, und als ich das Gespräch suchte, zischte er mich an, als wäre meine Anwesenheit nicht zu ertragen. Am *Gare du Nord* stand mein Zug bereit, und ich war es ebenso.

Ich stieg ein und setzte mich ans Fenster. Er stand draußen, bewegte sich nicht, sein schönes Gesicht regungslos. Das einzig Menschliche an diesem Tag waren meine heißen Tränen, die mir jetzt über die Wangen liefen. Ich wischte sie weg, zusammen mit dem Rest meines Stolzes. Da regte sich auch etwas in seinem Gesicht, und er winkte mir hinterher, als der Zug aus dem Bahnhof fuhr. Es war Erleichterung, die da in seinen großen Augen aufblitzte. *Sie wird nicht wiederkommen.*

Vier Stunden lagen vor mir, bis ich am Frankfurter Bahnhof einfahren würde. Vier Stunden, die ich damit verbrachte, mich zu fragen, wann diese Geschichte auf die falsche Spur geraten war. Ob es sich wirklich um meine handelte. Und ob das Mädchen im Zug, das weinte, ich war oder ob mir nicht einfach jemand im Café Angelina bei einer heißen Schokolade diese Geschichte erzählt hatte. Ich war mir nicht mehr sicher.

»Er ist ein Idiot. Komm nach Hause«, stand in leuchtenden Buchstaben auf meinem Handydisplay. Nicht die Nachricht einer Freundin, die zu Hause auf mich wartete, um mir zu versichern, dass Männer Schweine waren, sondern die Nachricht eines Mannes, der es scheiße fand, einen Menschen so zu behandeln. Ich schniefte und lachte und fing an zu schreiben. Ich schrieb meine Verwirrung nieder, um die Geschichte hinter mir zu lassen. Vier Stunden später war ich über ihn hinweg, erzählte ich mir selbst in manch leiser Stunde. Das war eine dreiste Lüge an mich selbst.

Ich traute mich jahrelang nicht nach Paris, obwohl ich mich nach der Stadt sehnte. Oft träumte ich von ihr, stellte mir vor, durch das Marais zu laufen und den Duft frischer Falafeln in der Nase zu haben, in der kleinen Vinothek am Fuße des Montmatre Rotwein zu trinken oder an einem regnerischen Tag einfach im Getümmel des Louvre zu verschwinden. Ich fürchtete, dass ich die Stadt ab jetzt immer mit dieser Geschichte in Verbindung bringen würde. Am Ende würde vielleicht auch sie mir eine andere Seite von sich zeigen.

Glücklicherweise war die Sehnsucht zu groß, um mir einen meiner Lieblingsorte in Europa kaputt machen zu lassen. Paris ist die Stadt der Liebe, daran lässt sich nichts ändern, und vielleicht steht für jede große Liebe auch eine Geschichte wie meine.

Also kam ich zurück, ein paar Jahre später, um den dreißigsten Geburtstag einer Freundin zu feiern. Es waren wunderschöne Tage, als wir durch den goldenen Herbst der Stadt flanierten. Wir aßen Crêpes und Pommes mit Blick auf den Eiffelturm, fanden das versteckte Wunderland Le Comptoir Général, stolperten in die Galerie Vivienne und knipsten uns darin die Finger wund. Wir standen (wieder) enttäuscht vor dem Moulin Rouge und ärgerten uns über die Touristenmassen am Montmatre, weil man das als Tourist eben so machte.

Wir hassten den beißenden Uringeruch im Labyrinth der unterirdischen Metrogänge, und wir saßen auf einer Bank im Jardin du Luxembourg und aßen Oreo-Kekse.

Dann, irgendwann, war es einfach wieder Paris. Die Stadt, die ich so sehr mochte, weil ich sie traumhaft schön, anstrengend und entspannend zugleich fand und nicht, weil dort jemand auf mich wartete.

Sich auf Reisen zu verlieben, ist für manche der Inbegriff von Perfektion. Da hat man Urlaub oder ist vielleicht sogar auf unbestimmte Zeit unterwegs, und dann gesellt sich auch noch jemand dazu, der das eh schon schöne Leben noch ein bisschen schöner macht.

Zunächst erscheint alles leicht und traumhaft, doch wenn plötzlich die Frage nach dem Danach aufkommt, zeigt sich relativ schnell, ob es beim Urlaubsflirt bleibt oder die aufkeimende Liebe Kontinente überwinden kann, oder kulturelle Unterschiede und Glaubenskonflikte lösen, Zeitzonen überqueren.

Ich habe auf Reisen die interessantesten Beziehungsmodelle gesehen. Eine Freundin von mir ging ein ganzes Jahr nach Australien. Ihr Freund holte sie schließlich nach zwölf Monaten vom Flughafen ab, in der Zeit dazwischen hielt die beiden lediglich die Kommunikation über das Internet zusammen. Meine Lieblingsanekdote aus diesen zwölf Monaten eisernen Wollens ist übrigens folgende: Sie, mitten in der Nacht betrunken in Melbourne und ohne Orientierungssinn, rief ihn an, um sich per Google Maps nach Hause bringen zu lassen. Also saß er vor der Straßenkarte Melbournes und rief laut »links, dann rechts«, weil die Verbindung so schlecht war.

Alles kann funktionieren und gleichzeitig muss es das nicht. Es kann an den gleichen Dingen scheitern, an denen normale Beziehungen auch scheitern, aber gleichzeitig an Herausforderungen wachsen, die meist nur diejenigen kennen, die sich ihnen gestellt haben.

Er und ich hatten das nicht getan, wir konnten es nicht, weil von vorne herein klar war, dass einer nicht wollte. Erich Fried schrieb: »Es ist, was es ist, sagt die Liebe.« In unserem Fall war es die Enttäuschung, das Ende einer Täuschung. Nicht mehr, nicht weniger.

Abgesehen von diesem missglückten Beziehungsversuch hatte ich mit Paris jedoch immer Glück gehabt. Fühlte mich nie enttäuscht oder in meiner Zuneigung betrogen. Zu viel Liebe steckte in dem indischen Bäcker, der meine Freundin in die Backstube einlud, um die Wartezeit auf die Croissants zu verkürzen. Zu viel Liebe steckte zwischen den heißen Schichten eines gefalteten Crêpes in Saint-Germain. Und zu viel Liebe hatte ich selbst übrig. Für den Kellner, der im Vorbeigehen mein Tischgespräch mit den Worten kommentierte: »Sie sind in Paris. Das ist Grund genug, Französisch zu lernen.«

SEHNSUCHT

oder

Warum die Welt gut ist und ihre Menschen es ebenfalls sind.

Indien, März–April 2013 & Dezember 2015

Indien, heißt es, liebt man oder hasst man. Ich fand das schon immer sehr einfach formuliert, denn ich bin ein Freund von Graustufen, die Schwarz-Weiß-Malerei braucht es nicht auch noch bei der Urlaubsplanung.

Doch nachdem ich mittlerweile zweimal in Indien war, einmal im Norden und einmal im Süden, kann ich besser nachvollziehen, warum das Land so polarisiert. Ich kann verstehen, dass man sich in diesem Land ganz automatisch entscheidet. Liebt man es, kann man sich vollkommen darauf einlassen und ab da wird alles einfacher. Hasst man es, sollte man weiterziehen oder nach Hause fliegen. Und ist man unschlüssig, sollte man länger bleiben oder irgendwann wiederkommen, denn die

Chance, sich letztendlich doch zu verlieben, ist groß. So, so groß.

2013 hatte ich Sehnsucht nach mehr. Ich wollte komplett in eine fremde Kultur eintauchen. Vier Wochen sollten es mindestens sein und die am besten in einem Land, in das man drunter vielleicht gar nicht fliegen sollte: Indien. Der Name klang für mich wie eine bunte Wundertüte.

Als ich mich einmal für das Land entschieden hatte, gab es lediglich zwei kleine Probleme: 1. Ich wollte nicht alleine fliegen, weil ich Momente lieber mit anderen teilte. 2. Mein Freund wollte nicht nach Indien. Doch ich hatte einen Joker in der Hand, denn Deniz bewarb sich zeitgleich für ein Auslandssemester in Kolumbien. Also sagte ich: »Wenn du für ein halbes Jahr nach Kolumbien gehst, fliegst du vorher mit mir nach Indien.«

Zwei Monate später saßen wir im Flugzeug nach Neu Delhi.

Man sagte mir, dass Südindien, vor allem Kerala, die Light-Version des Subkontinents sei. Wer nicht weiß, ob er mit der Armut, dem Dreck und der Fülle an einzigartigen Gerüchen des Landes zurechtkommt, sollte dorthin fliegen, denn der Süden ist reicher und somit läuft alles nicht nur etwas geordneter ab, es ist auch sauberer und insgesamt fortschrittlicher.

Ich ignorierte diesen Rat, denn die schönsten Tempel der Welt befinden sich im Norden – genau wie das Taj Mahal, mein Hauptgrund, nach Indien zu reisen. *Ganz oder gar nicht*, lautete damals meine Devise, deswegen buchte ich obendrauf auch noch ein Dritte-Klasse-Ticket für den Zug von Mumbai nach Goa. Es mag so wirken, als hätte ich damals keine Sekunde darüber nachgedacht, was auf mich zukommen würde, doch das Gegenteil war der Fall. Wochenlang gab es für mich nur ein Thema. Ich wollte es wirklich wissen.

Neu-Delhi. Extrem laut und extrem voll. Das ganze Land in einer Stadt. Sie riss mich hinein in ihr Chaos, und das mit so einer Heftigkeit und so kompromisslos, dass ich durch die Straßen wankte wie ein betrunkener, aber sehr glücklicher Mensch. Ich war wie ein Schwamm, der alle Eindrücke in sich aufsaugte, und am Abend schrieb ich keine Zeile, weil ich keine Worte übrig hatte.

Das authentischste Bild von Indien fand ich genau dort, in dieser nicht fassbaren Stadt, deren Lebensfreude, Farben und Gesichter mich umwarfen. Irgendwie gelang es Indien, seine Gegensätze zu vereinen und sie miteinander funktionieren zu lassen. Mädchen in Jeans neben Mädchen in Saris. Dreckige Gassen, in denen ausgemergelte Kühe im Weg standen, Parks mit akkurat geschnittenen Rasenflächen. Ich konnte mich von der ersten Sekunde an auf alles einlassen, was meine Sinne wahrnahmen. Das waren nicht nur schöne Dinge, die sich in das bunte und detailverliebte Mosaik meiner Erlebnisse fügten, doch am Ende passte alles zusammen, und die Eindrücke dieser ersten Reise nach Indien trage ich bis heute in mir, so dass das Land letzten Endes zu meinem größten Sehnsuchtsort wurde – und mein Aufenthalt dort den Grundstein für den Start meines Reiseblogs legte.

Indien faszinierte mich bis zu meiner Abreise so sehr, dass Heimweh und Vorfreude auf zu Hause keine Chance hatten, und nach meiner Rückkehr rief das Land jedes weitere Jahr nach mir.

»Manchmal ist es die beste Entscheidung, den Rückflug zu verpassen«, hatte Andrew, ein Rastafari, in einem Café in Mumbai gesagt, und noch heute fühlt sich dieser Satz für mich an wie eine geheime Nachricht. Wenn ich heute sage, ich müsse zurück nach Indien, und zwar noch dieses Jahr, dann meine ich damit: Ich habe *Heimweh*.

Kein Land auf dieser Welt ist so anders und hat mir gleichzeitig innerhalb dieser Andersartigkeit das warme Zuhause eröffnet, das Indien seitdem für mich ist. Ein Ort, an dem ich irgendwann einmal leben möchte, zumindest eine Zeit lang. Und diese Sehnsucht, die mit jedem Besuch nur noch schlimmer wird, entstand so:

Das Leben in Neu Delhi, und überall anders auf dem Subkontinent, spielt sich draußen ab. Das war, was ich an Indien unglaublich mochte. Die Menschen sind immer unterwegs. Verkäufer unterhalten sich mit ihren Nachbarn über einer Tasse Chai, Tuk-Tuk-Fahrer kämpfen sich mit stoischer Gelassenheit durch den Verkehr, Familien sitzen im Park und picknicken, Menschen laufen von A nach B, ständig, keine Ahnung, ob sie ein Ziel haben oder nicht. Alle lächeln. Mich faszinierte, wie friedlich das Zusammenleben schien.

Wenn ich dann stehen blieb, auf einem Platz oder vor einem Tempel oder mitten im Gassenlabyrinth, waren das manchmal sehr stille Momente für mich. Zwei, drei Mal wurde es ganz leise in mir drinnen, so leise, dass ich mich darüber nur wundern konnte. Das war wie in diesen hochemotionalen Musikvideos, in denen einer dasteht und sich nicht bewegt, während sich alles um ihn herum in wahnsinniger Geschwindigkeit abspielt. Fast forward, das Leben und ich, regungslos.

Alles war bunt und laut, Gerüche stiegen mir in die Nase, Menschen sprachen mich an, lachten mich an, drückten mir Babys in den Arm, deren dunkle Augen mit schwarzem Kajal umrandet waren, machten Fotos. Kühe, Ziegen, Mäuse, Hühner, alles rannte kreuz und quer, doch ich sprang nicht zur Seite, auch nicht, als ein Tuk-Tuk laut hupte. Die Schleier der bunten Saris wehten im Wind, nicht zu verwechseln mit dem langen, dunklen, glänzenden Haar der Inderinnen, das sich darüberlegte, darunter und dazwischen, ein Tanz, alles, einfach alles auf diesen Straßen war ein Tanz, und es war irrsinnig, nicht stehen zu bleiben und sich das nicht anzusehen.

Das war ein lebenslanger Bollywood-Film, aber live, und viel echter. Die Bewegungen, das Zusammenleben, wie einstudiert, alles spielte zusammen und zerfloss am Ende des Tages in ein Gesamtkunstwerk, das sich wie ein Sari über die ganze Stadt legte. Die Farben des Sonnenuntergangs, verschleiert durch den Smog zu einem pastellfarbenen Schauspiel, so schön, es war fast schon übertrieben.

Natürlich ist diese nie enden wollende Fülle an Eindrücken oft überwältigend, aber wer nach Indien will, sollte sich auf die bis zum Rand mit Überraschungen gefüllte Wundertüte gefasst machen. In dem Moment, in dem ich regungslos dort stand, stellte ich fest, dass das, was um mich herum passierte, der Einblick in eine Welt war, die es sonst nirgendwo anders gab. Hier hatte alles seine Wurzeln in Traditionen und in einem unbeirrbaren Glauben. Um das mit dem Verstand begreifen zu wollen, hätte es mehr als diesen einen Moment gebraucht, aber in Indien hatte ich nie den Anspruch, die Dinge, die ich sah, wirklich verstehen zu wollen. Ich konnte einfach das, was ich erlebte, akzeptieren, ich wurde zum Beobachter, ergriff die Hand, die mir gereicht wurde und tanzte durch meinen eigenen Film.

Genau das tat ich zum ersten Mal beim Holi Festival, einer sehr alter Tradition, bei den man sich gegenseitig mit gefärbtem Wasser bespritzt oder Pulver bestreut. Oftmals werden noch heute die Farben vorher geweiht, was die sakrale Bedeutung aufzeigt. Es ranken sich verschiedene Mythen um die genaue Bedeutung des Festes, generell steht es aber vor allem für den Sieg des Guten über das Böse, für das Ende des Winters und den Beginn des Frühlings und, was ich besonders schön finde, das Niederlegen von Streitigkeiten. Ich feierte das Fest in einer der schönsten Städte des Landes, Jodhpur, mit ihren blau gestrichenen Häuserfassaden.

Unsere Ankunft in der Blauen Stadt legten wir auf einen Tag vor dem Fest. Ich wollte noch Farben kaufen und die Straßen vor dem Ausnahmezustand kennenlernen. Natürlich machte uns das Leben einen Strich durch die Rechnung, und alles kam anders.

Als wir ankamen, war das Holi bereits in vollem Gange. Wir waren noch gar nicht richtig da, schon explodierten die Farben knapp über einer Dachterrasse in den Himmel.

»Wie kommen wir da rauf?«, fragte ich einen Mann, der an der Hauswand lehnte. Er lächelte und sagte: *Komm mit.* Wir folgten ihm durch eine Backstube, durch mehrere Vorhänge, Treppen hoch, noch mehr Treppen hoch. Eigentlich hatte ich gedacht, wir könnten das Spektakel für eine Weile von außen beobachten und danach erst mal ins Hotel, doch kaum hatten wir die Dachterrasse betreten, forderten uns auch schon zwei Inder zum Tanzen auf. Obwohl ich bei so etwas von Haus aus eher schüchtern bin, war mir in diesem Moment klar, dass ich hier weder Nein sagen konnte noch wollte.

Drei, zwei – bis zur Eins kam ich erst gar nicht, mein Gesicht war pink, mein Oberteil ebenfalls, doch dann kam noch Gelb und Blau dazu, und jemand legte mir eine duftende Blumenkette um. Es wurde getrommelt, gesungen, getanzt und gelacht. Und ich war, wie das in Indien immer wieder passierte, plötzlich mittendrin.

Als die Sonne unterging, drehte ich mich mit meinem Handy in der Hand einmal um die eigene Achse. Ich machte ein Video von den atemlosen Menschen um mich herum und dem schönen Uhrenturm auf dem Marktplatz, hinter dem die Sonne immer wieder aufblitzte. Überall schwebten Farbpartikel in der Luft, die vom Sonnenlicht zum Leuchten gebracht wurden. Es war, schlicht und ergreifend, so unwirklich schön. Nicht nur aufgrund der Farben und des Sonnenuntergangs, sondern auch wegen der Menschen und der unausgesprochenen Fülle einzigartiger Herzlichkeit. Das Farbpulver zu werfen und dabei zu tanzen, fühlte sich für mich unglaublich befreiend an. Und als wir da alle nun standen, verschwitzt und lächelnd auf dieser Dachterrasse in Jodhpur, und uns in die Augen sahen, sahen wir alle das Gleiche: glückliche Menschen.

Reporter der Asian News International, kurz ANI, kamen auf mich zu und hielten mir ein Mikrofon vors Gesicht. Wie ich das Festival fände, fragten sie mich, und ich stammelte irgendetwas mit *unbegreiflich* und dabei lachte ich in meinen eigenen Namen hinein. Ich werde nie vergessen, wie Jodhpur, die Blaue Stadt, sich an diesem Abend in ein Kaleidoskop verwandelte, das erst Stunden später zum Stillstand kam und sich bis heute als eine Sehnsucht tief in mir drinnen weiterdreht.

»Die Rationalität kämpft und verliert gegen Indien«, stand in deutscher Sprache an einer völlig versifften und mit Fotos zugekleisterten Wand eines winzigen Imbisses, nur einen kurzen Fußweg vom Taj Mahal entfernt. Mein Palak Paneer, indischer Käse in einer Spinatsoße, war so scharf, dass ich anfing, unkontrolliert in mein Essen zu weinen. Aufhören konnte ich jedoch auch nicht, weil ich solchen Hunger hatte. Ich hatte gedacht, ich würde scharfes Essen vertragen, doch indisch in Indien zu essen war eine andere Hausnummer als in Deutschland. Als ich fertig war, schob ich den leeren Teller von mir und putzte mir die Nase. *Die Rationalität kämpft und verliert gegen Indien.*

Es faszinierte mich, wie es jemand geschafft hatte, all die Eindrücke in einen so einfachen und prägnanten Satz zu packen. Jeder, der hier war, der hier in diesem Dreckloch saß, das trotzdem so fantastisches Essen hervorbrachte, würde die Aussage verstehen. Ich machte ein Foto von der Wand, wir bezahlten und liefen nach Hause. Am nächsten Morgen würde es zum Sonnenaufgang am Taj Mahal gehen, und der Gedanke daran ließ mich nachts keine Ruhe finden. Ich hatte Angst, der Anblick könnte meinen Erwartungen nicht standhalten. Deshalb versuchte ich, den folgenden Tag herunterzuspielen, daran zu denken, dass es kein Problem war, wenn es nicht so überwältigend sein würde, wie ich es mir erhoffte – als einen Ort, der mir den Boden unter den Füßen wegziehen würde.

Ich bin kein Frühaufsteher, auch wenn ich den Morgen in seiner Bedeutung, neu zu beginnen, sehr mag. Selbst auf Reisen gelingt es mir nicht, früh aufzustehen, deswegen verpasse ich die atemberaubendsten Sonnenaufgänge an den tollsten Orten. Im Gegenzug bin ich bei Sonnenuntergang so aktiv, dass ich zweihundert Bilder schießen kann, ohne mit der Wimper zu zucken. Oder ihn in allen Zügen genießen und das Knipsen vergessen. Alles ist möglich, jedoch nicht am frühen Morgen.

Nadeem, unser Guide und der größte Fehler dieser ersten großen Reise, stand im Morgengrauen völlig aufgedreht und redselig wie ein Michelin-Männchen am Hoteleingang. Ich verspürte den Drang, ihn zum Schutz aller müden Mitmenschen um mich herum zu knebeln und in den Gepäckraum der Unterkunft zu verfrachten.

Wir hatten von Deutschland aus ein Auto inklusive Fahrer für die ersten zwei Wochen gebucht, um so flexibel wie möglich zu sein. Den Rest der Zeit wollten wir das Land alleine erkunden. Was wir nicht wussten, war, dass diese Buchung ein Rundum-sorglos-Paket darstellte und unter anderem einen Guide an jedem Ort, an dem wir anhielten, beinhaltete. Etwas, das wir nie gewollt haben, und auch beim ersten Guide, der uns bereits in Neu-Delhi an die Seite gestellt worden war, kommuniziert hatten. Vergeblich. Und ja, natürlich hätten wir jedes Mal ablehnen können. *Nein danke, das brauchen wir nicht, nein danke, vielleicht morgen, nein danke, so ganz generell.* Aber einem engagierten Inder, der die Autotür öffnete, bevor man sie von innen schließen konnte, zu sagen, dass man seine Dienste nicht brauchte, war ungefähr so schwer, wie einen fünf Wochen alten Labradorwelpen zur Adoption freizugeben. Solange ich das Problem nicht anders lösen konnte, blieb mir nur eine Wahl: Nadeem, der unentwegt redete und für den ein gewisses Taktgefühl absolut fremd war, uns stattdessen aber von einem Laden zum anderen brachte, damit er seine eigene Provision abkassieren konnte, mit stoischer Ruhe zu ertragen. Om shanti, ab in meine Mitte.

Auf dem Weg trafen wir viele andere Touristen (das Taj Mahal im Sonnenaufgang zu besuchen, ist nicht gerade ein Geheimtipp) und bezahlten schließlich am Eingang den Touristenpreis, der deutlich höher war, als der, den Einheimische hinlegen mussten. Wir gingen hinein, und Deniz und ich verschwanden schnell in der Masse und ließen Nadeem fürs Erste hinter uns.

Nicht selten bleiben die Hauptattraktionen von Städten oder Ländern hinter den Erwartungen zurück und Touristen sind dann oft enttäuscht, wenn sich etwa der Eiffelturm in der Realität als weit weniger beeindruckend herausstellt als auf Postkarten und Fernsehaufnahmen.

Mit dem Taj Mahal ist es anders. Es ist definitiv die Hauptattraktion eines ganzen Subkontinents, und ich habe Menschen kennengelernt, die es bewusst nicht in ihre Reiserouten eingebaut haben. Das sind dann diejenigen, die so abseits der ausgetretenen Touristenpfade wandern wollen, dass sie aufpassen müssen, nicht über ihre eigene Lächerlichkeit zu stolpern. Wer das Taj Mahal wirklich auslässt, der muss auch nach Paris fahren und sich beim Anblick des Eiffelturms die Augen zuhalten. Denn dieses Gebäude ist so etwas wie das Herz Indiens. Wer hierherkommt, hat die Chance, ein paar Antworten auf die Fragen zu finden, die sich ihm im Laufe der Reise gestellt haben.

Die Sonne stand tief und tauchte den weißen Marmor des Mausoleums in ein warmes Gelb. Der Garten vor mir war in sich symmetrisch, ein so starker und fast schon absurder Kontrast zu dem unstrukturierten und chaotischen Leben auf den Straßen. Der Rasen war akkurat geschnitten, die Wege mindestens genauso liebevoll angelegt. Das Wasser in dem Becken vor dem Gebäude war sauber, es schimmerte türkis und in ihm spiegelte sich das komplette Mausoleum, das Taj Mahal.

Das Beeindruckende daran: Es war ziemlich egal, wie viele Menschen um mich herumstanden und sich für Bilder im richtigen Winkel positionierten. Trotz der allgegenwärtigen Selfie-Sticks büßte das Taj Mahal vor mir nichts von seinem

Zauber ein. Natürlich wäre es toll gewesen, diesen Ort für sich alleine zu haben, aber er war gleichzeitig einfach zu schön, um nicht überwältigt zu sein.

Ein Foto von Deniz und mir, das Nadeem machte, weil er wie irgendwie alle Guides der Welt darauf bestand, zeigt zwei Menschen, in deren Gesichtern sich Müdigkeit mit Glückseligkeit mischte. Wir sahen aus wie Babys kurz nach dem Mittagsschläfchen. Und das nach nur wenigen Minuten an diesem magischen, magischen Ort.

Ich setzte mich auf die warme Marmorplatte, auf der Shah Jahan seiner großen Liebe Mumtaz Mahal ein Mausoleum gebaut hatte, für dessen Entstehung es nicht nur Jahrzehnte, sondern auch tausende von Arbeitern gebraucht hatte. Feinstes Marmor, das von Elefanten herangetragen worden war, edelsteingeschmückte Verzierungen, die mit der Hand eingearbeitet worden sind. Hier verschmolz persische Kunst mit indischer. Wer so etwas für einen anderen Menschen bauen ließ, war entweder schwer verliebt oder einfach irre, doch dann wiederum, wo kann man in Sachen Liebe überhaupt eine Grenze ziehen?

Ich beobachtete, wie die Sonne um das Denkmal dieser Liebesgeschichte herumwanderte und fotografierte die verschiedenen Farben des Lichts aus allen Winkeln. Es war ein Gesamtkunstwerk, das alles in den Schatten stellte, was ich bisher gesehen hatte, und als Nadeems hohe, nasale Stimme mich darauf aufmerksam machte, dass er uns noch zwanzig Minuten Zeit geben würde, die »Schönheit zu genießen«, reagierte ich nicht. Ein Zeitfenster für einen Ort wie diesen in einem Land, das keine Zeit kannte; ich hätte ihn am liebsten zum Teufel gejagt – wäre dieser Platz nicht für viele heilig gewesen.

Jaipur, Jodhpur, Pushkar, Bikaner, Amritsar. Der Norden Indiens hielt, was seine faszinierend klingenden Städtenamen versprachen. Und die Krönung fand ich im Harmandir Sahib, dem Goldenen Tempel in Amritsar.

Hunderttausend Menschen besuchen diesen Ort jeden Tag, und ich war eine von ihnen. Ich ging durch eins von vier Toren, die sinnbildlich für die Offenheit der Sikh-Religion stehen und symbolisieren, dass jeder willkommen und der Tempel frei zugänglich ist. Dabei bedeckte ich meinen Kopf mit einem Tuch und wusch mir Hände und Füße, denn barfuß zu gehen, war genauso Vorschrift wie die entsprechende Hygiene.

Und dann, das: ein mit Blattgold überzogener Tempel auf einer Insel in einem angelegten See, dessen Wasser heilig war. Wer hier badete, wollte sein Karma verbessern. Ich umrundete auf den heißen Marmorplatten den Tempel, während der Kirtan, das wiederholte Singen von Mantras, die Stimmen und Trommeln in mein Ohr und mein Bewusstsein drangen.

Der Sikhismus mit seinen rund siebenundzwanzig Millionen Anhängern weltweit steht für die Gleichheit aller Menschen, lehnt den Verzehr von Fleisch genauso ab (auch wenn einige Sikh es nicht so genau damit nehmen) wie religiöse Rituale. Den starken Zusammenhalt einer Gemeinschaft am eigenen Körper zu spüren, war hier in Amritsar in ganz neuen Dimensionen möglich: In der weltweit größten Freiküche, die an den Tempel angeschlossen ist, wird für jeden, der kommt, ein kostenloses Essen bereitgestellt. Dafür braucht es tausende ehrenamtliche Helfer, die Gemüse schneiden, kochen, Essen verteilen und spülen. Ein riesiger menschlicher Apparat, der bereits seit fünfhundert Jahren funktioniert. Warum hier niemand müde wird zu helfen, wurde mir schnell erklärt:

»Die Arbeit erfüllt mich, und es ist ein göttlicher Auftrag«, sagte eine Frau, die mehrmals in der Woche zum Helfen kam und dann lächelte sie, so milde, wie das Inderinnen eben tun.

Ich nahm in der riesigen Halle auf dem blank geputzten Boden Platz, mehrere hundert Menschen bildeten mit mir gemeinsam Reihen, damit das Langar, das vegetarische Mahl, schnell und effizient ausgeteilt werden konnte; die nächsten tausend Menschen standen bereits Schlange. Ich wartete rund fünf Minuten und war baff, als mein Teller gefüllt wurde: Scharfes Linsen-Daal, Chapati, Kokosreispudding – es schmeckte himmlisch und war so weit entfernt von Kantinenessen wie ein Softeis von einer Geschmacksexplosion. Es war der Sikhismus am eigenen Leib. Eine Gemeinschaft, die funktionierte, und zwar so, dass sie niemanden ausschloss.

Nach zwei anstrengenden und turbulent schönen Wochen flogen wir nach Mumbai und schalteten einen Gang zurück. Wir machten lange Spaziergänge, legten uns in Parks, aßen an Straßenständen für siebenunddreißig Cent und wunderten uns darüber, dass es bei einer einzigen Magenverstimmung blieb, die ich mir in einem Luxusrestaurant eingefangen hatte.

Mumbai, die Millionenmetropole auf der Insel Salsette am Arabischen Meer, empfand ich als entspannt, und das lag sicher daran, dass ich mich hauptsächlich am südlichen Ende der Stadt, in Colaba, aufhielt. Ich kann mich noch gut daran erinnern, als ich kurz nach meiner Indienreise zum Geburtstag »Das große Los« von Meike Winnemuth geschenkt bekam, darin las, wie unwohl sie sich in Mumbai gefühlt hatte, und mich daraufhin mit ihr auf einen Tee traf. Wir tauschten uns darüber aus, wie schön es ist, dass Städte und das Reisen im Allgemeinen so unterschiedliche Reaktionen hervorbringen können. Denn Mumbai war für mich alles andere als anstrengend. So absurd es klingen mag, aber Mumbai entschleunigte mich. Ich liebte die Tage dort, und es war schwer, mich von den schattigen Alleen, den prunkvollen Kolonialbauten, den schönen Oldtimertaxis und dem westlichen Flair, der nicht zuletzt aufgrund der nicht zu übersehenden Bollywood-Industrie in der Luft lag, zu verabschieden. Nur ein Mal, mit einem Restfunken Energie, stiegen wir in den überfüllten Zug nach Dharavi, einem der größten Slums Asiens, steckten die Kamera weg und gingen hinein. Und selbst hier, am Rande dieser eigenen Welt mitten in einer unfassbar riesigen Stadt, herrschte zwar Lebhaftigkeit, aber keine Hektik. Die Menschen reagierten freundlich und hilfsbereit auf uns, und wenn ich aus Versehen durch ein offenes Fenster mitten ins Wohnzimmer einer Familie blickte, weil ich dachte, dass sich hinter der Ecke ein Hof oder eine kleine Gasse verbarg, lächelten sie mich an, statt die Gardinen zu schließen oder mich zu bitten weiterzugehen. Wir drangen aus Respekt nicht weit in den Slum vor, doch das, was ich hatte sehen dürfen, die Struktur des Zusammenlebens dort, beeindruckte mich zutiefst.

Unser Zug mit Endstation Margao, Goa, stand um dreiundzwanzig Uhr auf seinem Gleis bereit, doch ehe wir einsteigen konnten, mussten wir noch einen kurzen Schockmoment hinter uns bringen.

Es folgt ein Exkurs in das indische Buchungssystem für Züge, das, man ahnt es vielleicht schon, von komplizierter Bürokratie geprägt ist.

Dass das ganze Volk mit dem Zug reist, weil sich nur wenige für die langen Strecken einen Flug leisten können, macht den Andrang und die Abwicklung nicht einfach – denn diese Massen müssen erst mal transportiert werden. Daher gibt es verschiedene Tickets, beispielsweise eins, das den Platz im gebuchten Zug zusichert, allerdings auch eins, das nur erlaubt einzusteigen, jedoch noch nicht sicherstellt, dass man auch einen Sitzplatz bekommt. Und dann wäre da noch die Fahrkarte, die mit einer Warteliste zu vergleichen ist: vorerst keine Erlaubnis mitzufahren, erst mal abwarten. Kurios, aber wahr.

Am Tag der Abfahrt begibt sich dann die indische Familie mit Sack und Pack zum Gleis und schaut auf einer Liste nach, ob sie dabei ist oder nicht. Wenn nicht, kann sie nach Hause gehen (macht keiner) oder steigt trotzdem ein (macht jeder). Ohne Sitzplatz im Zug heißt, sich mit dem Boden zu begnügen. Das wird vom Schaffner zwar nicht gerne gesehen, jedoch toleriert.

Und hier kommt mein brillanter Plan ins Spiel, der sich letztlich als gar nicht so brillant herausstellte: Weil ich es von

Deutschland aus nicht hinbekommen hatte, das Ticket zu buchen, hatte ich im Vorfeld einen Einheimischen gebeten, das für mich zu tun. Ich weiß nicht, wie viel Zeit er sich gelassen hatte, um dies zu tun, denn unsere vermeintlichen Tickets entpuppten sich als Wartelistenplätze.

So standen wir kurz vor Mitternacht am Gleis und versuchten, auf der Liste der Passagiere unsere Namen zu finden. Wir hatten riesiges Glück. Es waren tatsächlich zwei Schlafliegen frei geworden, und wir durften nachrücken.

In der dritten Klasse angekommen, kletterte ich ganz nach oben auf die höchste von drei Liegen und beobachtete still das Treiben unter mir. Das Zugabteil glich in seiner Art und Weise einem indischen Mikrokosmos: herumrennende Kinder, Erwachsene, die ihre Plätze suchten, alte und überforderte Menschen, Verkäufer, die unter monotonen *Chai-Chai-Chai-Rufen* das heiße Getränk im Minutentakt anboten oder fettige Spezialitäten austeilten, Bettler, die von Waggon zu Waggon liefen. Es war ein einziges Gewusel, und ich fragte mich, wie ich da schlafen sollte. Nachdem ich meine in verschiedenen Brauntönen gemusterte Liege mit einem Desinfektionsspray gesäubert und dabei festgestellt hatte, dass sie eigentlich blau war, rollte ich meinen Schlafsack darauf aus. Ich legte meinen kleinen Rucksack, den ich vorher verschlossen hatte und in dem ich meine Wertsachen transportierte, in den Schlafsack zu meinen Füßen und zog den Reißverschluss des Schlafsacks bis zu meinem Kinn hoch. Dann setzte ich meine Schlafbrille auf und steckte mir Ohropax in die Ohren. Von da an war genügend Zeit, mich mit meinem größten Problem auf Reisen zu beschäftigen: öffentlichen Toiletten. Im Fall von Indien: generell allen Toiletten.

Das Land hatte mich mit seinem Dreck auf den Straßen, den Kakerlaken im Zimmer und Haaren im Essen nicht abgeschreckt. Ich war vorbereitet und gewappnet gewesen. Aber diese eine Sache, diese Sache mit den öffentlichen Toiletten, war etwas, bei dem alles Wappnen nichts nützte. Ich hatte immer wahnsinnige Angst, pinkeln zu müssen.

Der Vorteil meiner Panik: Niemand kann so lange einen Gang zum Klo aussitzen wie ich. Somit war meine Herausforderung für die Nacht schnell klar: Ich würde nicht aufs Klo gehen. Zwölf Stunden waren ja wohl machbar. Also trank ich nichts mehr und aß noch ein paar Vollkornkekse in der sehr fragwürdigen Annahme, dass diese jegliche Wasserreste in mir aufsaugen würden. Ich machte die Augen zu und als ich in den frühen Morgenstunden wieder aufwachte, tat mein ganzer Körper weh, vor allem jedoch meine Blase. Während die Fahrgäste um mich herum langsam wach wurden, manche mit Zahnbürsten im Mund durch den Gang liefen, andere Essen auspackten und frühstückten, bekam ich mit, dass wir – für indische Verhältnisse normale – drei Stunden Verspätung hatten. Ein Moment zwischen purer Verzweiflung und absoluter Fassungslosigkeit bahnte sich an.

Doch eine Mischung aus Faulheit, Dummheit und Angst brachte mich dazu, weiterhin das Klo zu meiden. Ganz anders meine Gedanken, denn die kreisten wie Aasgeier um das Loch im Boden. Also lenkte ich mich ab, indem ich weitere Kekse aß und meine Sachen packte. Gefühlte hundert Stunden später fuhr der Zug in den Bahnhof von Margao ein. Auf zusammengekniffenen Beinen schleppte ich mich hinaus, suchte mit irrem Blick eine Toilette, fand sie, öffnete die Tür – und dachte mir, dass ich doch verdammt noch mal lieber im Zug gegangen wäre.

Für die Rückfahrt nach Mumbai zwei Wochen später hatte ich dann Plätze in der zweiten Klasse gebucht. Sie war kaum sauberer, und Ungeziefer gab es in rauen Mengen. Auch eine kleine Maus, der ich schnell eine gute Fahrt wünschte, bevor sie in einem anderen Zugteil Platz nahm. Dieses Mal sprang ich über meinen Schatten. Ich ging auf die Zugtoilette und stellte ernüchtert fest, dass sie nicht viel dreckiger war und auch nicht mieser roch als die der Deutschen Bahn.

Wie ich es liebte, mich von diesem Land überraschen zu lassen.

Indien war wie ein einziges Abenteuer über mehrere Wochen hinweg. Ein Gefühl, das nicht abriss, selbst wenn Pläne nicht funktionierten, weil ich mit Magenschmerzen im Bett lag oder wenn es nicht aufhören wollte zu regnen. Dieses Land hat in mir die Sehnsucht nach mehr geweckt, und es war der Grundstein für den Reiseblog, den ich daraufhin ins Leben rief. In mir kam der Wunsch auf, unterwegs zu bleiben und darüber zu schreiben, deshalb wurde aus meinem klitzekleinen literarischen Blog ein ganz neuer. Mit Fokus auf dem Reisen.

Es waren meine Gefühle für dieses Land, und es waren letztendlich auch Indiens Geschichtenerzähler.

»Weißt du, was sich hinter der Menschheit verbirgt? Lass mich dir eine Geschichte erzählen, sie handelt von einer Schlange und einem Frosch. Die Schlange schnappt sich den Frosch, um ihn zu fressen. Sie schluckt ihn langsam hinunter, und solange sie das tut, schaut der Frosch noch aus ihrem Maul. Obwohl er gefressen wird, ist er in Lauerstellung, seine Zunge bereit zum Zuschnappen. Immer weiter wird er in den Mund der Schlange hineingezogen, doch er blickt nach draußen, schaut sich um, sucht nach etwas Essbarem, solange er kann. Er will weiterfressen. Das, meine Liebe, ist die Menschheit.«

Wenn Prasad eine Geschichte erzählte, war ich immer aufgeregt. Wenn Prasad eine Geschichte erzählte, dann tat er das immer auf die gleiche angenehme und entspannte Weise. Vom ersten Wort an war da dieses Wissen, ein Geheimnis teilen zu dürfen. Er lehrte nicht, und doch fühlte es sich so an. Mit dem letzten Satz trat er vom Tisch weg und wünschte uns einen schönen Tag. Manchmal sagte er auch, wir sollten über das Gesagte nachdenken. Über die Geschichte mit der Schlange und dem Frosch zum Beispiel. Und das taten wir dann auch.

»Prasad, warum schreibst du kein Buch?« Er lächelte.

»Ich teile alles. Ich liebe Teilen. Und ich schreibe auch.« Er hielt inne, aber er machte den Eindruck, als hätte er noch nicht alles gesagt.

»Schau, ich habe kaum Zeit dafür«, sagte er schließlich. »Ich stehe morgens auf und mache meine Töchter fertig für die Schule. Dann komme ich hierher und arbeite. Und teile.« Fühlte es sich so an? War das das Gefühl, wenn ein weiser Mensch sein Wissen teilte? Einer, dem man alles glaubte?

Prasad war der Restaurantchef des Ayurveda-Resorts, in dem wir eine Woche schwitzten, massiert und mit Ölen übergossen wurden. Er hatte alle Gerichte, die es dort zu essen gab, selbst kreiert und insgesamt fünfhundert Rezepte im Kopf. Sein gesamtes Wissen verdankte er seinem 95-jährigen Großvater. Prasad kannte jede Pflanze, er las seinen Gästen ihr Befinden vom Gesicht ab und hatte für jeden von uns einen Ratschlag. Vielleicht der beste, den wir je bekommen hatten.

Aber es war nicht nur sein Wissen, es war vor allem seine Ausstrahlung. Es war die eines geborenen Geschichtenerzählers. Und während der Regen auf den Dschungel niederprasselte und das Meer in hohen Wellen an den Strand rollte, wollte ich mich in eine Decke kuscheln. Ich wollte, dass er sich neben mich setzte und mir die Welt erklärte. Ich hatte auf jemanden gewartet, der mir seine Sicht der Dinge zeigte.

Es waren Menschen wie er. Und wie Sam, ein indischer Reisefotograf, der aussah wie Denzel Washington und mit dem ich bei meiner zweiten Reise nach Indien einen Tag auf einem Hausboot in den Backwaters von Kerala verbachte. Mit ihm führte ich viele Gespräche, eins davon – das vielleicht kürzeste – ging so:

»Sam, feierst du Weihnachten? Jeder hier scheint beim Gedanken an die Festtage etwas durchzudrehen.«

»Nein. Aber ich feiere das Leben.« Dann lächelte er. Ich lächelte auch und trank einen Schluck Kaffee. Und dann meinte er: »Das habe ich nur gesagt, weil du Autorin bist. Und Autoren bekommen immer die besten Antworten.«

Immer wieder wurde ich in den letzten Jahren gefragt, wie ich Indien als Frau erlebt hätte. *Toll*, habe ich immer gesagt. Nie wurde ich angefasst, bedrängt oder litt mehr unter den starrenden, wissbegierigen Blicken als mein Freund oder andere Reisebegleiter.

Warum ich von den Menschen so begeistert sei, in einem Land, wo die Rechte der Frauen immer noch nicht denen der Männer gleichgestellt sind, wo es durch ein Kastenwesen zu *Unberührbaren* kommt, einer Menschengruppe, die extreme Nachteile im alltäglichen Leben hat. Wie ich überhaupt in so ein dreckiges und rückständiges Land gehen könne.

Wenn man ein Land bereist, ist es kaum möglich, über Missstände und Ungerechtigkeiten, über kulturelle Unterschiede und Traditionen, die man selbst nicht nachvollziehen kann, hinwegzusehen. Mit Indien war und ist das nicht anders. Mir sind viele Ungerechtigkeiten in diesem Schwellenland bekannt und viele davon sind für mich schwer bis gar nicht nachvollziehbar. Doch wo auf der Welt gibt es das nicht?

Wie viele Deutsche reisen jedes Jahr nach Florida, um sich an den Strand zu legen und einen Abstecher nach Disney World zu machen? Die USA führen mit Guantanamo noch immer eins der unmenschlichsten Gefängnisse überhaupt und die NRA ist eine der größten Waffenlobbys der Welt. Was ist mit Indonesien, dem Traum aller Hippieherzen und Surfer, wo auf Drogenbesitz zum Teil die Todesstrafe steht? Was ist mit dem Iran, der als Reiseziel für Natur- und Kulturliebhaber boomt wie nie, wo das gesetzliche Mindestheiratsalter für Mädchen bei dreizehn Jahren liegt?

Das, was ich hier tue, nennt man *Whataboutismus*. Auf eine Frage gibt es eine Gegenfrage, ein *what about*, ein *was ist mit*, sozusagen ein Ausweichmanöver, das von der Ausgangsfrage ablenken soll. Und natürlich möchte ich es mir nicht so einfach machen und die kritischen Fragen, die mir im Hinblick auf Indien so oft gestellt werden, bequem ins rhetorische Abseits stellen, aber was ich wirklich wissen will, ist: Welche Länder würden wir verpassen, und wie viele Vorurteile über diese Länder würden niemals herausgefordert oder widerlegt werden, wenn wir alle Länder meiden würden, deren politische Lage oder soziokulturelle Situation uns persönlich nicht passt? So einfach, wie der Whataboutismus ist, so einfach ist es auch, ein Land zu meiden, aus welchen Gründen auch immer. Pauschalisieren und etwas kategorisch ablehnen ist so einfach. Und ich kann das verstehen. Aber mir ist es eben zu einfach.

Die Verbrechen gegen die Menschlichkeit, die Armut und Missstände, all das, was Menschen sich gegenseitig antun und worüber wir täglich in den Medien lesen, ist nur ein Bruchteil des Ganzen. Die meisten Menschen sind gut. Wollen mit alledem nichts zu tun haben. Sind friedlich wie jeder andere auch, wollen glücklich sein und sicher leben. Die Welt und ihre Menschen sind gut.

In Indien habe ich eine grenzenlose Freundlichkeit, Offenheit und Hilfsbereitschaft erfahren. Interessierte Menschen. Weise Menschen. Wenn wir nur noch danach gehen, in welchem Land die wenigsten Ungerechtigkeiten vonstattengehen, dann wäre der Radius zum Reisen sehr, sehr klein. Indien dagegen ist groß, restlos überfüllt und genauso sehr überfordert. Mit dem tiefen Glauben an Dinge, von denen sich junge Inder immer mehr distanzieren, mit einer Filmindustrie die größer und lebendiger ist als Hollywood, mit der Wissenschaft des Ayurveda, die immer mehr der westlichen Medizin weichen muss, mit dem generellen Versuch, Tradition und Moderne zu verbinden – und sich nicht darin zu verlieren. Das, was *India* so *incredible* macht, ist, dass es nur acht Flugstunden entfernt liegt – sich nach diesen acht Flugstunden jedoch das Tor zu einer Märchenwelt öffnet, die ich nirgendwo anders so erfahren habe wie in dem unwirklichsten aller Länder. Einzige Voraussetzung, um all das zu erleben: Man muss die Tür auch wirklich öffnen. Und sich auf Dinge einlassen, denen der Verstand vielleicht für immer hinterherhinken wird.

ANGST

oder

Warum Medellíns Geschichte nicht einfach zu erzählen ist und warum sie genau deswegen erzählt werden muss.

Kolumbien, März–Mai 2014

Es war mitten in der Nacht, als ich ein Geräusch hörte. Eine Art Knall, immens laut und blechern. So durchdringend, dass ich mir kaum vorstellen konnte, wie laut es gewesen wäre, wäre ich direkt am Ort des Geschehens gewesen und nicht ein paar hundert Meter oder sogar ein paar Kilometer weit weg.

Ich war hellwach. Nicht unbedingt aus Sorge, sondern aus Nervosität, Neugier und Anspannung. Was zur Hölle war das? Im Halbschlaf murmelte Deniz, dass es sicherlich ein Donner in den Bergen gewesen sei. Doch als innerhalb von Sekunden aus allen Himmelsrichtungen Sirenen zu hören waren, war mir klar, dass es etwas anderes gewesen sein musste.

In den 80er und 90er Jahren wurde Medellín zur gefährlichsten Stadt der Welt erklärt. Pablo Escobar, der am Höhepunkt seiner Macht achtzig Prozent des weltweiten Kokainhandels kontrollierte, wurde 1989 vom Forbes Magazine als der siebtreichste Mann der Welt eingestuft. Er ließ insgesamt dreißig Richter und über vierhundertfünfzig Polizisten ermorden. Auf Letztere war ein Kopfgeld ausgesetzt, was die Zahl der Opfer so enorm in die Höhe trieb. Doch Escobar hatte zwei Gesichter. Während er aus unteren Gesellschaftsschichten Jugendliche für sein Kartell rekrutierte, baute er Häuser für Arme und errichtete Bolzplätze für Kinder. Er wird noch heute von vielen Menschen als *El Patrón* gefeiert, was es oftmals schwierig macht, mit Einheimischen über ihn zu sprechen, weil man nicht genau weiß, in welcher Wunde man stochern wird. Hat Escobar der Familie aus der Armut geholfen oder das Leben ihrer Söhne auf dem Gewissen?

Kolumbien litt seinetwegen unter einem derart schlechten Ruf, dass es jahrelang als Reiseland gemieden wurde. Noch vor wenigen Jahren ist hier die Armee mit Panzern durch die Straßen gefahren.

Heute ist Medellín als lateinamerikanische Stadt nach wie vor nicht ganz ungefährlich, wird aber auch nicht mehr in einem Atemzug mit Caracas oder Kapstadt genannt. Das Wall Street Journal hat ihr 2014 den Titel »weltweit innovativste Stadt« verliehen und in genau diesem Jahr wohnte ich mehrere

Wochen dort und spürte die Transformation, die sich Medellín so hart erarbeitet hatte. Und wenn man Medienberichten glaubt, dann wächst Medellín gerade zu einem Trendspot heran, zu einem Sehnsuchtsort mitten in einem der schönsten Länder, die ich je gesehen habe, mit dem Amazonas im Süden, den Bergen, den grünen Kaffeeplantagen und einem karibischen Flair im Norden, dem man sich nicht entziehen kann – und warum sollte man auch?

»Soweit ich gehört habe, haben sich Obdachlose in die Luft gesprengt«, sagte unsere Vermieterin Valeria und verschwand wieder hinter ihrem Buch, als wäre nie etwas gewesen. Ich konnte mit ihrer Aussage wenig anfangen, also beschloss ich, nach draußen zu gehen.

Als ich das Haus verließ und um die Ecke bog, stand plötzlich ein junger Polizist mit Maschinengewehr vor mir. Er grüßte mich nett, ich stotterte und ging weiter. Mit meinem Spanisch auf Anfängerniveau und dem ungewohnten Bild von bewaffneter Polizei in einem ruhigen Wohngebiet war ich überfordert.

Es schockierte mich, und es rüttelte an mir. Die Stadt und vor allem ihre Vergangenheit interessierten mich. War da noch etwas übrig von der Gewalt und den Auswirkungen des einst so mächtigen Medellín-Kartells? Ich wollte die Stadt in den fünf Wochen, die ich hier sein würde, wirklich kennenlernen. Also fing ich im Stadtzentrum damit an.

Das war keine Liebe auf den ersten Blick, da war nicht mal ein Funke. Ich lief alleine durch die Stadt, die Hand immer an der Handtasche. Mein Arm fing an zu schmerzen, weil ich innerlich so angespannt war. Ich ließ die Tasche los und schüttelte meinen Arm. Wenn ich mich hier frei bewegen wollte, dann musste ich irgendwie anfangen zu vertrauen.

Ich saß auf den Stufen des Museo de Antioquia und beobachtete das Treiben vor mir. Touristen posierten vor den üppigen Botero-Skulpturen, riesige Betonklötze wurden von dünnen, hochgewachsenen Palmen umrahmt, der Wind schaukelte die Blätter hin und her. Die Hochbahn, neu und modern und die einzige in ganz Kolumbien, wirkte erhaben über dem Gewusel darunter. Ein als Clown verkleideter Mann mit einem Koffer lief Touristen hinterher und ahmte dabei mit übertriebenen Gesten ihren Gang nach. Hatte jemand eine Tasche unter dem Arm, holte er ebenfalls eine aus seinem Koffer – er war auf alles vorbereitet.

Die Anwesenheit unzähliger Polizisten verunsicherte und beruhigte mich gleichermaßen. Eine absurde Abfolge von Emotionen. Die ausgelassene und wuselige Menschenmenge aus Touristen, Verkäufern, Bettlern und Einheimischen erinnerte mich an jeden anderen Stadtkern einer Metropole. Hier war es ganz anders als in dem Viertel, in dem wir wohnten: Carlos E. Restrepo, wohin sich kaum ein Tourist verlief, weil es nicht wirklich was zu sehen gab. Es brauchte ein paar Tage, bis ich anfing, mich dort wohlzufühlen. Oft saß ich stundenlang in einem der wenigen und sehr einfachen Cafés, bestellte meist einen Cappuccino, der dann nicht in einem weißen Service gebracht wurde, sondern in einer großen, bunt bedruckten Tasse, die mich an die aus dem 1-Euro-Laden erinnerten. Ich schrieb oder las, und immer wieder grüßten mich ältere Herrenrunden, wenn sie sich an den Nebentisch setzten, eine Runde Bier bestellten, sich austauschten, lachten. Ich mochte die Geselligkeit sehr. Es war schön, den Alltag in diesem einfachen Stadtteil zu beobachten.

Nach rund zwei Wochen konnte ich Medellín ansatzweise greifen. Ich hatte den Jetlag längst hinter mir gelassen, wusste, dass es das beste Essen im SaludPan gab und fuhr mit dem Taxi ins angesagte El Poblado, um Freunde zu treffen. Das Gefühl von Unsicherheit stieg trotzdem jedes Mal mit ein. Ich hatte eine stetige Angst in mir, die mich zwar nicht davon abhielt, das Haus zu verlassen, mich aber zu einem übervorsichtigen Menschen machte. Ich fühlte mich von mir selbst eingeengt. Und ich wartete nur darauf, dass etwas passierte. Erst Wochen später, als ich in einem Hostel in einem meiner Lieblingsviertel, Laureles, saß und diese eine, letzte Erfahrung niederschrieb, wurde mir klar, dass mein Unwohlsein nicht ausschließlich mit der Stadt zu tun hatte. Es stand auch in dem Zusammenhang mit der Person, bei der wir wohnten.

Die Comuna 13, ein Stadtviertel das sich an Steilhängen entlang erstreckte, war farbenfroh, mit bunten Häusern und Blumenkästen unter den Fenstern. Kinder beobachteten uns und liefen eine Weile neben uns her.

Eine hohe Arbeitslosenquote, die nicht nur soziale Spannungen und Armut nach sich gezogen hatte, hatte das Stadtviertel zu einem Schauplatz für das Medellín-Kartell unter

Escobar gemacht. Rivalisierende Drogenbanden, deren Auseinandersetzungen in einen Krieg mündeten, mit Blut an allen Hauswänden.

Als ich in einer kleinen Gruppe um David, einen deutschen Reiseführer, immer tiefer in die Comuna 13 hineinging, wo helle Treppen in verwinkelte Gassen führten, schien die Sonne, und von der schrecklichen Vergangenheit des Viertels war nichts zu spüren. Ich wusste, dass dieses *Barrio* noch heute gefürchtet war und dass man Touristen grundsätzlich davon abriet hierherzukommen, deswegen warfen wir nach einem kurzen Rundgang lediglich einen Blick auf die Freiluftrolltreppen, von deren Idee ich so begeistert war, dass mich Medellín einmal mehr überraschte. Rolltreppen mit durchsichtigen Überdachungen, mitten hineingebaut in einen Steilhang. Vor allem für ältere Menschen war diese Innovation nicht nur eine Erleichterung bei der Fortbewegung innerhalb der Comuna 13, sondern auch ein Zeichen dafür, dass das Stadtviertel nicht vergessen und sich selbst überlassen werden würde. Vielmehr suchte die Innenstadt im Tal den Anschluss. Und streckte schließlich die Hand aus.

Zurück im Auto fingen wir an zu diskutieren. Die Stimmung war gelassen, der Redebedarf jedoch groß. Ich machte mir Notizen, wollte dringend für ein Onlinemagazin in Deutschland einen Artikel über die Vergangenheit der Stadt und ihren gegenwärtigen Aufstieg schreiben. Zu diesem Zeitpunkt sah ich Medellín wie einen Phoenix aus der Asche steigen, und ich hoffte, dass dieses Bild auch wirklich zutraf.

»Die Entwicklung Medellíns ist nicht die schönste. Es wird ja immer wieder gesagt, die Stadt zeige, wie man aus der Gewaltspirale ausbrechen kann – aber so einfach ist die Geschichte nicht«, sagte David, als wir auf dem Friedhof San Pedro ankamen. Zwischen Vogelgezwitscher und ein paar Menschen, die in dem weitläufigen Gelände auf Bänken saßen, wurde es plötzlich ganz still. Ich ging am Kolumbarium entlang, einer weißen, mit üppigem Stuck verzierten Urnenwand. An fast jedem Grab steckten bunte Plastikblumen. Anhand der kurzen Lebenszeiten, der Fotos und Marihuana-Sticker wurde mir schneller bewusst, als mir lieb war, dass viele dieser früh verstorbenen Menschen dem Drogenkrieg zum Opfer gefallen waren. Und nicht wenige von ihnen waren erst in den letzten Jahren umgekommen.

San Pedro glich einem schönen, ruhigen Park. Hier lagen Präsidenten des Landes, Schriftsteller und andere Persönlichkeiten. Und viele junge Menschen. Ein sehr pittoresker Ort und gleichzeitig genau der Platz, der auch heute noch daran erinnert, was allgegenwärtig ist. Wenn auch vielleicht nicht mehr so sichtbar wie vor einigen Jahren, so waren die Spuren, als ich meinen Weg durch den Park fortsetzte, immer noch deutlich zu erkennen, zum Beispiel anhand einer weiblichen Steinfigur, die sich trauernd über ein Grabplatte beugte. Das Symbol für die Mutter, die ihr totes Kind beweint.

Wir fuhren mit der Hochbahn zum Ausgangspunkt der Führung zurück, und ich verschaffte mir einen erneuten Überblick über diese riesige, grüne Stadt, von der ich immer größere Stücke in mein Herz packte, obwohl ich sie am Anfang noch so nichtssagend und hässlich gefunden hatte. Da waren ein pulsierendes Nachtleben und tolle Cafés, da waren umwerfende Restaurants und so viele schöne Ecken, wie der botanische Garten oder das verträumte Laureles mitten im Stadtkern. David hatte Recht gehabt – so einfach war die Geschichte nicht. Eine Stadt mit dieser Vergangenheit konnte nicht binnen weniger Jahre alles abschütteln, was sich einmal in ihr festgebissen hatte. Obwohl es hieß, dass jeder hier eine Geschichte zu Escobar zu erzählen hatte und obwohl man wusste, dass fast jeden Tag frische, rote Rosen auf sein Grab gelegt wurden und Menschen als Zeichen des Respekts auf seinen Grabstein klopften, weil er nach wie vor von so vielen armen Familien als *El Patrón* gefeiert wurde, war auch klar, dass der Wille, aus dem Sumpf einer beispiellosen Gewaltspirale herauszukommen, größer war als all das Übriggebliebene, das noch heute daran erinnerte, dass die Geschichte wirklich nicht so einfach war, wie wir vielleicht dachten. Je mehr ich die Stadt zu verstehen begann, desto sicherer fühlte ich mich. Vielleicht lag es aber auch einfach an der Zeit, die ich in Medellín verbrachte und den Gewohnheiten des Alltags, die langsam einkehrten und dafür sorgten, dass ich mich für ein paar Wochen als jemand fühlte, der tatsächlich hier lebte.

Seit zwei Stunden saß ich mit Valeria, einer Frau Mitte sechzig, die ein Zimmer ihrer Wohnung zu einem unverschämt hohen Preis an uns vermietet hatte, an ihrem Laptop. Ich ließ mir über die Google-Bilder-Suche gefühlt dreitausend Mal das gleiche

Foto zeigen, jedes Mal ein bisschen mehr verpixelt, jedes Mal aus einem anderen Winkel. Es zeigte den Caño Cristales, den Fluss der fünf Farben. Ich gähnte, sagte »Sí, sí, wie schön!« und hoffte, dass sie mich endlich in Ruhe lassen würde.

Ich mochte Valeria nicht. Um ehrlich zu sein, war ich bereits nach ein paar Tagen Wohngemeinschaft mit ihr davon überzeugt, dass etwas mit ihr nicht stimmte. Glücklicherweise waren Deniz und ich einer Meinung, deshalb zogen wir uns immer mehr von ihr zurück. Natürlich hätten wir auch einfach ausziehen können, doch bis uns wirklich klar wurde, dass wir das dringend tun sollten, war es nur noch eine Woche bis zu unserem Aufbruch nach New York, und wir dachten zu dem Zeitpunkt, dass wir die restliche Zeit irgendwie schaffen würden. Wir hatten es schließlich schon einen ganzen Monat mit ihr ausgehalten.

Die Geschichte um Valeria begann mit winzigen Kleinigkeiten, vergleichbar mit dem Gefühl, wenn man aus einem Gespräch herausgeht und sich kurze Zeit später fragt, worum es eigentlich ging und warum man sich dabei so unwohl gefühlt hat. Wenn man das große Fragezeichen, das dabei entstanden war, einfach nicht abschütteln kann.

Mir fiel es auf, als sie begann, uns nach unseren Plänen für die Wochenenden und unseren Flugdaten zu fragen, darauf bestand zu wissen, wann wir im Apartment sein würden. Unter dem Deckmantel der besorgten Großmutter fing sie an, uns rigoros zu kontrollieren.

Deniz fiel es zum ersten Mal auf, als er eine Erkältung hatte und heiß duschen wollte. Da das Bad, das wir nutzen durften, eine hygienische Katastrophe war und der Duschhahn nur kaltes Wasser spuckte, bat er sie, ihr Bad nutzen zu dürfen. Sie verneinte mit der Begründung, dass er nicht wirklich krank sei und wenn doch, dann solle er erst recht kalt duschen, das mache man so in Kolumbien, und daran solle er sich halten. Auf seine Antwort, dass man in Deutschland eigentlich ein heißes Bad nahm, sagte sie: »Tja, Pech. Du bist nämlich nicht in Deutschland.«

Zwischen der anfänglichen Fürsorglichkeit, wie dem mütterlichen Rat, besser zwei statt einem Müsliriegel zur Wanderung einzupacken, blitzten immer öfter Boshaftigkeiten durch. Ihre messerscharfen Aussagen trafen, und sie ließen uns nicht nur verletzt zurück, sondern auch ratlos und schließlich wütend. Sobald die Haustür aufging, zog ich mich in unser Zimmer zurück. Die Kälte, die von ihr ausging, war für mich fast unerträglich, doch mit der Schwierigkeit, eine Wohnung zu finden und Deniz' langen Tagen in der Uni, beschloss ich, mein Unwohlsein wegzuschieben.

Dann fing sie an, unser Essen wegzuwerfen. Als ich einmal eine frische Zwiebel auf meine juckenden Insektenstiche legte und kurze Zeit später zurück in die Küche kam, lag die andere Hälfte der Zwiebel im Mülleimer. Ich stellte sie verärgert zur Rede, nicht nur, weil ich es respektlos fand, sondern, weil es schlichtweg Lebensmittelverschwendung war.

»Die Zwiebel offen liegen zu lassen, bringt Viecher ins Haus«, rief sie aus ihrem Schlafzimmer heraus, im Hintergrund murmelte der Fernseher. Ich machte auf dem Absatz kehrt, ging zurück in die Küche und betrachtete die braun verklebten Kabel, die vielen Ameisenstraßen und das dreckige Geschirr, das sich stapelte. Ich hasste ihre Belehrungen, noch mehr aber hasste ich ihre Unfähigkeit zur Selbstreflexion.

Die Auseinandersetzungen mit der kleinen Frau, die am Wochenende mit Tweedkostüm und Hochsteckfrisur auf *grande dame* machte, gipfelten an dem Tag, als wir aus dem Amazonasgebiet zurückkamen. Unglaublich heiße Tage lagen hinter uns, und während Deniz sich schlapp fühlte und leichtes Fieber bekam, packte ich unsere verschwitzten Klamotten in die Waschmaschine. Valeria zog jedes einzelne Teil wieder heraus und stellte den Wäschesack zurück in unser Zimmer.

»Ihr wascht nur einmal die Woche«, waren ihre Worte. Noch bevor sie sich umdrehen konnte, antwortete Deniz: »Wir zahlen für zwei Personen hier, also waschen wir auch für zwei Personen.« Dann trug ich die Sachen zurück und spürte dabei, wie meine Hände zitterten. Aus der anfänglichen Verwirrung wuchs eine Feindschaft unter einem Dach. Und weil wir keine Ahnung hatten, was ihr Ursprung war, hatten wir auch keine Möglichkeit, die Negativspirale, die sich immer schneller zu drehen begann, anzuhalten.

Noch am gleichen Abend fuhr ich mit Deniz ins Krankenhaus, weil es ihm sichtlich schlechter ging und er sich durchchecken lassen wollte. Stundenlang saßen wir in der Notaufnahme, und je später die Nacht wurde, desto mehr überkam mich eine Flut unangenehmer Gedanken. Was, wenn er sich Malaria, Denguefieber oder etwas anderes eingefangen hatte? Was, wenn Valeria wirklich ein Problem mit uns hatte, sie uns vielleicht hinausekeln wollte, die Situation bald wirklich eskalieren würde? Wenn Deniz im Krankenhaus bleiben musste, wäre ich gezwungen, alleine in die Wohnung zurückzukehren. Mir wurde klar, dass ich ihr nicht traute und dass ich auf keinen Fall mit ihr alleine sein wollte, nicht mal für eine einzige Nacht.

Ein blutender, bewusstloser Mann Anfang zwanzig wurde auf einer Liege hereingefahren, eine weinende Frau, wohl seine Mutter, lief nebenher. Mir wurde schlecht, und ich ging hinaus, um frische Luft zu schnappen. Mit Krankenhäusern kam ich nicht mal in Deutschland klar, ich wollte an diesem Abend nicht noch etwas sehen, das ich nicht verkraften würde.

Als ich nach draußen trat, stand Valeria vor mir. Ich blinzelte, ich war vollkommen irritiert, und fragte sie, warum sie gekommen sei, und sie antwortete, dass sie besorgt sei und unbedingt Deniz sehen und etwas für uns tun wolle. Hätte ich ihre andere Seite nicht gekannt, wäre ich ihr vermutlich vor Dankbarkeit um den Hals gefallen. Aber jetzt, wo wir uns gegenüberstanden, war ich mir nicht sicher, ob sie log, endlich einen Funken Anstand zeigte oder schlichtweg psychisch krank war.

Ich war gewillt, nein zu sagen, am liebsten hätte ich ihr alles an den Kopf geworfen, was sich in der Notaufnahme in mir aufgestaut hatte. Stattdessen versuchte ich ein letztes Mal, mich mit ihr gut zu stellen. Ich begleitete sie zur Tür und bedeutete dem Wachmann, der mich bereits kannte, dass nun sie anstelle meiner Person hineingehen würde. Das war die Vorschrift – nur eine Person war als Begleitung geduldet. Dann sagte ich ihr, dass sie an mich denken und mich nicht zu lange warten lassen solle. Ich blieb also draußen und setzte mich in ein Café, das zu einer Seite offen war. Bereits nach ein paar Minuten fühlte ich mich wie in einer Falle, weil die aufgebrachte und weinende Familie des jungen Mannes, der kurz zuvor verletzt eingeliefert worden war, ebenfalls dort saß. Ich stand auf und machte einen Spaziergang über das Krankenhausgelände und nach zehn Minuten kontaktierte ich Deniz. Ich sagte ihm, er solle sie wieder rausschicken, doch er antwortete, dass sie nicht auf ihn höre und sich ständig in seine Gespräche mit den Ärzten einmische. Je länger unser Austausch andauerte, desto frustrierter wurde ich. Als sie nach fast einer Stunde durch das Tor kam, lief ich an ihr vorbei, ohne sie anzusehen. Ich dachte, wenn ich das tun würde, würde sich einer von uns zu Stein verwandeln.

Nach einigen Stunden wussten wir, dass Deniz lediglich seine Erkältung verschleppt und Erschöpfungserscheinungen hatte, wahrscheinlich durch die tropische Hitze im Länderdreieck rund um Leticia, im Süden Kolumbiens. Er bekam eine Infusion, und wir fuhren mit dem Taxi nach Hause. Ins Hexenhaus, wie ich es mittlerweile nannte. Morgen würde der letzte Tag sein, sagte ich mir, als ich einschlief, und ich war überzeugt, dass wir das schaffen würden. Wir mussten ihr nur aus dem Weg gehen.

Ich wachte auf, als ich sie durch die Wohnung schlurfen hörte. Deniz war bereits in der Uni, also beschloss ich kurzerhand, an meinem letzten Tag in Kolumbien einen Ausflug zum El Peñol zu machen, einem riesigen Monolith, der eine zweistündige

Busfahrt entfernt lag. Kurz bevor ich dort ankam, klingelte mein Handy.

»Die Situation eskaliert vollkommen. Valeria will mir das vorgestreckte Geld für den nächsten Monat nicht zurückgeben, obwohl ich ihr gesagt habe, dass wir ausziehen«, sagte Deniz, der gerade aus der Uni gekommen war. »Ihre Rechnung ist total wirr. Sie dreht richtig durch und droht mir plötzlich mit der Polizei.« Es fiel mir schwer zu glauben, was ich hörte, weil es so absurd war. Gleichzeitig konnte ich mir ganz genau vorstellen, wie sie es sagte. Und wie sich ihr Gesicht dabei veränderte, wie sich zwischen ihre Züge diese Boshaftigkeit schob.

Ich riet ihm, Erika, seine Spanischlehrerin, einzuschalten. Wir hatten ein freundschaftliches Verhältnis zu ihr, vielleicht konnte sie vermitteln. Dann legten wir auf, und ich stieg aus dem Bus. Ich ging ziellos durch den Shop der Tankstelle, an der wir gehalten hatten, dann setzte ich mich neben eine der Zapfsäulen. Ein junger Kolumbianer fragte mich, ob er mir helfen könne, und ich bat ihn darum, mir sein Telefon zu leihen, weil mein Guthaben erschöpft war. Er gab es mir, ohne zu zögern, und während ich tippte, spürte ich die Blicke auf mir. Menschen, die einfach herumsaßen, Ticketverkäufer, Busfahrer, alle beobachteten mich. Es war mir ins Gesicht geschrieben, dass irgendetwas nicht stimmte.

Nachdem Valeria mit Erika telefoniert und ihr erzählt hatte, dass wir schlechte Menschen seien und insbesondere Deniz sie nicht nur anlüge, sondern auch schlecht behandele, riet Erika uns dazu, sofort auszuziehen. Uns war klar, dass wir ohne Mietvertrag, den es nicht gab, weil Valeria keinen aufgesetzt und Deniz dringend eine Wohnung gebraucht hatte, in jedem Fall den Kürzeren ziehen würden. Denn, ob man es glauben wollte oder nicht, Valeria war einmal Sozialarbeiterin gewesen. Sie hatte die Beziehungen in der Stadt, nicht wir.

»Reiß dich zusammen und mach einfach gar nichts. Bleib im Zimmer, ich komme mit dem nächsten Bus zurück. Gib ihr keinen Grund, sich noch mehr hineinzusteigern. Sonst behauptet sie am Ende noch, du seist gewalttätig geworden, und dann wird es ganz schnell gefährlich.« Ich legte auf und gab dem jungen Mann sein Handy zurück.

»Möchtest du auch reiten gehen? Ich verhandele gerade noch den Preis«, sagte er und deutete auf ein paar Pferde in der Ferne. Ein Bild, so irrsinnig weit weg. Meine Augen füllten sich mit Tränen, ich hatte keine Kraft mehr, meine Gefühle zu verbergen.

»Ich habe große Probleme in Medellín. Ich muss zurück.« Während er sich darum kümmerte, mir einen Platz im nächsten Bus zu sichern, ließ ich mich auf einen roten Plastikstuhl fallen und fing an zu weinen. Der Ticketverkäufer fragte mich, was los sei, aber da war nicht mehr als Schluchzen aus mir herauszubekommen. Ich saß an einer Tankstelle, einen knappen Kilometer vom El Peñol entfernt. So viele Stimmen um mich herum, immer wieder erzählte jemand was von dem blonden Mädchen, das »muchas problemas« hatte. Dann setzte mich der Ticketverkäufer in den Bus, und die nächsten zwei Stunden wurden zu den längsten meines Lebens.

Ich klingelte am Hexenhaus und lief die Treppen hoch in den vierten Stock. Mein Herz pochte bis zum Anschlag, doch irgendeine der vielen Stimmen in mir drinnen schrie mich an, dass keine Zeit für Schwäche war.

Die Tür stand offen, und Deniz war nicht zu sehen. Ich ging in die Küche, und da saß sie. Ich erkannte sie nicht wieder. Ihr Gesicht war wie bei einer Maske einfach abgerutscht. Dahinter, eine Leere, die so tief war, dass es mich faszinierte, wie lange sie sie hatte verbergen könnten. Das Haar wirkte licht und zerzaust und war von einem hässlichen, braunen Ton durchzogen. Ihr Blick war auf den Teller vor ihr gerichtet. Darauf lagen einzelne Pommes und ein Stück Fisch. Sie sah aus, als hätte sie eine Transformation durchgemacht, und ich fragte mich, ob ich mich mitten in einem Exorzismus befand.

Mit den Händen machte ich das Zeichen für Geld. Ich hasste diese Bewegung mit den Fingern, aber mir fehlten zu viele Worte, vor allem jetzt, wo sich in meinem Kopf Deutsch mit Englisch und Spanisch vermischte.

Sie schaute nicht auf. Ich baute die folgenden Sätze zusammen und sprach sie so langsam aus, wie ich es konnte: »Valeria, wir gehen jetzt. Zehn Minuten hast du. Gib uns unser Geld zurück.« Sie steckte sich in Zeitlupe die letzten auf dem Teller liegenden Pommes in den Mund. Ihr Blick ging vollkommen an mir vorbei, und in mir wuchs die Angst.

Ich ging den Gang entlang zu unserem Zimmer und öffnete die Tür. Deniz stopfte gerade die letzten Sachen in seinen Rucksack. Ich schwang den zweiten, ebenfalls bereits gepackten, auf meinen Rücken und riss damit eins der Bilder von der Wand. Der Rahmen zersprang, als er zu Boden fiel. Valeria kam in den Flur, das kaputte Bild nahm sie nicht wahr. Sie hielt uns ein Bündel Geld hin, ich griff zu meinem Handy und filmte, als Deniz und sie die Scheine zählten. Warum, wusste ich nicht genau, vielleicht einfach, um sicherzugehen. Drei Tage behielt sie ein. Kaum etwas war mir je so egal gewesen.

Als wir die Tür hinter uns zuzogen, öffnete sie sich kurz darauf wieder. Valeria stand im Türrahmen, blickte schräg an mir vorbei und sagte, sie wolle sichergehen, dass wir das Haus auch wirklich verließen. Deniz' verzweifeltes Lachen hallte durch den Hausflur, mich überkam vollkommene Fassungslosigkeit. Ich sagte zu ihr: »Tú eres loco loco.« Ich sagte es zweimal, weil ich keine Steigerungsform des Adjektivs kannte. Wir gingen nach draußen. Die Sonne schien.

Am Abend saß ich auf dem Balkon eines Hostels in Laureles. Ich schrieb die Geschichte sofort nieder, weil ich wusste, dass ich sie so am besten verarbeiten konnte. Und stellte fest, dass es mir schwerfiel, sie überhaupt zu erzählen, weil sich neben Wut und Unverständnis auch ganz langsam Mitleid in meine Gefühle mischte. Ich wusste nicht, ob das schlichtweg Valerias Charakter war, unter dem wir die letzten Tage so stark gelitten hatten oder ob sie selbst unter einer Krankheit litt. Ihre Kontrollversuche, ihre Verbote uns gegenüber, das Wegwerfen unserer Lebensmittel und die Kälte, mit der sie vor allem Deniz gegenübertrat, wenn er sie um einen Gefallen bat, nagten sehr an mir. Mir war klar, dass so ein Verhalten einen Ursprung haben musste. Aber ich hatte kaum Kraft in mir übrig, über alles andere hinwegzusehen. Dafür waren die Angst, die ich während der Busfahrt empfunden hatte und das Gefühl vollkommener Hilflosigkeit noch zu präsent. Außerdem hatte Valeria einen erwachsenen Sohn, der regelmäßig vorbeikam, und ein soziales Netz, sie unternahm Reisen und plante, ein Haus außerhalb der Stadt zu bauen.

Was mich nachhaltig verwirrte, war ihre Freundlichkeit bei meinem Einzug. Wir hatten uns an diesem Abend sehr bemüht, uns zu unterhalten, obwohl sie kein Wort Englisch konnte und ich fast genauso wenig Spanisch. Zwar hatte ich ihre Verschrobenheit gleich gemerkt, aber das machte mir nichts aus. Ich wusste, dass ich mich auf sie einstellen konnte. Doch als ich mit diesem Gedanken in der ersten Nacht in Carlos E. Restrepo einschlief, da war es vielleicht schon zu spät gewesen.

Als ein warmer Wind über die Terrasse wehte, klappte ich den Laptop zu und dachte an New York, wohin ich am nächsten Morgen fliegen würde und wo ich zuletzt vor dreizehn Jahren gewesen war. Die Sehnsucht war so groß. Es ging immer weiter, das wurde mir hier deutlich klar.

Wenn ich heute an die Wochen in Medellín zurückdenke, streifen meine Erinnerungen die Zeit in Valerias Wohnung lediglich. Was mir wirklich erhalten geblieben ist, ist das Restaurant SaludPan, in dem ich jeden Tag vegetarische Menüs aß, die kleinen Kunstwerken glichen. Meine Abschiedsparty in einem Salsaclub und das Plastikkrönchen, das mir dort von einer kolumbianischen Freundin aufgesetzt wurde. Ich erinnere mich daran, dass die breite Autopista sonntags gesperrt wurde, um sie als Sportplatz zu verwenden, eine geniale Idee, um Sport als

Chance für ein gemeinschaftliches Verhalten zu nutzen. An die Fahrten mit der Hochbahn, die ich so gern machte, weil ich von dort oben sehen konnte, wie weit die Stadt sich erstreckte. Der allgegenwärtige ewige Frühling. Der Regenguss, so oft zur gleichen Zeit, entweder vor oder nach dem Mittagessen. Und die Tage ganz zu Beginn, als ich paralysiert vor Angst durch die Innenstadt lief, im Vergleich zu den letzten Tagen, an denen ich zwar wachsam war, mich aber vollkommen frei fühlte. Ich war nach fünf Wochen in Medellín angekommen, und als ich gehen musste, hatte ich das Gefühl, es sei viel zu früh. Ich wollte noch so viel mehr von der Stadt und dem Land sehen, das so viele Reisende, die ich zu der Zeit getroffen habe, als das schönste Land Südamerikas betrachteten.

Nach einer Woche Urlaub in New York kehrte Deniz nach Medellín zurück, um sein Auslandssemester zu beenden. Für mich stand eigentlich eine Weiterreise nach Toronto auf dem Plan. Aber nachdem ich eine Woche lang alleine in Brooklyn gesessen hatte und mir das Geld langsam, aber sicher ausgegangen war, wurde mir schnell klar: Ich konnte in einer der faszinierendsten Städte der Welt sitzen, in der, in die ich mich mit vierzehn Jahren verliebt hatte. Aber Liebe kommt und geht, und auch wenn Medellín ganz sicher keine Liebe auf den ersten Blick gewesen war, bedeutete die Stadt mir jetzt umso mehr. Ich hatte in New York ein neues Kapitel beginnen wollen, bevor ich das alte in Medellín auch nur ansatzweise abgeschlossen hatte, und das sollte nicht funktionieren. Es war der Grund, warum ich unruhig in meinem Bett in Brooklyn lag und von einem Land im Süden träumte.

Ich buchte meinen Flug um und kam für zwei weitere Wochen zurück – es gab in Kolumbien, das in Sachen Schönheit so gnadenlos übertrieb, noch zu viel zu entdecken. Cartagena, mit den halb verfallenen, halb restaurierten, immer bunten Häusern und den mit Pflanzen überbordenden Blumenkästen. Das versteckte Bahia Solano, wo ich meine Angst vor allen Lebewesen, die mehr als sechs Beine haben, bis heute nicht überwand, und bei Flut über Holzstelzen durch unberührte, mystische Mangrovenwälder balancierte.

Ein traumhafter Tag war der, den wir auf einer Kaffeeplantage nahe Fredonia verbrachten. Die Liebe, mit der die Anlage und zugehörige Villa betrieben wurde, steckte dort in jedem Detail. Im warmen Steinboden der Terrasse, in den tropischen Blumen, die auf dem ganzen Anwesen in den schönsten Farben erblühten, im leckeren Frühstück, das uns draußen bei Sonnenschein serviert wurde, der Blick über den Privatpool zu den sanften, sattgrünen Hügeln, hinein ins Tal. Kaffeeplantagen so weit das Auge reicht, der Duft der frisch gerösteten Bohnen dabei immer in der Nase. Wenn ich mir heute ins Gedächtnis rufe, wie herzlich und friedvoll die Atmosphäre dort war, kann ich gar nicht wirklich nachvollziehen, warum ich überhaupt abgereist bin. Als ich bei Sonnenuntergang in einem Korbstuhl auf der Terrasse saß, versprach ich mir selbst, hierher zurückzukehren. Und als wir uns verabschiedeten, fragte Deniz den Inhaber des Campo Amor, ob ihm, wo er hier doch lebte, überhaupt noch auffiel, wie wunderschön dieses Fleckchen Erde war. Er zeigte keine Regung in seinem wettergegerbtem Gesicht, sondern antworte lediglich: »Jeden Tag.«

Kolumbien hatte mich in seiner Vielfalt und Schönheit tief beeindruckt. Vor allem eben auch Medellín, eine Stadt, in deren Geschichte ich tief und bewusst eingetaucht war.

Medellín, das ist der Name einer Stadt, deren Erwähnung bei meiner Abreise aus Deutschland für ängstliche Mienen gesorgt hatte. Heute ist sie der Sehnsuchtsort so vieler Traveller und digitaler Nomaden und auch für mich ein Stück weit eine zweite Heimat, knapp zehntausend Kilometer von Deutschland entfernt. Weil mich ihre Geschichte so fasziniert, weil sie für mich wirklich wie ein Phoenix der Asche entstieg und weil es ihr gelungen ist, all ihre Energie in einen positiven Wandel zu stecken. Damit die Stadt so innovativ und mutig und schön bleibt, wie sie es sich verdient hat.

Medellín, tú perla fea, te quiero. Ah, sí claro.

FRIEDEN
oder
Warum ich im Amazonas zurück zu meinen Wurzeln fand.

Es war befremdlich still. Meine Ohren rauschten noch leicht von dem Dröhnen des Motorbootes, das uns über den Amazonas von der kolumbianischen zur peruanischen Seite gebracht hatte, und der Schweiß lief mir den ganzen Körper hinab.

Ich hörte ein Geräusch. Ein leichtes Rascheln in den Sträuchern, die den schmalen Fluss säumten, den wir in unserem Kanu entlangglitten. Ich suchte das dichte Grün ab und erwarte, dass mir jede Sekunde ein exotisches Tier entgegenspringen würde. Deniz, der vor mir im Boot saß, schien vollkommen entspannt zu sein und konzentrierte sich ganz darauf, Fotos zu machen und sie danach auf dem Display seiner Kamera zu inspizieren. Louis, ein jugendlich wirkender Peruaner Mitte dreißig, der im Amazonasbecken aufgewachsen war und mit seiner Familie hier lebte, saß hinter mir. Nur ab und an sah ich in der Spiegelung der Wasseroberfläche, dass er ganz sanft das Paddel eintauchen ließ und dem Kanu damit einen leichten Antrieb verlieh.

Ein Vogel schrie auf. Ich suchte den Himmel ab, während Louis das Geräusch gekonnt imitierte. Ich drehte mich zu ihm um und lächelte. Schweiß rann mir ins Auge und das Brennen ließ mich kurz zusammenzucken.

Ich war in Peru. Für einen Tag. Erst, nachdem wir die Tour in Leticia, der kolumbianischen Stadt im Länderdreieck zwischen Kolumbien, Peru und Brasilien gebucht hatten, wurden wir darüber informiert, dass *Marasha*, wo wir unbedingt hinwollten, in Peru lag.

Wir waren am frühen Morgen zum Hafen der Stadt gegangen, wo ein Motorboot auf uns wartete. Der braune Fluss war kilometerbreit, und als wir starteten, überkam mich zum ersten Mal ein unglaublicher Respekt vor der Natur. Eine Demut, die ich so noch nie zuvor gespürt hatte.

Ich war im Amazonasbecken, und nichts, was ich an diesem Tag erleben durfte, nicht zuletzt die rosafarbenen Delfine, die es nur hier gab, erinnerte mich an zu Hause. Selten ist mir ein Abschied so schwergefallen wie an diesem Tag, als ich die Natur hinter mir lassen musste und es zurückging ins urbane Leben der südlichsten Stadt Kolumbiens: Leticia.

»Tukan«, sagte Louis und deutete auf einen sehr hohen und schlanken Baum ungefähr zwanzig Meter von uns entfernt. Ich blinzelte, und dann sah ich ihn auch, den schönen Vogel mit seinem riesigen, orangefarbenen Schnabel.

Deniz drehte sich zu mir um. In seinem Gesicht las ich die Frage, ob alles in Ordnung sei. Ich lächelte. Alles war mehr als in Ordnung. Ich ließ den Blick über die verschiedenen Pflanzen und weißen Blüten der Seerosen schweifen, die vor uns auf der Wasseroberfläche schwebten wie ein Teppich, der von unserem Kanu in zwei Hälften geteilt wurde, als wir langsam hindurchglitten.

Deniz fragte Louis, welche Tiere hier lebten. Der Peruaner fing vollkommen unbeeindruckt an, die verschiedensten Tierarten aufzuzählen. Die Palette reichte von Wasserspinnen, Affen und Papageien bis hin zu Kaimanen.

»Auch Anakondas?«, fragte Deniz und drehte sich dabei nicht zu uns um, wahrscheinlich, um meinem bösen Blick auszuweichen.

»Sí!«, bestätigte Louis und vorbei war es mit meiner Entspannung. Ich zog reflexartig mein Paddel aus dem Wasser. Louis klopfte mir leicht auf den Rücken und erzählte, dass die Anakondas rund fünf Meter unter uns schwömmen und *eigentlich* friedlich seien. In den letzten zwanzig Jahren hatte es laut Louis nur einen Unfall mit einem Menschen gegeben. »Wie beruhigend«, sagte ich und konnte mir die Ironie angesichts der menschenleeren Gegend nicht verkneifen.

Je tiefer wir in das Naturschutzgebiet eindrangen, desto schmaler wurde der Fluss. Mittlerweile war alles um uns herum dunkel, das dichte, meterhohe Grün auf beiden Seiten war hier so hoch, dass es über uns zu einer Kuppel zusammengewachsen war, die kaum Sonnenlicht durchließ.

Ich war absolut fasziniert von der Schönheit und Reinheit dieses Ortes, vom Glitzerspiel des Wassers, das durch die Bewegung unseres Bootes sanfte Wellen schlug und von der Sonne angestrahlt wurde, die durch die kleinen Lücken im Blätterdach über uns drang.

Einige Minuten lang sagte niemand ein Wort. Wir lauschten der Stille, die wie ein zarter Schleier über allem lag und nur ab und an vom Rascheln in den Büschen oder von Vogelgezwitscher durchbrochen wurde.

Ich hatte das Gefühl, als wären diese Minuten, die ich dort im Amazonas erlebte, die bisher kostbarsten meines ganzen Lebens. Noch nie zuvor war ich so weit von meinem Alltag entfernt gewesen, und mir wurde bewusst, dass es nur wenige Menschen gab, die das auch nur ein Mal in ihrem Leben genießen durften. Diese Ruhe zu verspüren, so fernab von allem, auch von den eigenen Gedanken. Ich saß still, wagte kaum, mich zu rühren, um diese Perfektion nicht in irgendeiner Weise zu zerstören. Ich fühlte mich plötzlich unfassbar klein und nichtssagend, gleichzeitig aber als ein Teil des großen Ganzen. Der Natur ausgeliefert und untergeben. Bewegungslos saß ich dort und erkannte, dass ich meine Gedanken nun einfach laufen lassen konnte, denn heute wollten sie mir nichts Böses. Heute war alles gut. Dieses Stillsitzen war ein Warten auf nichts, eine Meditation und gleichzeitig eine Bewegung. Eine Bewegung der guten Gedanken.

Der Fluss machte eine kleine Biegung, und es schien, als läge dahinter das Ende unseres verwunschenen Tunnels. Er mündete in einen breiteren Fluss, auf den eine erbarmungslose

Mittagssonne knallte, die die gesamte Landschaft in gleißendes, weißes Licht tauchte. Mir wurde unerträglich heiß. Ich pustete mir von oben in den Ausschnitt meines klatschnassen Baumwoll-T-Shirts und hatte das Gefühl, in einer Welle aus heißer Luft und gleichzeitiger Feuchtigkeit zu ertrinken. Als hätte Louis meine Gedanken gelesen, fing er an, energischer zu paddeln, und ich tat es ihm gleich. Ein paar hundert Meter weiter konnte ich mehrere kleine und eine große Holzhütte erkennen, die auf Stelzen im Wasser standen.

»Wahnsinn«, sage ich und hielt inne.

»Marasha«, antwortete Louis.

Der Teller vor mir quoll fast über mit Reis, Bohnen, Salat und riesigen, goldbraun gebackenen Kochbananen. Das Essen war so lecker, dass ich mich zwingen musste, nicht zu schlingen. Dazu trank ich Guanábanasaft, an dessen wässrig-säuerlichen Geschmack ich mich bereits in Kolumbien gewöhnt hatte.

Ein paar Minuten später, wir waren noch immer mit unseren riesigen Portionen beschäftigt, ließen sich mehrere Papageien auf den Holzverstrebungen der Anlage nieder. Wunderschöne, hellrote Aras, die uns beobachteten oder ihren Kopf im Gefieder vergruben und schliefen. Es war mir zwar schon vorher klar gewesen, aber als ich hier stand, auf einer Holzbrücke im Regenwald Perus, und diese Vögel in freier Wildbahn sehen durfte, da wusste ich es so sicher wie kaum etwas anderes: Ich würde nie wieder in den Zoo gehen, auch wenn mein letzter Besuch so lange zurücklag, dass ich mich gar nicht mehr daran erinnern konnte. Ich würde nie wieder das Einsperren exotischer Tiere unterstützen.

Eine Weile beobachtete ich das sanfte Atmen des Vogels und trank dabei meinen Saft. Deniz machte es sich in einer der vielen Hängematten bequem, die auf der ins Wasser gebauten Veranda nebeneinanderhingen und ganz leicht im Wind schaukelten. Louis hatte sich als Erster hineinfallen lassen und schnarchte seitdem ganz leise vor sich hin. Ich konnte mir ein Lächeln nicht verkneifen, weil ich die Situation, dass unser Tourguide in einer Hängematte selig vor sich hin schlummerte, nicht ganz einordnen konnte. Doch ich fand seine Unaufdringlichkeit sehr angenehm, und ich hatte das Gefühl, hier in Marasha und zumindest für diesen einen Tag vollkommen ankommen zu dürfen. Louis drängte uns zu keinen Aktivitäten und ließ uns Zeit, sämtliche Eindrücke auf uns wirken zu lassen. Und dieses träge Genießen, das Deniz und ich, war es bewusst oder unbewusst, ausstrahlten und dadurch den Tag in eine sehr gemächliche Richtung lenkten, schien Louis nur recht gewesen zu sein.

Ganz Marasha machte den Eindruck, als würde es schlafen, als ich zwischen den durch Holzbrücken verbundenen Bungalows herumstreunte. Niemand kam mir entgegen, als ich in die einzelnen Räume blickte, in denen Matratzen ausgelegt waren und die an Schlafsäle in Jugendherbergen erinnerten. Nur sauberer und einladender. Das Bettzeug lag perfekt gefaltet auf glattgezogenen Laken, zu dieser Jahreszeit schien wenig los zu sein. Langsam lief ich weiter, blieb auf der nächsten Brücke stehen, unter mir der matschige Boden. Die hinteren Häuser des Reservoirs waren zwar ebenfalls auf Stelzen gebaut, standen aber nicht direkt im Fluss, sondern auf einem saftig grünen Boden, der stellenweise von seichten Wasseradern durchzogen war, auf denen prächtige Seerosen, blassrosa und weiß, schwammen. Alles, einfach alles hier, war unbegreiflich schön.

Das ist schon lustig. Erst wollen wir alle in die Stadt und dann, wenn die Nächte durchgetanzt sind, überfällt uns die Stadtmüdigkeit, und wir wollen wieder raus. Manche fahren nur ein paar Tage in die Alpen, andere gehen gleich eine Woche campen, irgendwo da draußen, wo das Handynetz kommt und geht, wann es will, mit Kaffeekochen über offener Flamme und Stockbrot am Abend.

Ich finde das gut. Ich brauche das selbst. Wer die Stadt liebt, weiß auch, wie viel sie einem abverlangt. Dass sie nicht nur gibt, sondern auch extrem viel nimmt. Und dass die Anonymität, die wie ein Mantel ist, den man überstreift, um tun und lassen zu können, was man will, auch genau das ist, wovor man manchmal weglaufen möchte. Raus in die Natur, wo man dann gemeinsam mit einem anderen Menschen in der Wildnis hockt, irgendwo im Wald pinkeln geht und endlich und wirklich wieder Sterne sehen kann.

Alle Städter wollen irgendwann raus, egal wohin, Hauptsache raus. Und diesen Wunsch darf man nicht unterschätzen. Er sollte vielleicht ein wichtiger Bestandteil des Alltags werden, genauso unausweichlich wie Zähneputzen oder Einkaufen. Denn wir alle kommen aus der Natur. Und dann vergessen wir sie. Den Weg zurück zu ihr zu finden, zum Beispiel indem man mal einen Tag wandern geht, ist der erste Schritt. Vor allem, wenn man die Wanderung für sich selbst unternimmt, und nicht für das schöne Foto auf Instagram.

Die Natur hat etwas Magisches. Warum lassen wir uns nicht viel öfter von ihr anziehen, wenn sie uns doch jedes Mal so guttut?

Im Café sitzen geht immer, im Getümmel untergehen geht immer, Daten geht immer. Aber die Natur und mit ihr der Schatz an Inspiration, der Klick-Moment, der uns sagt, dass wir wieder verbunden sind und die fühlbare Entschleunigung … das alles geht vielleicht nicht für immer. Wer weiß, wie lange sie noch in dieser Form da ist.

Das Rascheln der Blätter wurde immer lauter, es überrollte die zuvor herrschende Stille. Wind kam auf. In kleinen Pfützen spiegelten sich die Wolken, die so schnell über den Himmel zogen, als hätte irgendjemand in den Zeitraffer-Modus umgeschaltet. Dicke Tropfen fielen herab, und als ich nach oben sah, landete einer davon direkt auf meiner Backe.

Ich rannte zurück zur Veranda, wo Louis schon am Holzgeländer stand und mich zu sich winkte. Ich lief auf ihn zu und rüttelte im Vorbeigehen an Deniz' Schulter, der zusammenzuckte und etwas Unverständliches murmelte.

»Siehst du, da hinten?«, fragte Louis und deutete mit dem Zeigefinger auf den Waldrand, ungefähr dreihundert Meter von uns entfernt. Er fing an, mir auf Spanisch die Situation zu erklären, aber ich konnte die Sprache noch nicht gut genug.

Deniz kam zu uns, streckte sich und fing an zu übersetzen.

»Der Wind kommt von dort hinten. Das ist ganz normal um die Mittagszeit. Gleich zieht ein ziemlicher Sturm auf, der Regen wird nur ein paar Minuten dauern, kann aber sehr heftig werden. Wir sollen uns hier unterstellen.«

Ich nickte und beobachtete den sich von Königsblau zu Graublau und schließlich Pechschwarz verfärbenden Himmel über den Baumwipfeln. Die Natur verfinsterte sich, der Ort wurde noch mystischer, und ich hielt den Atem an.

Ich spürte, wie meine Haut abkühlte. Die mittlerweile starken Böen fegten so angenehm zwischen uns dreien hindurch, dass ich regungslos dastand, den Holzbalken des Geländers fest umfasste und den tropischen Wind an mir vorbeipfeifen ließ.

Und dann fing es an. Der Regen hämmerte auf den See ein, so dass auf der Wasseroberfläche handtellergroße Dellen entstanden. Es war ein sagenhaftes Schauspiel, wie sich die Bäume unter dem Wind bogen und welche Bewegungen das Wasser vollführte. Als wolle es sich winden, sich in alle Richtungen drehen lassen und doch versuchen, den gigantischen Regentropfen auszuweichen.

Ich trat einen Schritt vom Geländer zurück, weil mir mittlerweile die herabprasselnden Tropfen ins Gesicht klatschten. Für einen Moment fühlte ich mich seltsam gefangen und fragte mich, was wohl passieren würde, wenn die Holzbalken einem richtigen Unwetter nicht standhalten würden. Aber in genau dem Moment, in dem ich anfing, mich unwohl zu fühlen, wurde der Regen sanfter, und der Himmel riss auf der anderen Seite des Waldrandes auf. Leuchtende Sonnenstrahlen kämpften sich durch die Wolkenfront, landeten auf der Wasseroberfläche, und ein glitzerndes Lichtermeer entstand. Von überall her fing es an zu zwitschern, weiße Kormorane flogen dicht über der Wasseroberfläche, vom Holz über mir tropfte es in einem immer langsamer werdenden Takt herab. Ich war fassungslos ob der Schönheit und spürte, dass ich unbewusst lächelte, wahrscheinlich schon seit ein paar Minuten.

Das Wochenende im Länderdreieck, ganz besonders der Tag in Peru, hat mich nachhaltig geprägt. Als zwei Tage später die kleine Maschine in Leticia startete und sich in den Himmel erhob, wusste ich, dass das, was ich kurz zuvor erlebt hatte, eine Reise zurück zu meinen Wurzeln gewesen war. Zur Natur, die ich so oft vergaß, wenn ich mich im urbanen Alltag verlor.

Natürlich wusste ich auch, dass ein Leben in der Wildnis, wie es die indigenen Völker im Amazonasgebiet führten, nicht *mein* Leben wäre. Aber ich hatte ein großes Stück meines Herzens dort zurückgelassen. Ich fühlte mich verpflichtet, immer wieder an diesen Tag zurückzudenken, bevor ich eines Tages wirklich zurückkommen würde. Und mich außerdem für den Schutz der Natur einzusetzen.

Es gibt viele Gründe, warum Letzteres vor allem in Bezug auf das Amazonasgebiet so wichtig ist. Goldgräber, die meisten von ihnen illegal, deren Arbeit zur Goldgewinnung Quecksilberdämpfe freisetzt, die zur Kontaminierung des Wassers und zu Vergiftungen führen. Das Ausrotten indigener Völker, die sich gegen den Raubbau an der Natur und damit die Zerstörung ihrer Heimat wehren. Und nicht zuletzt der massive Fleischkonsum, der dazu führt, dass ein Großteil der Wälder gerodet wird, um mehr Platz für Weiden zu schaffen oder Futtermittel anzubauen.

Wo war ich all die Jahre gewesen? Beschäftigt mit meinem Leben in München, zwischen redaktionellen Deadlines, Social Media und Sonntagsbrunch. Ich hatte von den Problemen des Amazonasgebietes gehört, peripher. Doch an diesem Tag in Peru hatte ich mit eigenen Augen gesehen und am eigenen Körper gespürt, was es heißt, in der Natur zu sein. Nicht am Tegernsee, sondern im tiefsten tropischen Regenwald. Wo die nächste Straße weit entfernt ist und die einzigen Geräusche die der Natur sind.

Ich hatte mich verwurzelt gefühlt. Zu Hause und gleichzeitig fremd. Letztendlich vor allem aber verantwortlich. Mir wurde bewusst, was es bedeutete, dass das Amazonasgebiet seit den 50er Jahren zwanzig Prozent seiner Größe verloren hatte. Zwanzig Prozent. Es tat weh, mir die Folgen für meine eigene Zukunft und die nachfolgender Generationen vorzustellen. Irgendwann würde der größte Regenwald der Welt vielleicht wirklich weg sein. Und wo würden wir dann Zuflucht finden, wenn uns die Städte zu laut, zu voll, zu reizüberflutet wurden?

Unter mir der Regenwald. Ein dichter Teppich, zusammengesetzt aus blaugrünen Farben, der sich bis zum Horizont erstreckte, eine mächtige Landschaft, durchzogen von kurvenreichen Wasserstraßen. Seit diesem Tag trage ich einen grenzenlosen Respekt vor der Natur in mir, und in diesem Moment

im Flugzeug wusste ich genau, dass ich sie immer wieder suchen und brauchen und hoffentlich finden würde, wenn all die
Nichtigkeiten des Lebens wieder überhandnahmen.

FREMDE
oder
Warum ich in China auf Hagrid traf.

China, Oktober 2014

Dreiundzwanzig Millionen Menschen. Ein Transrapid, mit dem man in nur acht Minuten vom Flughafen ins Zentrum der Stadt fahren kann. Der größte Containerhafen weltweit. Ich hatte Shanghai unterschätzt. Oder besser: *Ich hatte einfach keine Ahnung*.

China war für mich lange Zeit ein weißer Fleck auf der Landkarte, und vermutlich wäre es das auch noch eine ganze Weile geblieben, denn es gab viel zu viele andere Reiseziele, die auf meiner Liste weiter oben standen. Doch dann ist es eben einfach so passiert. Oftmals lande ich in genau den Ländern, die mich auf den ersten Blick lange nicht so anziehen wie andere. Deshalb war ich auch immer noch nicht in Island, obwohl ich kaum jemanden aus der Reiseblogger-Szene kenne, der noch nicht dort war, und daher habe ich auch weite Teile Asiens,

allen voran Thailand, das für so viele junge Leute der erste An-
laufpunkt fürs Backpacking ist, nach wie vor nicht besucht. Es
hatte sich einfach noch nicht ergeben.

Nun war ich also hier. In Shanghai. Um sechs Uhr morgens war
ich gemeinsam mit Deniz vollkommen übermüdet mit der
U-Bahn am People's Square angekommen. Ich stand im Unter-
grund und hatte mich noch nie so verloren gefühlt. *Lost in trans-
lation, lost in unbegreiflichen Menschenmassen, lost in Shanghai.*
   Aus allen Richtungen strömten hunderte Chinesen auf uns
zu, treppauf, treppab. Ein sich gleichförmig bewegender Fluss
im Minigleichschritt tippelnder Füße, der sich wie ein einziger,
riesiger Schwarm zusammenzog und ausbreitete, und ich mittendrin. Erschöpft und überfordert.
   Shanghai war mir vollkommen fremd. Obwohl ich es liebte,
mich in Großstädten zu verlieren, fühlte ich mich hier einfach
nicht wohl, und das lag an verschiedenen Faktoren, nicht nur
an der nicht greifbaren Größe der Stadt.
   Ich empfand die Menschen hier als kühl. Obwohl ich im
Durchschnitt einen Kopf größer als alle anderen war und auch
durch mein dunkelblondes Haar auffiel, sah mich niemand
an. Nicht, dass ich mir gewünscht hätte wie beispielsweise in
Indien ständig angehalten und ausgefragt zu werden, aber ich
fand es seltsam, dass überhaupt kein Interesse an uns Touristen
bestand. In anderen Ländern, die ich besucht hatte, waren die
Menschen neugierig, offen und hilfsbereit gewesen. Aber ich
beobachtete diese Distanziertheit nicht nur mir gegenüber,
sondern auch im Umgang untereinander.

Wenn ich in Shanghai mit der U-Bahn fuhr, stand ich fast immer. Sitzplätze waren nie frei, und selbst zum Stehen war kaum noch Platz. Ich konnte immer gut über die Köpfe der anderen hinwegblicken, und bei jeder dieser Fahrten fiel mir auf, dass sich absolut niemand unterhielt. Fast jeder starrte in sein Smartphone, selbst alte Menschen hatten eins in der Hand. Die meisten von ihnen spielten mir vollkommen unbekannte Spiele. Dieses komplette Ausblenden der Umwelt war das, wovor es mir generell graute, was in Deutschland aber noch lange nicht so schlimm zu beobachten war wie in China. Und es führte auch dazu, dass ich mehrmals mit ansehen musste, wie niemand im Abteil für eine schwangere Frau oder einen alten Mann aufstand, weil sie schlichtweg nicht bemerkt wurden.

Als ich einmal auf der Suche nach einem Hotel war und alle Straßenschilder in der Gegend keine englische Übersetzung aufwiesen, blieb ich demonstrativ mit der Straßenkarte in der Hand stehen. Niemand sprach mich an. Niemand blickte mich an. Ich rannte einem jungen Mann hinterher, von dem ich hoffte, er könne Englisch, und bat ihn, mir den Weg zu zeigen. Er zuckte die Achseln, deutete in eine Richtung und lief einfach davon. Es machte mich traurig, und es vergrößerte den Abstand zwischen mir und den Menschen um mich herum. Ich hatte in Shanghai nur selten die Gelegenheit, mit Einheimischen ins Gespräch zu kommen, und ich hatte auch ziemlich bald kein besonders großes Bedürfnis mehr danach.

Auch störte mich, und ich kann es nicht anders formulieren, ohne dabei grenzenlos penibel zu klingen, die mangelnde

Hygiene mancher Chinesen. Sie rotzten und spuckten auf jeden Millimeter jeder Straße, und es war nicht selten der Fall, dass ich gerade noch ausweichen konnte, bevor der widerliche Schleim an meinem Hosenbein klebte. Viele Menschen, denen ich körperlich näher kam, weil es überall voll und eng war, stanken extrem nach Schweiß, das Haar so ungewaschen, dass man es in alle Richtungen hätte frisieren können. Tatsächlich fühlte ich mich hier in Shanghai wesentlich unwohler als etwa in Mumbai.

Um mich trotzdem auf die Stadt einlassen zu können, versuchte ich, auf sie zuzugehen. Auf sie und ihre Menschen. Shanghai bot so viel mehr, und meine reiseaffinen Zellen waren nicht in der Lage, sich dem Sog dieser riesigen Hafenstadt zu entziehen. Ich mochte die alten Garküchen, die laut und stickig waren, nach fettigem Essen rochen und durch die ich einen Blick in ein traditionelles China werfen durfte, während im Hintergrund die Skyline des Bunds emporragte, so unwirklich, dass ich kaum begreifen konnte, dass beide Welten Teil dieser Stadt waren.

Knusprige Teigtaschen oder dünnen Fladen, in Öl gebraten und vollgestopft mit allerlei Gemüse, das ich teilweise gar nicht kannte. Suppen mit Sojasoße und Nudeln. Gefüllte Teigknödel, scharfe Gewürze. Gerade, was das Essen betraf, eröffneten sich mir in Shanghai ganz neue Welten: Bog ich zweimal links statt rechts ab, konnte ich hier plötzlich in der Altstadt stehen, wo es aus den Garküchen dampfte und mir Gerüche in die Nasen stiegen, deren Bestandteile ich noch lange versuchte zu ergründen. Auf den Märkten und im alten Shanghai gab es alles, was das neugierige Reiseherz begehrte: die kitschige japanische Winkekatze (*Maneki-neko*), gefakte Antiquitäten, Straßenstände mit famosem Fingerfood, kleine Gassen zum Verlaufen, einstündige Fußmassagen, die beflügelten und Ramschläden, bis oben hin voll mit Dingen, die kein Mensch brauchte, die aber doch gekauft wurden.

Extreme reihten sich an Extreme. Und spätestens als ich am Bund stand, konnte Manhattan einpacken. Auf der einen Seite wunderschöne Häuser aus der Kolonialzeit, auf der anderen Seite Pudong, die Skyline, deren Lichter nachts um die Wette blinkten mit I love Shanghai-Schriftzügen und Werbereklamen, bis ich nicht mehr wusste, wo ich nun war – im Reich der Mitte oder doch in einer westlichen Metropole? Es war eben China. Es war beides.

Egal, wo an der Ostküste ich hinkam, China war mir zu überfüllt. Das schnürte mir nicht nur in den Millionenstädten die Kehle zu, das bekam ich vor allem auch bei den Touristenattraktionen außerhalb der riesigen Ballungszentren zu spüren.

Im Huangshan-Gebirge, eine Nachtzugfahrt von Shanghai entfernt, stand ich eine Stunde in der Schlange. Nicht, um mit einer Achterbahn zu fahren, sondern, um einen Berg zu besteigen. Ich fand das Gebirge bei meiner Vorabrecherche so unwirklich und atemberaubend, dass ich es mit auf unsere zweiwöchige Reiseroute gepackt hatte. Gemeinsam mit einigen hundert Menschen stieg ich also die tausenden Stufen hinauf. Und ich war hin- und hergerissen. Zwischen der schönen Natur, dem anstrengenden Treppensteigen und der Angst, irgendwo auf dem Weg von einem Selfie-Stick erschlagen zu werden. Menschen, die auch im Gehen Selfie-Sticks vor sich her schwingen, blenden oftmals ihre komplette Umwelt aus, was dazu führt, dass man gut und gerne von Touristen, die damit beschäftigt sind, lediglich sich selbst zu porträtieren, überrannt wird. Und das nervt.

Die Treppen emporzusteigen war also das kleinste Problem bei meiner Wanderung. Es machte einfach keinen Spaß, Menschen dabei zuzusehen, wie sie im Minutentakt eine Schnute zogen und auf den Auslöser drückten. Immer wieder musste ich ausweichen, plötzlich stehen bleiben oder um ganze Gruppen herumlaufen. Dazu kamen Jugendliche, die ganz klar von ihren Eltern zur Wochenendwanderung gezwungen worden waren und sich nun aus Trotz in kaum messbarer Geschwindigkeit die Stufen hochschleppten. Untermalt wurde das Ganze von fiesesten Liedern, die aus Handys dröhnten, von meditativer Stille nichts zu spüren. Und dann waren da noch die Lastenträger: dünne, sehnige Männer, die sich voll bepackt mit Verpflegung und allerlei Kram (Fernseher, Kühltruhen, dem Üblichen) für die Hotels auf den Gipfeln nach oben quälten. Unverständlicherweise waren die Seilbahnen dem Personentransport vorbehalten. Noch unverständlicher war mir, dass die Lastenträger deshalb jeden einzelnen verdammten Tag auf die Gipfel steigen mussten. Umzingelt von all den Touristen, die sich gegenseitig fast vom Berg schubsten. Es war ein bizarres Bild. Und ich brauchte einen ziemlich bösen Humor, um nicht auf Stufe viertausendachtunddreißig einfach umzudrehen.

Ein bisschen alleine sein, nach dem Smog Shanghais ein bisschen Bergluft schnuppern, ein bisschen mit der Natur verschmelzen. Das war hier unmöglich. Mit mehreren tausend Menschen ging es auf die Gipfel des Huangshan – und ich musste verdammt schnell sein, um an den verschiedenen Aussichtspunkten ein Foto schießen zu können, ohne dass mir jemand dabei unachtsam ins Bild rauschte.

Die Felsformationen ragten unwirklich und steil empor. Vielleicht wurde das Verständnis von Mystik einst hier oben festgelegt, als die Dichter der Ming-Dynastie heraufkamen, während Greifvögel um die Gipfel schwebten und Wolken und Nebelschwaden sich um die Felsen wickelten. Es sah bezaubernd gruselig aus.

Von vielen Klippen konnte ich senkrecht nach unten schauen, mehrere hundert Meter waren es teilweise bis zum Grund der Schlucht, aus der knorrige Kiefern, die sich am Stein festkrallten, nach oben wuchsen. Dass um diese steilen Berge herum, hindurch und entlang lediglich Holztreppen verliefen, die, wenn ich sie betrat, durch das Knarzen subtil darauf aufmerksam machten, dass zwischen mir und dem Ende der Schlucht lediglich der Holzboden war, rundete den Irrsinn ab. Das war kein Wandern, sondern Treppensteigen auf so schmalen Holzgerüsten, dass ich mich manchmal an die kalten Felsen presste, um mich festzuhalten. Oder von Angst übermannt einfach stehen blieb.

Doch für eine Sache hatte es sich gelohnt, die ganzen Strapazen auf sich zu nehmen: den Blick. Die Landschaft des Gebirges auf der Ostseite zu sehen, die am Horizont in Blautönen schwimmenden Bergketten, die unendliche Weite. Für das alles hatte es sich gelohnt. Für einen Moment konnte ich die Menschen um mich herum vergessen, die aus mir vollkommen unverständlichen Gründen lieber in ein Display glotzten als einfach mal nach vorne. Und *vorne* war hier so wunderschön.

Als Deniz und ich in Peking ankamen, war die Reise fast zu Ende. Wir verbrachten ein paar schöne Tage damit, durch die Hutongs zu schlendern und uns treiben zu lassen. Hutongs, das sind tausende winzige Gässchen, in denen sich noch die traditionellen Wohnhöfe entdecken lassen – *Siheyuan*, Innenhöfe, die zu allen vier Himmelsrichtungen von Häusern eingeschlossen werden. Mittlerweile sind die Hutongs leider von einer Gentrifizierungswelle betroffen.

Ich entdeckte in den Hutonglabyrinthen rund um den Trommelturm wunderschöne Läden und hübsche Cafés und fand, was ich vor allem in Shanghai vermisst hatte: hier und da ein bisschen Ruhe.

In dieser riesigen Stadt gelang es mir trotz Smog durchzuatmen, und zwar genau hier, in den Hutongs, wo das Herz Pekings schlug und ich zumindest anfing, ein Stückchen Wärme im kühlen Herbst zu finden. Peking, mit seinen unerwartet vielen grünen Oasen, den Flussbetten und Kanälen hielt viel mehr, als das, was ich mir nach unserer Reise entlang der Ostküste davon versprochen hatte.

Minutenlang stand ich vor dem U-Bahn-Schild, das eine Abbildung des unterirdischen Netzes zeigte. Mit der Hand fuhr ich die Linien nach, die ich glaubte zu brauchen. Drei bis vier Mal umsteigen, um zum Ziel zu kommen, war hier vollkommen normal. Es handelte sich schließlich um das längste U-Bahn-Netz der Welt.

Wie schon in Shanghai hatte ich hier in Peking das Gefühl, dass es sich bei China nicht wirklich um das Land des Lächelns handelte, denn lächeln taten die wenigsten, es war vielmehr das Land der Superlative. Größer, schneller, höher, weiter. Wer behauptet, dass New York City die Stadt ist, in der niemand schläft, der war noch nicht in China.

Peking, das war für mich: den angeblich neun Millionen Fahrrädern, die (zumindest gefühlt) alle gleichzeitig unterwegs sind, ausweichen, mich über vier Tage klare Sicht freuen, hochwertig gebrühten Filterkaffee in hipsteresquen Cafés trinken, Kleidung kaufen, die an Armen und Beinen zu kurz ist, mehr gehäutete Enten zu sehen, als ich jemals lebende Enten gesehen habe, von Taxifahrern stehen gelassen zu werden, weil sie kein Englisch sprechen, in einer Jazzbar chinesischen Musikern zu lauschen, festzustellen, dass Kleinkinder am Hintern offene Hosen tragen, damit sie schnell und effizient überall hinpinkeln können (was sie auch tun), zehn U-Bahnen vorbeifahren lassen, bevor es in der elften einen Quetschplatz gibt, morgens von einer Hochzeitsgesellschaft geweckt zu werden, die lautstark im Siheyuan des Hotels feiert, in meine Übersetzungsapp »Haben Sie vegetarische Gerichte« zu sprechen und dann, sobald die chinesische Stimme loslegt, mein Handy panisch in die Gesichter sämtlicher Kellner zu halten, auf den Gehwegen über einen Teppich aus Pistazienschalen zu laufen, weil die Menschen in den Warteschlangen vor Restaurants Nüsse zum Überbrücken der Zeit bekommen, ein traditionell gekleidetes Hochzeitspaar beim Shooting im Sonnenuntergang außerhalb der Verbotenen Stadt zu beobachten – weil sie so schön leuchteten.

Nach vier Tagen unter einem blauen Himmel fuhren wir mit dem Bus nach Miyun, wo an einer Tankstelle Taxifahrer bereitstanden, die uns zu einem der Einstiegsorte der Chinesischen Mauer fahren würden. Wir hatten uns für Jinshanling entschieden, das nicht ganz so überlaufen sein sollte wie Badaling, bei dessen Anblick ich – als ich den Ort durch die Google-Bildersuche jagte – regelrechte Angstzustände bekommen hatte. Und tatsächlich, als wir aus dem Bus an der Tankstelle stiegen, waren weit und breit keine weiteren Touristen zu sehen. Keine Wolke am chinesischen Himmel, kein Smog weit und breit, keine Menschenmassen um uns herum, ich konnte mein Glück kaum fassen. Bis sich die Taxifahrer auf uns stürzten.

Überall auf der Welt ist es das gleiche Spiel. Kaum aus dem Flughafenterminal heraus, kaum vor einem Sightseeingspot angekommen, wetteifern Taxifahrer um die Aufmerksamkeit der Touristen. Jeder von ihnen bietet den *good price, my friend,* jeder kennt eine super Abkürzung, hat das beste Auto, hat Familie in Deutschland und kann deswegen auch ein paar Brocken der Sprache und winkt letztendlich mit übertriebener Geste ab, wenn man einen Preis vorschlägt, berät sich mit seinen Kollegen, die allesamt erklären, dass es zu diesem Preis nicht funktioniert, bis dann nach rund zwanzigminütiger Diskussion zu einem noch günstigeren Preis die Fahrt beginnt. So ist es jedes Mal. Es ist ein Spiel, dessen sich beide Parteien bewusst sind. Es ist eine Tatsache, an der ich merke, dass ich im Ausland angekommen bin, meist extrem weit weg von zu Hause, und ich mag es sehr. Das Diskutieren, das Feilschen, das sich Kennenlernen und dann, ein paar Augenblicke später, auf der Rückbank sitzen und sich von Ali, Carlos, Hamzid oder Sunil durch ein Stückchen Heimatland fahren zu lassen, inklusive Smalltalk über landestypische Gepflogenheiten, einem Schwank aus der eigenen Familiengeschichte und dem Klären der W-Fragen.

Ja, ich mag das. In den meisten Fällen ist es unterhaltsam und interessant. In wenigen Fällen ist es anstrengend. Und in Miyun, da fühlte ich mich von Anfang an übers Ohr gehauen.

Die Argumentation seitens der Fahrer riss nicht ab, alle forderten mehr als das Doppelte von dem, was der Reiseführer als adäquat einstufte, und ich freundete mich mit dem Gedanken an, vorläufig in die Tankstelle einzuziehen. Die Taxifahrer wurden immer unfreundlicher und aufdringlicher, und ich selbst hatte nach einiger Zeit die Schnauze gestrichen voll. Nichts ging mehr, niemand gab nach. In solchen Fällen setzte ich mich oftmals auf den Bordstein und ließ Deniz machen, denn er konnte sowieso besser vermitteln. Also setzte ich mich in die Minigrünanlage der Tankstelle. Als Deniz sich zu mir gesellte, sagte ich: »Ich habe überhaupt keine Lust, nur, weil wir hier auf ein Taxi angewiesen sind, uns komplett verarschen zu lassen.«

Er nickte. Ein großer, bulliger Mann, einer der Fahrer, der viel ruhiger und zurückhaltender war als die anderen, kam langsam auf uns zu. Je mehr er sich näherte, desto riesiger erschien er mir, sein dreckiger Anzug war trotz seiner Erscheinung zu groß, und dadurch hatte man das Gefühl, dass ein Riese vor einem stand. Er fing an, uns in gebrochenem Englisch zu erklären, dass der Preis nicht stimmen konnte. Dass es einfach unmöglich war, dafür loszufahren, dass nicht mal eine Strecke damit gedeckt war, geschweige denn die Rückfahrt. Seine Art zu sprechen war so sanft, dass ich ihm glauben wollte. Während ich innerlich bereits nachgab, deutete Deniz auf den Preis im Reiseführer und sagte: »Er hat Recht. Das muss ein Druckfehler sein. Das sind umgerechnet nur fünf Euro – für eine vierzigminütige Strecke.«

Ich musste lachen. »Und das konnten wir nicht früher nachrechnen?« Wir standen auf und liefen mit dem Riesen zu seinem Auto.

»Die haben mich einfach überrannt. Und es war schließlich nicht das erste Mal, dass jemand den doppelten Preis verlangt hat«, sagte Deniz, der sich schuldig fühlte. Ich winkte ab, und wir stiegen in das Taxi, mit dem wir so langsam nach Jinshanling kurvten, dass ich zeitweise überlegte, auszusteigen und nebenherzulaufen, um mir die Beine zu vertreten.

Nach einer knappen Stunde hielten wir am East Gate an. Der Taxifahrer trottete mit uns zu einer großen Karte, zeigte uns darauf die Wege, die derzeit offen waren und nicht restauriert wurden, ehe er uns zum Kassenhäuschen führte und ein paar Meter hinter uns stehen blieb. Als Deniz zahlte, drehte ich mich zu ihm um, und er lächelte.

Hagrid, dachte ich. Er war Hagrid, so groß, so markant, mit einer Herzlichkeit, die mich plötzlich vollkommen einnahm. Obwohl er keinen Bart trug, konnte ich von dem Bild überhaupt nicht mehr abrücken. Ich hatte ihm so Unrecht getan, dass mein schlechtes Gewissen gegen meine Schläfen pochte. Wir verabredeten uns mit ihm am West Gate, wo wir nach dreistündiger Wanderung ankommen und mit ihm zurück nach Miyun fahren würden. Dann ging er, und wir liefen einen kurzen Waldweg entlang, um zum Einstieg zu gelangen.

Später sagte man mir, wie selten es war, auf dem Mauerabschnitt unweit von Peking entlangzulaufen und freie Sicht zu haben. Ich hatte sie, wie schon all die Tage zuvor in China. Vielleicht konnte ich von hier aus sogar bis in die Mongolei sehen.

Ich setzte mich auf die kalte Steinmauer und ließ meinen Blick über die sich wie eine Schlange durch die Landschaft windende Mauer schweifen und dachte nach. Darüber, dass das Stillsitzen unterschätzt wurde. Und wie dankbar ich plötzlich war, hier einfach sitzen zu dürfen und das sehen zu können. Die Chinesische Mauer, von hunderttausenden Menschen erschaffen. Der Legende nach hat man die Knochen der beim Bau verstorbenen Arbeiter in den Lehm zwischen den Steinen gemischt. Gruselig, beklemmend, atemberaubend und dann befreiend. Das da unter mir, neben mir, vor mir war pure Geschichte, die auf einmal greifbar wurde, weil ich sie anfassen konnte.

Ich stieg die steile Treppe zu einem Wachturm hinauf und lugte durch das schmale Fenster. Hier hatten einmal Wachmänner gesessen. Hatten eines Tages Dschingis Khan mit seiner Armee über die Berge kommen sehen und hektisch ein Feuer entzündet, um die nächsten Wachtürme vor der drohenden Gefahr zu warnen.

Ich war berauscht von der Vergangenheit. Und ich bildete mir ein, sie spüren zu können, die Reste der Geschichte, verewigt in diesen alten Steinmauern.

Drei Stunden liefen wir auf den Wegen entlang, grüßten ab und an Verkäufer, andere Touristen und einen Mann, der einfach nur dasaß und Pfeife rauchte. Wir stolperten, schlitterten, froren, staunten – die Wanderung war ein berauschend schönes Erlebnis. Am West Gate stiegen wir ab und ließen das Bauwerk in einer roten Abendsonne hinter uns. Es war ein perfekter Tag gewesen.

Wir liefen die gepflasterte Straße entlang, bis die ersten Souvenirstände und Taxifahrer auftauchten und der Kampf um die Erleichterung unserer Geldbeutel erneut begann. Aber wir brauchten niemanden, der um unsere Aufmerksamkeit buhlte, denn da, ganz rechts, da saß ein riesiger Mann auf einem winzigen Klappstuhl. Er blinzelte gegen die Sonne, und als er uns erkannte, sprang er auf, winkte und klappte seinen Stuhl zusammen. Mir rutschte das Herz in die Hose und Tränen stiegen mir in die Augen. Deniz lachte. Aber für mich hatte Hagrid nicht nur dort gewartet, um seine einhundert Yuan für die Rückfahrt zu kassieren, sondern, um uns sicher zurückbringen zu können. Mir war egal, ob das letztendlich die Wahrheit war, aber so sah ich ihn, und so war die Geschichte für mich und so habe ich diesen Tag in Jinshanling in Erinnerung behalten. So, wie er uns an diesem Abend anlächelte, war ich mir sicher, dass er keinen Gedanken mehr an die Auseinandersetzung an der Tankstelle in Miyun verschwendet hatte. Vielleicht war er viel schlimmere Touristen gewohnt. Ich glaube heute noch, dass er am Ende des Tages immer auf seinem Klappstuhl in der Sonne sitzt – bereit zur Abfahrt nach Hause.

China war für mich, so unverständlich es klingen mag, eine größere Herausforderung als Indien, und als ich im Flugzeug nach Deutschland saß, stellte ich fest, dass ich an der Fremdartigkeit gescheitert war. Mir war klar gewesen, dass das irgendwann passieren würde, dass es einmal ein Land geben würde, das ich nicht uneingeschränkt empfehlen wollte. Nicht, weil es so anders war – denn das waren Indien oder Kolumbien auch gewesen, und schließlich reiste ich ja, um in andere Kulturen einzutauchen – sondern, weil das Fremde sich nie in Nähe verwandelt hatte. Mit Ausnahme von Hagrid.

Alles hat zwei Seiten. Auch China. Ich habe bei meinem Aufenthalt nur Bruchteile der zweiten, teilweise sehr schönen Seite gesehen. Was fehlte, waren das traditionelle Landleben, die Teeplantagen, eine Bootsfahrt auf dem Yangtze, die Provinz Sichuan, die Terrakotta-Armee. Beim Schreiben dieser Zeilen spüre ich das Fernweh kribbeln. Ich weiß, dass China nicht gleich China ist, genauso, wie da immer so viel mehr ist als Schwarz und Weiß. Ich möchte irgendwann tiefer in die altchinesische Kultur eintauchen. Weg von den Städten, hin zu Ursprüngen, um die Menschen vielleicht besser zu verstehen.

Ein Ereignis, das mir besonders in Erinnerung geblieben ist, ist der Moment, als bei einem Spaziergang durch einen Park in Nanjing ein großer Goldfisch aus einem Teich sprang und direkt vor meinen Füßen landete. Ich warf ihn zurück ins Wasser und wertete den Vorfall als gutes Zeichen. Der Goldfisch steht in der Lehre des Feng-Shui nämlich für Reichtum.

Insofern, China, habe ich folgenden Satz nun extra für dich gelernt:

»谢谢你送的金鱼.«

Danke für den Goldfisch.

MEDITATION
oder
Warum ich den Ozean mehr liebe als alles andere.

Mauritius, April 2015

Das Gefühl von Schwerelosigkeit. Ich bewegte mich nicht und war trotzdem in Bewegung. So gleichmäßig, als wären wir eins. Wir flossen ineinander, überall Wasser. In meinen Zellen, unter meinen Fingernägeln, hinter meinen Augen und auf meiner Haut. Ich war vollkommen schwerelos, und erst als Luke meine Hand drückte, wurde mir bewusst, dass ich gar nicht allein war. Und dass es jetzt vorbei sein würde.

Ich war schon immer eine gute Schwimmerin. Nicht zu verwechseln mit Sportlerin, denn generell war ich das Gegenteil einer Sportskanone und an der Siegerurkunde bei den Bundesjugendspielen vorbeizuschrammen, gehörte zu den Demütigungen, denen ich mich früher jährlich stellen musste. Aber Schwimmen, im Wasser sein, das liebte ich schon immer.

Während andere die Berge brauchen, brauche ich das Meer. Alles andere, Flüsse, Seen, sind lediglich die Vorbereitung. Kein Süßgewässer der Welt kann mir das Gefühl verleihen, das mir das Meer gibt. Mit dem Rauschen der Wellen kommt die Klarheit der Gedanken. Und wenn ich untertauche, kann ich im Hier und Jetzt sein. Ein Gefühl, als würde die Seele sich zurücklehnen.

Die Vorstellung, tatsächlich zu tauchen, den Meeresboden zu berühren, schien mir lange Zeit so atemberaubend wie unmöglich. Bei einem missglückten Versuch in einer Tauchschule in Deutschland hatte ich vor einigen Jahren feststellen müssen, dass ich Probleme mit dem Druckausgleich der Ohren hatte. Ich beschloss damals, dass Schnorcheln mein neues Hobby werden würde. Es stand von da an auf meinem Sportplan ganz oben. Und es stand da ziemlich gut, weil ziemlich alleine.

Im März 2015 fiel mir die Decke auf den Kopf. Der Winter kam immer dann wieder zurück, wenn ich endlich barfuß in die Sneakers schlüpfen wollte, und die Tage im Home Office waren lang und unproduktiv; sie starteten am Kühlschrank und endeten auch dort.

Ich saß zu dem Zeitpunkt mitten in meinem ersten Romanprojekt und hatte mir selbst die Deadline gesetzt, das Manuskript bis Ende Juni zu beenden, was mir immer unmöglicher erschien, je länger ich das weiße Blatt vor mir anstarrte. Schon lange Zeit hatte ich ortsunabhängig arbeiten wollen und langsam verhalfen mir verschiedene Aufträge zu einem Arbeitsplatz, den ich mit mir herumtragen konnte: Es brauchte lediglich einen Laptop, der so leicht war, dass ich manchmal vergaß, dass ich ihn immer in meiner Handtasche mit mir herumtrug, und dass er alles war, was ich brauchte, um Geld zu verdienen. Warum also sollte ich im kalten Deutschland hocken, wo der Frühling einfach nicht einziehen wollte, wenn ich auch woanders arbeiten konnte, noch dazu mit den Füßen im Sand?

Ich entschied mich für zwei Wochen im April, schrieb die Schwester eines Freundes an, die auf Mauritius lebte und setzte mich in den Zug nach Frankfurt, wo ich mich mit meiner Mama traf, die nicht lange überzeugt werden musste, den regnerischen April in Deutschland gegen das kleine Paradies im Indischen Ozean einzutauschen.

Mauritius. Dorthin hatte ich schon lange gewollt, die Insel verkörperte für mich eine von vielen Traumdestinationen, alleine schon aufgrund ihrer Lage: mitten im Indischen Ozean, fast zweitausend Kilometer vom afrikanischen Festland entfernt. Tatsächlich irgendwo im Nirgendwo, und das sprach mich zu diesem Zeitpunkt ungemein an.

Es ging also wirklich und tatsächlich nach Mauritius. Und dank Bettina, die uns ihr ehemaliges Apartment zu einem Freundschaftspreis vermietete, musste ich bei der Reiseplanung nicht einmal Privatinsolvenz anmelden. Ich wusste, es war die richtige Entscheidung, und das schon vor dem ersten Sonnenbrand.

»Versuch es noch mal.«

Ich sagte nichts. Es fühlte sich plötzlich wieder so nah an, dass ich hin- und hergerissen war, ob ich zupacken oder die Flucht ergreifen sollte.

»Ich sag dir mal was: Du bist doch hierher geflogen – oder etwa geschwommen?« Ich lachte.

»Also konntest du den Druckausgleich im Flugzeug machen?« Ich nickte.

»Dann kannst du ihn auch unter Wasser machen«, sagte Luke. Er lehnte sich zurück, griff nach seinem Bier, und damit war die Diskussion für ihn beendet. Seine Argumentation war so schlicht wie logisch. Luke machte auf mich keinen komplizierten Eindruck. Er tat das, was er liebte, den ganzen Tag lang, und das war Tauchen. Es schien, als brauche er nicht viel mehr, und als ich meine Füße im noch warmen Sand vergrub, fragte ich mich: Wozu auch mehr brauchen, wenn man das Meer hat?

Luke war unser Nachbar, wir wohnten Tür an Tür mit ihm in einer kleinen Reihenhausanlage, nur ein paar Meter vom Strand entfernt. Jeden Morgen hörte ich ihn gegen sieben Uhr wegfahren, er gab den ganzen Tag Kurse in einem Luxushotel in Flic en Flac, das zwanzig Minuten entfernt von unserem Wohnort Tamarin lag.

Zwei Tage nach unserem Gespräch am Strand saß ich eines Morgens mit Schlaf in den Augen neben ihm im Auto.

»Wow, riechst du das?« Er kurbelte das Fenster hoch.

»Riecht wie getrockneter Fisch«, antwortete ich.

»Genau das ist es auch. Widerlich, ich hasse das Zeug.«

»Und warum wird das morgens gegessen?«, fragte ich und unterdrückte meinen Würgereiz.

»Wird es nicht, die haben einfach einen Knall.«

Ich mochte Lukes Art von Anfang an. Ich, die alles zerdachte, die bereits Zerdachtes hin- und herwendete, um es von allen Seiten zu betrachten und anschließend zerlegte, um es, nun ja, zu zerdenken, traf auf einer paradiesischen Insel jemanden, der die nötige Portion Klarheit in mein Leben brachte. Jemanden, der sogar jünger war als ich selbst, aber vielleicht gerade deswegen die Leichtigkeit besaß, die ich an irgendeiner Garderobe mal aus Versehen mit abgegeben hatte.

Ich wusste, dass meine Zeit hier begrenzt war, also versuchte ich, so viel wie möglich von dieser Leichtigkeit aufzusaugen und mich auf alles einzulassen, was passierte.

»Welchen Anzug möchtest du? Ich brauche den hier, mich friert es im Wasser«, sagte Luke und griff zu einem Neoprenanzug mit langen Armen und Beinen. Ich konnte mir nicht verkneifen zu grinsen und musste an das Mädchen denken, das gestern im thailändischen Take-away mit einer Frotteejacke und einem Schal um den Hals hinter dem Tresen gesessen hatte. Der April läutete den Winter ein, und die Mauritier begannen zu frieren, während die Touristen bei fünfundzwanzig Grad im Schatten laut aufatmeten. Ich griff zu einer kurzärmeligen Version, zog mich um und stapfte unter einer heißen Sonne zum Pool. Dort traf ich auf Frederik und Jean-Pierre, zwei hochgewachsene Jungs, deren Frisuren selbst bei diesen Temperaturen besser lagen als mein Haar es je könnte und die von Kopf bis Fuß aussahen wie frisch aus dem Ei gepellt. Sie grüßten mich auf ihre distanzierte französische Art. Wir würden also zu dritt sein: die beiden Luxustouristen und das Mädchen mit den Ohrenschmerzen.

Wir stiegen in den kühlen Pool und Luke wies uns in die ersten Schritte ein: Mundatmung üben. Eine Sache, die sich so logisch anhörte, dass ich überzeugt war, dass es von selbst gehe. Doch zu lernen, dass die Nase plötzlich überflüssig war und das über längere Zeit hinweg, stellte sich als das Gegenteil von einfach heraus. Immer wieder musste ich dem Drang widerstehen, durch die Nase zu atmen.

Dann: Maske ausblasen. Unter Wasser. Für den Fall, dass man sie hatte ausspülen müssen, weil sie von innen angelaufen war, und nun das Wasser da wieder rausbekommen musste. Wäre ich ja vorher nie draufgekommen. Luke erklärte, dass das ganz einfach war: Den Kopf leicht in den Nacken legen und den oberen Rand der Maske an die Stirn drücken, so dass sich der untere leicht öffnete. Gleichzeitig mit der Nase (die plötzlich wieder ins Spiel kam) ausatmen, damit das Wasser verdrängt wurde und kein weiteres hineingeraten konnte. Ich stellte mich wahnsinnig dämlich an.

Und dann, die Königsdisziplin, die Voraussetzung für alles, was kommen sollte: Der Valsalva-Versuch, besser bekannt als Druckausgleich. In mir baute sich im wahrsten Sinne des Wortes ein riesiger Druck auf, noch bevor es losging.

Wir sprachen die verschiedenen Methoden durch, beispielsweise sich die Nase zuzuhalten und sanft zu versuchen, trotzdem auszuatmen, und dann *plopp*. Ich tauchte unter, versuchte mich an verschiedenen Techniken und schaffte es nur teilweise und mühsam, die Ohren frei zu bekommen.

»Wir kriegen das hin, nur nicht unter Druck setzen«, sagte Luke und lachte über seinen eigenen Wortwitz, als ich mich bereits aus dem Pool steigen sah. Doch er blieb ruhig und zuversichtlich. Ich glaube, er wollte es sich selbst und mir beweisen, dass er auch einem schweren Fall wie mir das Tauchen beibringen konnte. Und wenn er das glaubte, würde ich es auch schaffen. Nach ein paar weiteren Versuchen fand ich die für mich beste Methode und traute mir zu, mit Luke, Frederik und Jean-Pierre raus aufs Meer zu fahren.

Das Motorboot hielt an, der Skipper warf den Anker, und mein Blick haftete am Festland.

»Jetzt gibt es keinen Weg zurück mehr«, sagte Luke und zwinkerte mir zu. Mein Gesicht verriet mehr, als mir lieb war, das tat es immer, weil es sich grundsätzlich nicht mit mir absprach. Nach meiner großen Euphorie nun solche Angst zu verspüren, kam mir allerdings lächerlich vor.

Ich hatte furchtbaren Respekt davor, gleich einige Meter unter der Wasseroberfläche zu sein, mitten im offenen Meer, und mich dabei einzig und allein auf den Tauchlehrer und meine Ausrüstung verlassen zu müssen. Der Gedanke, dass ich meinen Druckausgleich vielleicht einfach nicht schaffen würde, huschte zwischen meine Ängste und ließ mich kurz aufatmen. Was vor Jahren meinen Traum vom Tauchen zum Platzen gebracht hatte, mutierte plötzlich zu einem Rettungsanker.

Wir setzten uns mit den Flaschen auf dem Rücken auf den Rand des Bootes, und ich musste mich festhalten, um nicht da bereits nach hinten umzukippen.

»Eine Hand an den Hinterkopf, die andere an den Atemregler. Bei drei lasst ihr euch rückwärts ins Wasser fallen. Ihr werdet automatisch eine Rolle machen und wieder auftauchen.« Die Vorzeigeschüler neben mir waren schneller im Wasser, als ich beschließen konnte, es sein zu lassen.

Luke absolvierte ebenfalls eine perfekte Rolle und tauchte wieder auf. Er blickte zu mir nach oben. »Na los«, rief er.

»Nein, nein, nein«, sagte ich und schüttelte den Kopf. Ich trug eine zwanzig Kilo schwere Flasche auf dem Rücken. Natürlich wusste ich, dass sie mit Luft gefüllt, und dass es vollkommen unmöglich war, *nicht* wieder aufzutauchen, aber die Gesetze der Physik existierten in meinem Kopf genauso wenig wie mein Selbstbewusstsein neben dem von Kanye West. Ich war überzeugt, die Flasche würde mich auf den Meeresboden ziehen und spätestens dort unten würde ich dann ständig Mund mit Nase verwechseln, und Luke könnte mich niemals schnell genug retten.

»Anika«, sagte er, und ich musste an meine Mutter denken, die sich irgendwo am Strand entspannte und die mich auch immer bei meinem vollen Namen nannte, sobald das Gespräch ernster wurde. Ich musste lachen und Luke auch.

»Jetzt komm schon, dir kann überhaupt nichts passieren. Das macht richtig Spaß.« Bis zu diesem Moment im Indischen Ozean hatte ich nicht gewusst, dass meine Scham größer als meine Angst sein könnte. Mir waren die Blicke der Côte d'Azur-Schnitten, des Skippers und letztendlich auch der von Luke so unangenehm, dass ich etwas tat, was ich eigentlich nicht wollte: Ich legte meine rechte Hand an meinen Hinterkopf und die linke auf den Lungenautomaten. Dann ließ ich mich nach hinten fallen. Es dauerte keine fünf Sekunden, bis ich vollkommen orientierungslos mit dem Kopf über Wasser im Meer plantschte und dabei in Endorphinen ertrank. »Luke! Luke! Können wir das noch mal machen?«

Wir hielten uns alle am Seil des Ankers fest. Luke erklärte Frederik und Jean-Pierre, dass sie das Seil zum langsamen Abtauchen als Hilfestellung nehmen sollten, immer nur so weit, wie es der Druckausgleich zuließ.

»Außerdem haltet ihr euch bitte an den Händen und lasst euch nicht los«, fügte er hinzu, und ich grinste innerlich. Gleichzeitig griff Luke nach meiner Hand, und wir tauchten gemeinsam unter.

Es gibt einen Grund, warum in der westlichen Welt heute so viel über Meditation geredet wird. Über Achtsamkeit, über Zen-Meister, über Chakren. Warum »bei sich sein« der neue heiße Scheiß ist und warum diejenigen belächelt werden, die das einfach nicht kapieren. Warum Meditations-Apps die CDs für Autogenes Training ablösten und warum jeder mittlerweile mindestens Hatha-Yoga praktiziert, allerdings Aerial- oder Hot-Yoga das Nonplusultra sind, wenn man etwas auf sich hält.

Man kann diese Bewegung als selbstdarstellerischen Trend verteufeln, man kann die Menschen dahinter als die Suchenden, die nichts finden, betiteln, stets auf einer Sinnreise zwischen Smoothie und Snapchat. Man kann den Trend aber auch einfach akzeptieren und ihn als das sehen, was er mindestens genauso ist: als das Sinnbild einer rastlosen Generation, die ununterbrochen Lust hat, sich und alles andere auszuprobieren, und die nun etwas entdeckt hat, was im asiatischen Raum zur Tagesordnung gehört – wirklich und wahrhaftig zu leben. Im Jetzt.

Ich hatte immer gedacht, Meditation sei ausschließlich Stillsitzen und Nichtstun. Nicht kratzen, wenn es juckt, und schon gar nicht damit beschäftigt sein, an die Pizza danach zu denken. Bis mir ein befreundeter Therapeut mal von einem Patienten erzählte, der von Meditation nicht viel hielt. Daraufhin fragte mein Freund ihn, was er denn tun würde, um abzuschalten.

»Ich gehe stundenlang segeln«, antwortete der Patient. Und der Therapeut sagte: »Meinen Sie nicht, dass das eine fabelhafte Form der Meditation ist?«

Wenn ich ganz ehrlich bin, dann spürte ich schon lange ganz genau, wann es Zeit war, aus dem Alltagskreislauf auszubrechen und zumindest zu versuchen, still zu sitzen, zu atmen, Gedanken vorbeiziehen zu lassen und trotzdem mit ihrer Anwesenheit klarzukommen. Doch ich tat das viel zu selten, Gründe dafür gab es viele: das Zucken meines kleinen Zehs, die drei letzten Punkte auf der To-do-Liste, der Anruf am Abend, der doch wieder länger ging.

Doch nachdem ich einmal verstanden hatte, dass Meditation verschiedene Formen haben darf, vielleicht sogar genauso viele, wie es Menschen gibt, war ich in der Lage, meine eigenen Methoden zu finden, wenn es mit dem Stillsitzen nicht klappte. Spazierengehen zum Beispiel. Meist hatte meine Methode etwas mit Bewegung zu tun, vielleicht, weil mein Geist zur Ruhe kommen konnte, wenn ich äußerlich in Bewegung war.

Damals im Indischen Ozean, nur ein paar Zentimeter unter der Meeresoberfläche, kam ich aus dem Staunen über diese für mich vollkommen neue Welt nicht hinaus und wusste sofort, dass Tauchen fortan auch auf meiner Meditationsliste stehen würde. Die Schwerelosigkeit versetzte mich in einen so friedlichen Zustand und die Schönheit um mich herum war so umwerfend, dass es mir vorkam, als wäre ich vollkommen high. In diesem Zustand hätte ich alles unterschrieben, Heiratsanträge angenommen, Blogeinträge mit dem Titel »Sieben Gründe, warum du jetzt tauchen gehen musst« verfasst oder ein »Hard Rock Café München«-T-Shirt getragen. Mir war so ziemlich alles egal, solange ich nur hier unten bleiben durfte. Solange ich nur tauchen konnte, würde alles andere auch irgendwie funktionieren. Wie diesen Roman zu schreiben, dessentwegen ich überhaupt hier war.

Meine Ohren holten mich zurück in die Realität. Der aufkommende Druck fing an wehzutun, doch weil ich so damit beschäftigt war, mich umzusehen, hielt ich wie selbstverständlich meine Nase zu und atmete sanft dagegen. Meine Ohren öffneten sich ohne Widerstand. Ich gab Luke das Zeichen, dass alles okay war, und wir gingen Stück für Stück am Seil nach unten, die beiden Franzosen direkt unter uns. Nach ein paar Metern ließen wir es los und schwammen nebeneinander her.

Da waren schillernde Korallen, überall. Bunte Fischschwärme, die immer wieder von Lichtstrahlen berührt wurden, die bis auf den Meeresboden fielen. Papageienfische, Engel- und Trompetenfische, Schnecken und Garnelen. Muränen blickten aus ihren Höhlen oder huschten hinein. Ein blauer Marlin. Einen von ihnen hatte ich am Tag zuvor tot am Strand liegen sehen, die Beute eines Fischers. Jetzt schwamm er an mir vorbei, der rund zwei Meter lange Speerfisch. In diesem Moment war ich überzeugt davon, dass das alles, was ich gerade wahrnahm, das Schönste überhaupt war.

Ganz sanft bewegte ich meine Flossen, und Luke zog mich genauso sanft an der Hand, so dass wir nicht ziellos umherschwammen oder uns gar im Kreis bewegten. Ich hatte keine Ahnung mehr, wo das Boot war, doch die Route, die wir einschlugen, schien klar zu sein, also ließ ich mich komplett fallen. Langsam, ganz langsam, bis auf den Meeresboden. Wir glitten knapp darüber, ich berührte den Sand und ließ ihn zwischen meinen Fingern hindurchrieseln. Luke setzte sich, und ich tat es ihm gleich. Verdammt noch mal, ich saß auf dem Grund des Meeres, zwölf Meter unter der Wasseroberfläche. Irgendwo im Indischen Ozean. Surreal war gar kein Ausdruck, ich musste ein neues Wort erfinden, sobald ich mich nicht mehr in dieser pastellfarben angestrichenen, taschentuchweichen Blase von Parallelwelt befand.

Ich legte den Kopf in den Nacken. Ich konnte die Oberfläche sehen und wie sich die Sonnenstrahlen darauf brachen, glitzerten, eintauchten und schmale Lichtstreifen erzeugten. Ein Schwarm, der über mir tanzte. Er dehnte sich genauso schnell aus, wie er sich wieder zusammenzog, eine zufällige Momentaufnahme und dann doch wieder um, als hätte jeder einzelne Fisch nie etwas anderes gemacht. Als wäre das hier immer so. So schön. Alles hier unten war bunt, war lebendig, aufregend und doch komplett ruhig. So still, dass ich mein Herz pochen hörte. Ich hatte keine Ahnung, wie ich so gelassen sein konnte, wenn gleichzeitig das Adrenalin durch mich hindurchschoss und mein Herzschlag gegen meinen Hals drückte.

Luke nahm meine Hand, und ich zuckte zusammen. Ich war gar nicht richtig hier, es fühlte sich an, als wäre überall ein bisschen was von mir. Wir tauchten weiter und steuerten auf ein Riff zu, das wie aus dem Nichts vor uns in die Höhe schoss, das Ende kaum zu erkennen. Direkt vor mir ragten zwei hauchdünne, weiße Fühler aus einer Höhle. Sie tasteten hin und her, und es wirkte, als winkten sie uns zu. Ein Hummer. Ich sagte ihm, dass ich noch nie einen seiner Freunde gegessen hatte und das auch so bleiben würde. Ich wollte ihm in guter Erinnerung bleiben.

Luke tippte auf meinen nackten Unterarm. Ich hatte eine Gänsehaut. Erst jetzt bemerkte ich, dass mir mittlerweile kalt geworden war. Er warf einen Blick auf seine Uhr und deutete nach oben. Ich rubbelte über meinen Arm – nur deshalb gleich abbrechen? Ich schüttelte den Kopf, doch Luke ließ sich nicht erweichen. Wir stiegen langsam, ganz langsam, nach oben, vorbei an jedem einzelnen kleinen Wunder auf dem Weg.

Als wir oben waren, schien mir die Sonne ins Gesicht, und ich nahm meinen Atemregler aus dem Mund. »Mir ist nicht kalt, wir können ruhig wieder abtauchen«, sagte ich. Luke setzte seine Brille ab, als Frederik und Jean-Pierre ebenfalls auftauchten.

»Das waren vierzig Minuten, das reicht für den Anfang.«

»Was? Das waren doch nicht mal zehn«, sagte ich, doch Luke öffnete bereits meinen Bleigurt und gab ihn dem Skipper, der sich über den Rand des Bootes beugte. Ich hatte komplett das Zeitgefühl verloren, ich konnte nicht glauben, dass wir vierzig Minuten unter Wasser gewesen waren.

Als ich im Boot saß und der Motor angeschmissen wurde, fühlte sich mein ganzer Körper an, als wäre er vollgepumpt mit Sauerstoff. Als wäre ich nach langer Zeit aus einem stickigen Zimmer mit Fenster zur Autobahn befreit worden und mit Blick auf die Alpen an eine Sauerstoffmaschine angeschlossen worden. Meine Ohren waren vollkommen in Ordnung, mein Herz glücklich, mein Körper abhängig. Es war eine der gesündesten Drogen überhaupt und eine, der ich von da an nicht mehr widerstehen wollte.

Ich rollte mich auf einer Liege am Strand zusammen und rutschte sanft in diesen wundersamen Zustand zwischen Wachsein und Träumen. Doch bevor ich richtig einschlafen konnte, packte mich ein Gedanke, der mich aufrüttelte, und das Meer schwappte zurück in mein Bewusstsein: Ich wollte es nicht verlieren. Ich wollte vor allem das nicht verlieren, was unter seiner Oberfläche lag. Was dort lebte und gleichzeitig zerstört wurde. Selbst die Riffe, durch die ich ein paar Minuten zuvor geschwommen war, waren nicht mehr das, was sie vor ein paar Jahren noch gewesen waren. Einerseits durch die Schuld unverantwortlicher Taucher, die sämtliche Korallen berührten und sie damit zerstörten, aber vor allem auch durch die Müllbelastung. Ich erinnerte mich an einen Artikel, den ich vier Monate zuvor geschrieben hatte. Ich hatte das Internet nach neuen Methoden abgesucht, die dabei helfen konnten, die Weltmeere von ihren über einhundert Millionen Tonnen Plastikmüll zu befreien, und selten hatte mich eine Recherche so mitgenommen wie diese. Nachdem mich die schockierenden Zahlen fast erdrückt hatten, war ich schließlich auf kreative Köpfe gestoßen, wie das Startup *Bureo*, das aus kaputten Fischernetzen, die nicht länger im Meer treiben sollten, Skateboards herstellte. Dabei wurden die Rohmaterialien gesäubert und in verschiedenen Prozessen zu Tragflächen von Skateboards verarbeitet.

Ich erinnerte mich, dass ich jedes Mal, wenn ich an einem Strand entlanglief, Plastikmüll fand. Egal, wie menschenverlassen, ruhig und idyllisch es auch war, den perfekten Strand und sein perfektes Meer gab es schon lange nicht mehr. Jetzt, wo ich wusste, wie das, was wir zerstörten, wirklich aussah, hielt ich es kaum aus, nichts zu tun.

Home is where the waves are, sagen die Surfer. *Life is better at the beach,* sagen alle anderen. Aber wäre das auch noch so, wenn nicht nur die Fische das Plastik mit Plankton verwechselten, sondern wir alle zwischen Handyhüllen und Bierflaschen schwimmen müssten? Den eigenen Lebensraum zu zerstören ist eine Sache, den von anderen zu zerstören eine ganz andere. Aber wir können etwas tun, und zwar, indem wir uns richtig verhalten: nach Partys am Strand akribisch den Müll einsammeln, und nicht erst am nächsten Tag, da ist die Hälfte längst weggeschwemmt. Tauchen ja, aber die Korallen und Riffe nie berühren, Fische nicht stören, einfach stiller Beobachter sein. Und vielleicht ein Skateboard von *Bureo* kaufen. Oder ein anderes Projekt unterstützen. Oder weitererzählen. Nur, weil die Meereswelt nicht für jeden sichtbar ist, heißt das nicht, dass man nicht die Verantwortung mitträgt, sie zu schützen.

Ich blieb noch ein paar Tage auf der kleinen Insel, allerdings machte ich keinen Tauchgang mehr. Luke hatte zu viele ausgebuchte Kurse, und da ich nun unbedingt meinen Tauchschein machen wollte, nahm ich mir vor, ihn irgendwann anderswo zu machen, hoffentlich mit einem ebenso guten Lehrer wie ihm. Stattdessen verbrachte ich die letzten Tage mit dem Schreiben meines Romans, tagsüber auf dem Liegestuhl oder in einer Strandbar, abends alleine auf der Veranda des Apartments, mit mauritischem Bier, Wasabinüssen und einigen Geckos an den Wänden.

Das Gefühl von Schwerelosigkeit hielt nicht lange an, schon gar nicht, als ich zurück in Deutschland war. Aber ist das nicht immer so, wenn man gerade erst in etwas so Neues und Ungewohntes eingetaucht ist und damit noch am Anfang steht? Wenn man noch ewig braucht, um das Gefühl wiederherzustellen, das man einmal gespürt hat und es so sehr wieder zurückhaben will.

Manchmal, wenn ich meditiere, weil ich endlich mal still-sitzen kann, komme ich nach einiger Zeit an den Punkt, an dem ich für ein paar Sekunden vollkommene Ruhe spüre und kein einziger Gedanke aufploppt. Dieses Gefühl, die Ahnung, dass es wirklich möglich ist, abzuschalten und dass sich das im Umkehrschluss anfühlt wie ein Auftanken aller Ressourcen, ist der Grund, warum ich Meditation so wertvoll finde, auch wenn ich damit noch ganz am Anfang stehe.

Es kann frustrierend sein, wenn der selbst aufgebaute Druck aufkommt, wenn die Pizza danach präsenter ist als alles andere. Aber egal, an welchem Punkt man mit seiner Meditation steht und welche Ruheform man für sich entdeckt hat – hat man einmal gespürt, was möglich ist, gibt es kein Zurück mehr.

TRÄGHEIT
oder
Warum ich auf Ios unfreiwillig Urlaub machte.

Griechenland, Juli 2015

»Willkommen auf Ios! Die schlechte Nachricht ist: Der Auftrag ist geplatzt. Die gute Nachricht ist: Ihr könnt jetzt einfach Urlaub machen!«

Elisa und ich wechselten müde Blicke. Der Wecker hatte um sechs Uhr morgens geklingelt, wir hatten knapp fünf Stunden auf der Fähre hinter uns und standen jetzt mit leeren Mägen in der kaum zu ertragenden Mittagshitze des Hafens von Ios.

Ios, eine Insel so groß wie ein Fingernagel, umgeben von kristallklarem blauem Wasser, eingebettet zwischen vielen anderen Trauminseln, den Kykladen.

Vier Wochen vor meiner Reise nach Griechenland hatte ich den Auftrag bekommen, ein Hotel auf Ios zu besuchen und ein Video von meinem Aufenthalt zu drehen. Ich war angetan von dem schönen Konzept, denn es handelte sich nicht um eine Pressereise mit durchgetaktetem Tagesprogramm, sondern um einen bezahlten Auftrag, bei dem ich freie Hand bei der Gestaltung hatte. Elisa, eine Bloggerin, die ebenfalls in München wohnte, die ich aber zuvor nicht gekannt hatte, war auch angefragt worden, und so hatten wir uns am Flughafen getroffen, um zusammen nach Athen zu fliegen. Hocheuphorisch und hypermotiviert, so konnte man unsere Stimmung vor Abreise nennen. Die Fallhöhe war vorprogrammiert.

»Wie meinst du das, der Job ist geplatzt?«, fragte ich Damian, den Hotelmanager, der auch schon in Deutschland unser Ansprechpartner gewesen war. Er drehte sich um, gähnte und antwortete: »Habt ihr Hunger? Es gibt noch eine halbe Stunde Frühstück.«

Das Hotel war ein Traum. Ich liebte die weißen Fassaden, die Blumenkästen mit den üppigen, pinken Blüten, die klassische Einrichtung mit den vielen türkisblauen Elementen, die weißen Steinflächen, in die bunte Mosaike eingearbeitet waren. *Schuhe aus, Sonnenbrille auf, Eiskaffee in rauen Mengen, bitte.* Elisa und ich wurden schwach beim Anblick der frisch gepressten Säfte, der Pancakes und selbst gemachten Schokocrème, der frischen Brötchen, verschiedener Nüsse, Aufstriche, Marmeladen und Müslisorten. Mit randvollen Tellern kamen wir zurück an den Tisch, wo Damian saß, sich die Augen rieb und eine Zigarette anzündete.

»Es tut mir richtig leid, dass das so blöd gelaufen ist. Uns wurde in letzter Minute der Geldhahn für diesen Presseauftrag zugedreht. Ihr wisst ja sicherlich über Griechenlands Lage Bescheid.« Er hielt kurz inne und sog an seiner Zigarette. »Die Situation ist mir sehr unangenehm. Aber selbst hier, in diesem schönen Hotel, bin ich jeden Morgen erleichtert, wenn das Frühstück ausreicht. Wir haben derzeit keine Kontrolle über gar nichts und wissen heute nicht, ob morgen die Lieferung eintrifft, und wenn sie das tut, ob es auch genug ist.« Ich trank einen Schluck meines Kaffees und sagte nichts. Das waren sehr viele Informationen auf einmal, und ich wollte nichts Falsches sagen. Dass es schwierig werden könnte, den Auftrag durchzuziehen, war uns bereits vor zwei Wochen kommuniziert worden. Aber da man uns nicht abgesagt hatte, waren wir beide davon ausgegangen, dass alles wie geplant ablaufen würde.

Elisa sprach aus, was ich dachte: »Warum habt ihr nicht früher Bescheid gegeben?« Damian runzelte die Stirn. »Wie gesagt«, fing er an, »es war in letzter Minute. Bezahlt ist ja nun sowieso alles. Seht es doch mal so: Ihr könnt jetzt Urlaub machen – for free. Und müsst nicht mal darüber bloggen.« Sein Handy klingelte, und er entschuldigte sich.

»Urlaub machen? Wie geht das gleich noch mal?« Ich zwinkerte Elisa zu und rieb mir die Augen, dann mussten wir lachen. Zum Urlaub verdonnert – *check*. Neuerdings tauchten auf meiner Bucketlist Punkte auf, von denen ich selbst nicht mal etwas gewusst hatte. Doch was für den einen vielleicht nach einem Jackpot klingt, machte mich nervös und unruhig, denn ich war nicht hergekommen, um zu faulenzen.

Als Damian zurück an den Tisch kam, nickte ich und sagte, dass das alles zwar ungünstig gelaufen sei, wir es aber einfach dabei belassen wollten.

Damian versuchte uns die ersten Tage so schön wie möglich zu machen und entpuppte sich, wenn er die Sonnenbrille mal abnahm und nicht wirkte, als hätte er in seinem Leben keine zehn Stunden geschlafen, als netter Kerl, der mit uns in einem Boot saß. Zum ersten Mal wurde Griechenlands Finanzproblem für mich spürbar – kein Job, kein Geld, Συγγνώμη!

Auch wenn Elisa und ich in den Startlöchern standen, zwei Videos zu drehen und von langen, anstrengenden Tagen ausgegangen waren, war das süße Nichtstun nach kurzer Überlegung eine verdammt süße Verführung – so die Theorie.

Die Praxis war extrem anstrengend. Alles war anstrengend. Selbst das bloße Existieren war eine Herausforderung an sich. Während Elisa neben dem Trinken, Essen und Schwimmen im Pool auch noch dem täglichen Nikotinkonsum nachgehen musste, versuchte ich, die immer noch aufkeimende Euphorie in meinem Kopf mit der Trägheit meines Körpers in Einklang zu bringen.

Es gelang mir nicht. Ich lag in einem der Betten, die in der Nähe des Pools im Schatten aufgestellt worden waren und bewegte mich nicht. Das war ein eindeutiges Zeichen dafür, dass bei mir nichts mehr ging. Normalerweise suchte ich immer die Sonne, um wenigstens nebenher ein bisschen braun zu werden, aber dieser Punkt rutschte so galant von der To-do-Liste wie der dritte Eisballen von der Waffel.

Lesen war zu anstrengend, im Internet nichts los, die Sonne zu heiß, der Pool zu warm, das Meer zu weit weg. Ich überlegte, wann ich das letzte Mal wirklich Urlaub gemacht hatte – diesen All-inclusive-Urlaub mit Handtuch vor dem Frühstück auf dem besten Liegenplatz bereitlegen und dann den Rest des Tages mit dem Wenden des eigenen Körpers beschäftigt sein. Ich war ein Brathähnchen, durch und durch, und ich war bereit, wieder nach Hause zu fliegen. Ich glaubte, dass meine Gehirnzellen mit jeder Stunde auf dieser Insel etwas mehr hinwegschmolzen.

An Tag drei auf Ios stellte ich fest, dass ich dem trägen Nichtstun gar nicht mehr so viel abgewinnen konnte wie früher. Damals, mit sechzehn Jahren in Rimini, wo das Tagesziel mit der nächsten Bräunungsnuance des Körpers erreicht war.

Ich brauchte mein Meer, ich brauchte die Wärme auf der Haut und den Sand zwischen den Zehen. Die Farbe des Pools und den Geruch von Sonnenmilch. All das war Urlaub für mich. Aber ich konnte gut darauf verzichten, tagelang herumzuliegen und damit beschäftigt zu sein, meine Muttermale zu zählen oder Fotos der Poolanlage nach Deutschland zu schicken. Also griff ich zu meinem Laptop.

»Was machst du da?«, fragte Elisa.

»Ich muss was tun«, sagte ich. Sie blies den Rauch aus, sagte »Na, Gott sei Dank« und hievte ihren eigenen Laptop aus ihrem Rucksack.

Ios war, ist und bleibt sehr wahrscheinlich die Partyinsel der Ägäis, als die sie bekannt ist. Wenn man den Geschichten, die mir auf Ios erzählt wurden, glaubt, dann sind in den späten 60er Jahren viele Hippies, die bereits auf Kreta lebten, nach Ios gekommen und geblieben. Vor rund fünfundzwanzig Jahren stand Ios Ibiza in nichts nach und bei zweihunderttausend Touristen im Jahr war nicht einmal mehr auf den Dächern der Häuser genug Platz zum Schlafen. Was wortwörtlich zu verstehen ist – die Dächer waren voll belegt. Wer nicht zum Feiern herkommt, besichtigt das umstrittene Grab Homers. Umstritten, weil nicht einmal die Existenz des Dichters sicher ist.

»Ich werde Partyurlaub nie verstehen«, sagte ich zu Elisa, als wir beim Abendessen saßen. Wofür flog man stundenlang irgendwohin, wo es warm und schön war, um dann den ganzen Tag zu verpennen oder, noch schlimmer, verkatert am Strand zu liegen, um dann abends wieder feiern zu gehen? »Man müsste mich bezahlen, damit ich so etwas mache. Vielleicht gar keine schlechte Geschäftsidee: ›Ich teste die Partyszene und ihr bezahlt den darauffolgenden Urlaub, den ich nötig haben werde‹?«

Wir beschlossen, unseren Aufenthalt anders anzugehen. Und das hieß, nicht mehr jede Stunde in den Pool zu hüpfen, sondern eine Stufe höher auf dem Aktivitätslevel zu kommen.

»Viel Glück da draußen«, sagte die Verkäuferin und reichte mir eine eiskalte Wasserflasche. Der Schweiß in meiner Handinnenfläche vermischte sich mit dem Wasser an der Außenseite der Flasche. Wir schenkten uns gegenseitig ein halbes Lächeln.

Ich presste die Flasche an meine heiße Stirn und blinzelte die Frau an – *hat sie das wirklich gerade gesagt?* Wo war ich gleich noch mal? Sahara, vielleicht. Mexiko.

Griechenland. Griechenland im Juli. Vierzig Grad im Schatten.

Ich war mir plötzlich nicht mehr sicher, ob das eine so gute Idee war. Wir schlurften in der Mittagshitze durch die Altstadt von Chora, der Hauptstadt der Insel. Stapften die gleißend hellen Steintreppen hinauf, bewunderten die hübschen Fliesen, legten den Kopf in den Nacken. Ganz nach oben, da wollten wir hin, da war die Kirche.

Nach fünf Minuten lehnte ich mich an die Hauswand, um in dem schmalen Streifen Schatten Schutz zu finden. Ich schraubte den Deckel meines Objektivs ab und schoss ein paar Bilder. Die karge, trockene Landschaft, die sich hinter den blauen Dächern aufbäumte, wirkte unnahbar. Ich prüfte das Foto auf dem Display der Kamera und fuhr mir mit der Zunge über die Lippen. Salzig. Ich konnte nichts sehen. Da rutschte mir die Sonnenbrille aus dem Haar auf die Nase herab und blieb schwimmend auf ihr liegen. Besser.

Elisa kam mir entgegen, die Geschwindigkeit ihres Gangs grenzte an Zeitlupe, wir schüttelten die Köpfe, ich sagte: »Komm, gleich haben wir es geschafft.« Eine der Discos, an denen wir vorbeikamen hieß *Snowman*, ihre Türen waren geschlossen. Aus dunklen Bars hörte ich leise Stimmen und Eiswürfel in Gläsern. Treppen hoch, links, rechts, Vorsicht: Katze. Da. Jetzt waren wir ganz oben. Kein Lüftchen regte sich, ich stemmte die Hände in die Hüften. Überall Kakteen mit großen Blüten, so viele Sorten, die ich noch gar nicht kannte. Ich liebte die Kombination des matten Grüns und der kräftigen Rottöne.

Ich ließ den Blick über die Insel schweifen. Vor uns ein Hügel mit alten Windmühlen. Sie standen still. Dahinter, diese eine, in Sehnsucht getränkte Farbe: das Blau des Meeres. So hell und glasklar, ich konnte von hier oben auf den Grund des Meeres sehen.

Ich drehte mich um, weil ich Stimmen hörte. Ein kleines Fenster in einer weißen Fassade, davor ein blau gemusterter Spitzenvorhang. Dahinter Dunkelheit und Geschichten. Niemand hielt sich draußen auf, niemand außer uns beiden und den anderen rotköpfigen Touristen. Eigentlich hätten wir es besser wissen müssen.

»Ich brauche eine Cola auf Eis. Sehr dringend«, sagte Elisa, und ich nickte. Wir stiegen ein paar der Treppen hinunter, zurück zu einer Taverne, wo einige Rentner im Schatten unter einem Olivenbaum saßen. Ein bescheidenes, leises, warmes Bild, und doch stand es für ein ganzes Lebensgefühl. Das, wofür wir eigentlich hierhergekommen waren.

Wir nahmen vor dem Café gegenüber Platz, und als die Kellnerin zu uns kam, eine wunderschöne Frau mit langen, schwarzen Haaren, braun gebrannter, makelloser Haut und den schönsten Lippen jenseits der Peleponnes, musste ich mich kurz kneifen. War sie wirklich echt? Ich war total neben der Spur und nahm erst mal einen großen Schluck, während das Eis in meinem Glas klirrte.

Die Kellnerin trat erneut an unseren Tisch, sie fragte mich, ob ich mit meiner Kamera zufrieden sei. Ich drückte sie ihr in die Hand und sagte, sie sei mir lediglich zu schwer. »Nein, ach was«, sagte sie, und schüttelte dabei ihren schönen Kopf. Dann begann sie zu erzählen. Sie war Diplomfotografin, hatte ihre Ausbildung gerade abgeschlossen. Sie kellnerte, um sich eine Kamera kaufen zu können.

»Nikon oder Canon, ich kann mich nicht entscheiden«, meinte sie und drehte meine Kamera in ihren schlanken Händen hin und her.

Die Gässchen, runter oder rauf, in allen flirrte die Luft, und alles war still. Blauer Himmel und keine einzige Wolke in Sicht. Ich kippte den letzten Schluck meiner Cola hinunter und wünschte mir, er würde nur noch ein bisschen länger bleiben. Ich setzte meine Sonnenbrille auf, noch ein paar Meter weiter. Wir gingen langsam, sehr langsam, durch das griechische Labyrinth hindurch, und die Katze schnurrte überhaupt nicht, und nur die Grillen zirpten plötzlich, so laut, dass ich die Orientierung verlor.

Zeit für Meer.

In einer kleinen Bucht unterhalb des Hotels sprangen wir ins Wasser. Es war warm, und erst nach einigen Metern, als kein sandiger Boden mehr unter den Zehen zu fühlen war, kamen immer wieder kalte Wirbel auf, die abkühlten. Ein paar Atemzüge später war das Wasser wieder ruhig und warm. Ein irrsinnig großes Kreuzfahrtschiff fuhr in den Hafen ein und wirkte so deplatziert, wie Kreuzfahrtschiffe nun mal wirken. Sie passen einfach nie ins Bild.

Diese sechs Tage unfreiwilliger Urlaub auf Ios schweißten Elisa und mich zusammen. Wir hatten das Glück, im jeweils anderen jemanden gefunden zu haben, der einen ähnlichen Blick auf die Welt hatte. Wie wäre der Urlaub verlaufen, wenn wir uns fremd geblieben wären? Wenn Elisa ihre persönliche Erfüllung darin gefunden hätte, den ganzen Tag am Strand zu liegen. Oder sie sich nicht genauso unwohl gefühlt hätte wie ich, als wir am vorletzten Abend in der Pathos Lounge ankamen.

Alles an der Pathos Lounge, einer Art riesiger Clubanlage unter freiem Himmel, war durchdacht. Die große, in Blautönen gehaltene Lounge, die sich an einem Berghang erstreckte, mit ihrem umwerfenden Blick auf das offene Meer und die sich am Horizont abzeichnenden Inseln. Hier hatte wirklich jemand alle Wünsche seiner Gäste erfüllen wollen. Von ganz oben, wo man zu Abend essen konnte, über die weichen, an Seilen hängenden Betten, die leicht im Wind schaukelten, bis nach unten zu dem riesigen Infinitypool, der, wenn man ihn von oben betrachtete, die Illusion behielt, direkt ins Meer zu fließen. Wir waren beide sprachlos, bestellten zwei eisgekühlte Corona und ließen das alles erst einmal sacken. In dieser stillen Ungläubigkeit durchdrang der Bass des DJs meine langsamen Gedanken. *Siehst du, was ich sehe*, hätte eine legitime Frage sein können. Schnell wurde uns klar, dass wir mit Ende zwanzig die Ältesten hier waren.

Das Publikum der Pathos Lounge bestand aus Prä- und Postabiturienten, die ihre makellosen, schlanken, braungebrannten Körper zur Schau stellten. Ich fühlte mich, als wäre ich aus Versehen in eine Abifete gestolpert, die teilweise schreckliche Loungemusik tat ihr Übriges, und ich war mir ziemlicher sicher, dass es Elisa ähnlich ging. Wir schwiegen eine Weile, ehe ich vorschlug, ins Wasser des Pools zu steigen. Dieses Plätzchen auf Ios war einfach zu umwerfend, um diese Gelegenheit ungenutzt verstreichen zu lassen, vor allem, weil es noch immer nicht abgekühlt hatte.

Ich konnte mich nicht daran erinnern, wann ich das letzte Mal in einen Infinitypool mit Blick auf das offene Meer gestiegen war. Ob ich das überhaupt schon einmal getan hatte. Und irgendwann, während wir da so in der warmen Plörre saßen, erschien uns die ganze Situation so absurd, dass wir sie schon wieder lustig fanden. Die Paarungsrituale Neunzehnjähriger nach zu viel Alkohol unter einer unerbittlichen Sonneneinstrahlung hatten einen nicht unbeträchtlichen Unterhaltungsfaktor und ließen mich an meine eigene Abizeit denken. *Es ist so weit, meine Sätze fangen ab jetzt nur noch mit »Weißt du noch, als...« an,* schrieb ich an eine Freundin zu Hause.

Blonde Schönheiten warfen sich in Pose und schossen Fotos, die ich später unter dem Hashtag der Lounge auf Instagram wiederfand. Ich warf mein zerzaustes und viel zu langes Haar über die Schulter, und meine Selbstzweifel über den nicht vorhandenen Rand des Pools. »Lass uns auch Fotos machen, sonst fallen wir noch auf«, sagte ich zu Elisa und grinste.

Zwei Stunden und zwei flächendeckende Sonnenbrände später bestellten wir Pasta und Cocktails im Restaurant unter freiem Himmel und ließen den Blick über den pastellfarbenen Himmel schweifen. Die Sonne ging unter, und mit ihr verflog auch mein Drang nach Aktivität. Es war schön, hier zu sitzen, mit einem Menschen, den ich kaum kannte, aber mochte. Es war schön, dieses Durchatmen.

Die Sonnenuntergänge auf Ios waren die atemberaubendsten, die ich in meinem Leben gesehen habe. Ich hatte immer gedacht, dass ich das irgendwann einmal von Malaysia, den Philippinen oder Tobago sagen würde – mein Herz schlug deutlich für exotische Traumziele –, doch hier im Mittelmeer fand ich sie: die überwältigendste Farbexplosion, die man sich nur wünschen konnte. Und hätte das Glück eine Farbe, dann wäre sie pastellpink – wie weite Teile des Himmels an diesem Abend.

Unangenehm wurde dieser ganze Kitsch erst in dem Moment, als die Sonne knapp drei Minuten vor ihrem Untergang stand. Ich weiß das heute deshalb noch so genau, weil zu diesem Zeitpunkt ohrenbetäubend laut Pavarottis Version von *Nessun Dorma* aufgedreht wurde und mir die Spaghetti fast im Hals stecken blieben. Elisa und ich standen auf und lehnten uns an das Geländer, um das, was unter uns passierte, besser sehen zu können. In der ganzen Anlage waren Fackeln verteilt worden, deren Licht die weiche Dämmerung durchbrach. Die rund zweihundert Gäste blickten alle mit ihren Smartphones in der Hand in Richtung Sonne. Ich bekam eine Gänsehaut, denn ich mochte dieses Stück sehr. Obwohl mich gleichzeitig ein nicht zu leugnendes Gefühl von Fremdscham überkam, konnte ich mich der Wirkung dieses Schauspiels nicht entziehen: Das war der bisher schönste Sonnenuntergang. Überhaupt. Und nicht mal die Tatsache, dass der letzte Ton des Stückes fast schon zu kalkuliert mit dem letzten Lichtstrahl zusammenfiel und zweihundert betrunkene Jugendliche sich torkelnd auf die Schultern klopften oder sich die Zungen in die Hälse steckten, konnte ihn mir kaputt machen.

Zwei Tage später saßen Elisa und ich auf der Fähre zurück nach Athen. Die voll aufgedrehte Klimaanlage ließ mich frösteln, während ich mich durch die Fotos auf meiner Kamera klickte und dabei die Hitze der Sonne im Nacken spürte. Die Trägheit, gegen die ich während meinem Aufenthalt auf der Insel konstant angekämpft hatte, hatte mich reizbar gemacht. Ich war genervt von Kleinigkeiten, die nicht funktionierten, war müde, wollte aber gleichzeitig immer etwas unternehmen. Die Hitze war mir in den Kopf gestiegen, und Griechenland im Juli, das würde wahrscheinlich nicht noch einmal passieren.

Meine liebsten Kindheitserinnerungen sind die an die Sommerurlaube mit meinen Eltern. Jedes Jahr flogen wir zu dritt für vierzehn Tage nach Spanien oder in die Türkei, ein All-inclusive-Urlaub, der für meine Eltern vollste Entspannung und für mich vollste Action bedeutete. Der Geruch von Sonnenmilch ist für mich noch heute der Geruch puren Glücks. Es gab schon lange, kalte Wintermonate, in denen ich die Tube herauskramte, daran schnüffelte und mich damit eincremte, statt zur extrapflegenden Sheabutter-Lotion zu greifen.

Der Geruch von Salz in der Luft, der Anblick von getrocknetem Salz auf der Haut, das Wissen, in der Sonne einschlafen zu können, weil Mama mich rechtzeitig zudecken oder den Sonnenschirm neu positionieren würde. Die in meinen Ohren verebbenden Rufe anderer Kinder, die um den Pool rannten, während ich einschlief und daran dachte, dass es Kekse geben würde, wenn ich wieder aufwachte.

Ich weiß, wie glücklich ich sein kann, solche Sommer erlebt zu haben. In jungen Jahren in fremde Länder geflogen zu sein, Ausflüge auf lokale Märkte gemacht zu haben, Ruinen besichtigt oder tagelang mit dem Segelschiff an der türkischen Küste entlanggeschippert zu sein. Mit Papa unter dem Sternenhimmel schlafen und Mamas Hand halten, weil sie bereits im Morgengrauen mit grünem Gesicht an Deck saß. Wenn ich an diese wunderbaren Sommerjahre zurückdenke, ist da vor allem eines: dieses Gefühl vollkommener Geborgenheit. Das Wissen, dass sich um mich gekümmert wurde, dass ich mir keine Sorgen machen brauchte. Keine Gedanken. Um nichts. Ich glaube, das ist ein Grund, warum viele Menschen gerne in den All-inclusive-Urlaub fliegen. Sie verdienen ihn sich wortwörtlich, und sie dürfen ihrer Trägheit freien Lauf lassen. Das Wissen, vom Flughafen abgeholt zu werden, statt mit übereifrigen Taxifahrern um den Preis zu verhandeln. In weiße Laken zu fallen, statt die vielen verschiedenen Hotels, Lodges, Hostels oder Airbnb-Apartments im Preis-Leistungs-Verhältnis zu vergleichen. Zu jeder Uhrzeit ein reichliches Buffet mit Köstlichkeiten aus allen Himmelsrichtungen vorzufinden, statt das kleine, unscheinbare Fischlokal zu suchen, das auf TripAdvisor so gelobt wird. Nichtstun, tagelang, und damit nicht alleine sein, und wenn dann doch die Langeweile aufkommt, so viele

Programmangebote vorzufinden, dass man wieder sanft einzudösen droht, statt sich den Tag selbst zusammenzustellen und loszuziehen.

Ich liebe den Gedanken an Luxus, an wunderschöne Chalets, an saubere Pools, an frische Früchte, und dazu einen Cappuccino mit perfekter Milchhaube. Doch gleichzeitig ist es so, dass ich all das gar nicht mehr wirklich gewohnt bin.

Seitdem ich davon lebe, über das individuelle Reisen zu schreiben, stemme ich sehr vieles alleine. Urlaub ist das nie, und das ist auch vollkommen in Ordnung so. Wenn man mindestens ein Drittel des Jahres unterwegs ist und in dieser Zeit Geschichten sammelt, um ein Land aus eigener Sicht zu charakterisieren, kommt man mit einem All-inclusive-Urlaub oder einem abgeschiedenen Luxushotel nicht besonders weit. Wie oft warfen mich Pannen in meiner Reiseplanung vollkommen aus der Bahn, und wie oft ergaben sich daraus eben jene Erlebnisse, die in diesem Buch zu lesen sind? Die mich im Nachhinein zum Lachen, manchmal zum Weinen gebracht haben?

Wenn ich reise, bin ich auf eine gewisse Art und Weise entspannt und gleichzeitig aufgekratzt. Wenn ich mit meinem Reisepass in der Hand zum Gate laufe, ist das wie auf eine Zaubertür zuzugehen, hinter der ein Abenteuer wartet. Immer. Sei es ein Wochenende in Genf oder drei Wochen Backpacking durch Indien. Vollkommen egal, es wartet immer etwas. Und das entspannt mich, ich weiß, ich bin da, wo ich hinmöchte. Gleichzeitig ist mir allerdings vollkommen bewusst, wie viel ich zu tun habe. Recherchieren, davor, währenddessen und nach der Reise. Bilder machen, bearbeiten, auswählen, meine Social-Media-Kanäle damit füttern, kleine Infos und Gedanken dazu finden. Artikel schreiben, besser schreiben, Korrekturlesen, online stellen, noch mal Korrekturlesen, in Form bringen, das sind Stunden voller Arbeit, dazu kommen manchmal auch Videos, an denen ich wochenlang feilen würde, wenn da nicht noch andere Aufträge wären, um die ich mich kümmern muss.

All das, meine Arbeit, die in diesem anderthalb Kilo schweren Laptop steckt, der in fast jede meiner Handtaschen passt, ist der Grund, warum mich der Kümmere-dich-um-rein-gar-nichts-Urlaub auf Ios so umgehauen hat, dass meine Trägheit und gleichzeitige Unausgeglichenheit mich fast um den Verstand brachten.

Urlaub, das ist entweder nie oder immer der Fall, alles eine Frage der Sichtweise, da muss ich nur einen Freund nach seiner Meinung fragen, der mir vor jeder anstrengenden Pressereise einen angenehmen Urlaub wünscht. Doch nichts zu tun, außer auf das Meer, den Pool oder das Essen zu starren, das macht mich fertig. Und so traumhaft Ios ist, viel mehr als Nichtstun gibt es hier einfach nicht zu tun.

Was mir früher reichte, Sonne, Strand und kalter Drink, geht heute nur noch ein paar Stunden gut. Der Gedanke, weit gereist zu sein, um dann nur einen kaum greifbaren Teil der Destination zu sehen, macht mich nervös. Ich bin ein Mensch geworden, der nach einem halben Tag Entspannung lieber auf den Roller steigt und ins Hinterland fährt. Der abgelegene, einheimische Restaurants entdecken will oder in eine Bucht klettert, die vielleicht nur noch für kurze Zeit unentdeckt bleibt.

Mein Kopf und mein Körper harmonierten in dieser Woche im Juli nicht besonders gut, aber dafür weiß ich jetzt, dass All-inclusive für mich wohl nur noch funktioniert, wenn vor der Hoteltür ein Roller bereitsteht. Tagsüber, nachts – der Fluchtweg muss immer frei sein.

WUT
oder
Warum ich an einen
unbekannten Ort reiste.

Benin, September 2015

Als er nach der Kamera griff, presste ich sie noch fester an mich. Ich war fassungslos und es gleichzeitig so müde, meine Situation wieder und wieder zu erklären. Ich redete mir selbst gut zu, ich würde die Kamera nicht loslassen. Ich wusste, dass ich es aussitzen konnte. Wenn er mich nicht gehen lassen wollte, würde ich hier stehen bleiben und keinen Fußbreit nachgeben. Es ging nämlich längst nicht mehr nur um die Kamera. Es ging ums Prinzip.

Ich war zum ersten Mal in Westafrika und in einem der ärmsten Länder der Welt: Benin, der kleine, weiße Fleck zwischen Nigeria und Togo. Bis auf Marokko und die Insel Mauritius hatte ich noch nichts von Afrika gesehen. Die meisten Touristen verschlägt es nach Namibia, um die größten Sanddünen der Welt hinaufzustapfen, nach Südafrika, um vom Tafelberg aus den Blick über Kapstadt schweifen zu lassen, nach Kenia, Tansania und Botswana, um eine Safari zu machen, oder nach Sansibar, um an puderweißen Sandstränden zu liegen.

Ich flog nach Benin, das lediglich für den Voodoo-Glauben bekannt ist, um die Hilfsorganisation EinDollarBrille bei ihrer Arbeit zu begleiten und über meine Erfahrungen zu schreiben.

Durch Deniz, der bei der EinDollarBrille als Länderkoordinator arbeitete, war ich auf die Organisation aufmerksam geworden. Mir gefiel das Konzept, dringend benötigte Dinge nicht zu verschenken, sondern in den jeweiligen Ländern ein nachhaltiges Unternehmen aufzubauen, das irgendwann unabhängig von der deutschen Organisation auf eigenen Beinen stehen kann. Etwas zu verschenken, beispielsweise eine alte Brille, mag einfach sein, doch es ist wichtig, armen Menschen das Gefühl zu geben, sich etwas leisten zu können. Es steigert nicht nur das Selbstbewusstsein des Käufers, sondern auch den Wert des Produkts. Ein wichtiger Faktor in der Entwicklungshilfe, der mir vorher nie klar gewesen war.

Einhundertfünfzig Millionen Menschen weltweit bräuchten eine Brille, haben jedoch keine, und das aus Gründen, die so unterschiedlich wie schwer nachzuvollziehen sind: Manche Menschen leben schlichtweg zu abgelegen, um sich überhaupt einem Sehtest zu unterziehen. Anderen ist nicht klar, dass sie unter einer Sehschwäche leiden, sie akzeptieren sie einfach, weil sie es nicht anders kennen. Und dann gibt es noch solche, die Brillen als Accessoires derjenigen verstehen, die es sich leisten können, überhaupt ein Accessoire zu tragen.

Der Gründer der Organisation ist vor ein paar Jahren auf dieses Problem aufmerksam geworden und erfand nach ausgiebigen Recherchen eine Biegemaschine, die es möglich macht, ein Gestell zu produzieren, das leicht, extrem robust und trotzdem schick ist. Die Gläser werden nach der Fertigung des Rahmens lediglich hineingeklickt. Nicht nur der Herstellungsprozess, sondern auch der Vertrieb wird in den jeweiligen Entwicklungs- und Schwellenländern Einheimischen beigebracht. Hilfe zur Selbsthilfe, da, wo sie dringend notwendig ist. Auf Benin war ich deshalb so neugierig, weil das Projekt hier gerade in den Kinderschuhen steckte. Umso mehr freute ich mich, es unterstützen zu können, indem ich es journalistisch begleitete.

Wir waren ein paar Minuten durch klebrige Schwüle und Nieselregen entlang des Hafens von Cotonou gelaufen und hatten Ausschau nach unserem Fahrer gehalten, der uns hier abholen wollte. Wir, das waren Lars, der ebenfalls bei der Hilfsorganisation arbeitete, und ich. Wir hatten kurz zuvor in einem Hotel gefrühstückt, weil es dort statt Instantkaffee frisch gebrühten Cappuccino und statt labbrigem Toastbrot warme Pancakes gab. Als Vegetarierin hatte ich es in Benin nicht leicht, denn auf dem Land ernährte sich die Bevölkerung vor allem von Fleisch und einem Brei aus der Yamswurzel. In Cotonou gab es ein indisches Restaurant, dessen Preise allerdings meine Reisekasse sprengten (in Entwicklungsländern übrigens oftmals der

Fall: dass Restaurants und Hotels teuer sind), sowie ein paar vegetarische Alternativen wie Reis mit Bohnen und Rührei. Es durfte also, ab und an, auch mal was anderes sein.

Lars fiel bei unserem Spaziergang ein hässliches Betongebäude auf, das in etwa so aussah, als hätte hier ein Architekt versucht, sich auszutoben, wäre dabei allerdings kläglich gescheitert. Lieblos hineingeworfen in die ohnehin schon triste Hafenstadt Cotonou, jedoch mit einem großen Platz drum herum, der frei zugänglich war. Es schien eine Art Stadion zu sein. Weil Lars es sich näher anschauen wollte, gingen wir zur Pforte und grüßten die Soldaten, die dort saßen und sich unterhielten. Sie lächelten uns an und hinderten uns nicht daran, hineinzugehen, also betraten wir das Gelände. Lars zückte seine Kamera und fing an zu fotografieren. Der Grund dafür war mir schleierhaft, ich glaube, er hielt einfach gerne fest, was ihm über den Weg lief und er interessant fand. Typische Urlaubsfotos, auch von anderen Destinationen, gab es auf seiner Kamera nicht zu sehen, dafür Bilder von zwischenmenschlichen Begegnungen, Missständen und Kleinigkeiten, die Großes erzählten. Ich mochte seine Aufnahmen sehr.

Ich drehte mich zu den Sicherheitsleuten um, irgendwie fühlte ich mich seltsam fehl am Platz, und zuckte zusammen, weil einer von ihnen auf uns zukam.

»Steck das Ding weg«, sagte ich, doch der Mann hatte bereits gesehen, dass Lars Fotos machte. Nach dem üblichen Smalltalk forderte er uns auf, die Kamera an ihn zu übergeben. Sprachbarriere, dachte ich, wir hatten uns sicherlich verhört, und was der unfreundliche Mann wirklich meinte, war, dass wir die Fotos löschen sollten. Wir entschuldigten uns und boten an, sie vor seinen Augen in den Papierkorb zu schieben. Der Soldat verzog keine Miene. Jedes Mal, wenn Lars oder ich etwas sagten, schüttelte er lediglich den Kopf, als gäbe es keine andere Option, als die Kamera an ihn zu übergeben.

Lars und ich tauschten Blicke und waren uns einig, dass wir hier in eine Falle getappt waren. Wir mussten einfach etwas energischer diskutieren, verarschen lassen würden wir uns nicht.

Je mehr Lars sich in Rage redete, desto besser wurde sein Französisch, also übernahm er das Sprechen und versuchte, den Mann verbal in die Ecke zu drängen, ihn davon zu überzeugen, dass seine Forderung schlichtweg absurd war. Immer wieder hielt ich das Display in die Höhe und zeigte dem Mann, dass das Bild längst gelöscht war, doch sein Blick ging dabei in die Ferne, vorbei an mir und meinen hilflosen Gesten, als würde ich gar nicht existieren. Und das empfand ich als so respektlos, dass ich richtig wütend wurde. Auch Lars verlor die Geduld.

»Also schön, wir gehen!« Doch als wir das Gelände verlassen wollten, kam nicht nur von unserer Seite Bewegung ins Spiel. Der Mann rief Verstärkung und versperrte uns den Weg.

Die mittlerweile vier Soldaten, einer von ihnen auf einem Roller, die anderen beiden mit Schinkentoast in den Händen, diskutierten in Fon, der Landessprache, Lars und ich auf Deutsch und alle gemeinsam weiter auf Französisch. Wir hatten relativ schnell begriffen, dass es hier nicht darum ging, uns zu maßregeln, sondern sich die teure Spiegelreflexkamera unter den Nagel zu reißen, indem immer wieder darauf hingewiesen wurde: »Das Gesetz macht die Regeln, und wir können nichts anderes tun, als uns daran zu halten.«

Die Argumentation war hirnrissig, und die Fronten verhärteten sich. Immer wieder brachen Lars und ich aus dem Diskussionskreis aus, liefen zum Ausgang, und immer wieder stellten sie sich uns in den Weg. Als einer von ihnen nach dem Band der Kamera griff, nahm ich sie an mich. Wer so dreckig spielen konnte, wer uns mit Absicht hier hatte reinlaufen lassen, um im Nachhinein daraus Profit zu schlagen, der sollte erst mal einer Frau die Kamera entreißen. Hier ging es nicht um einen Raubüberfall in einer dunklen Gasse, hier ging es schlichtweg um Betrug, der so wahnwitzig auf das Gesetz des Landes geschoben wurde, dass ich zwischendurch gerne in Lachen ausgebrochen wäre, hätte ich nicht langsam Angst bekommen.

Ein paar Meter weiter blieben Leute stehen, blickten zu uns herüber und diskutierten. Ich rief ihnen zu, dass sie uns bitte helfen sollten, doch niemand wagte sich näher heran. Lars und ich mussten da alleine durch. Glücklicherweise waren wir einer Meinung: Die Kamera abzugeben aufgrund zweier mittlerweile gelöschter Bilder, war nicht nur kein fairer Tausch, es war Erpressung. Und bei dem Stichwort kam uns eine Idee.

Wir hatten den direkten Kontakt zum Deutschen Botschafter, weil wir für den nächsten Tag einen Termin mit ihm vereinbart hatten. Lars erklärte den Soldaten, die uns einkreisten und zumindest mir das Gefühl gaben, ein Schwerverbrecher zu sein, dass wir dort nun anrufen und die Situation schildern würden. Dass wir gegen unseren Willen festgehalten wurden, dass keine Straftat vorlag, weil sie uns nicht daran gehindert hatten, das Gelände zu betreten, dass kein Schild weit und breit darauf verwies, keine Fotos machen zu dürfen. Als er zu Ende gesprochen hatte, wurde es für einen Moment ganz still. Ich hatte es kaum für möglich gehalten, doch plötzlich kam Bewegung in die regungslosen Mienen. Angst kroch hinter ihren Augen hervor, die zuckenden Muskeln verrieten, dass die Truppe nicht mehr ganz so überzeugt war von ihrer dubiosen Idee. Vielleicht dachten sie gerade zum ersten Mal über mögliche Konsequenzen ihres Handelns nach. Derjenige von ihnen, der das Band der Kamera immer noch mit seiner Hand umklammerte, ließ es los. Sie baten uns, keinen Anruf zu machen, und als Lars nicht sofort reagierte, ging die Bitte in Flehen über. *Es sei doch alles nur ein Missverständnis gewesen.*

»Ja, klar«, sagte ich zu Lars, »und die Sprachbarriere tut ihr Übriges dazu, oder wie?«

Lars rief den Botschafter nicht an. Die Männer streckten ihm die Hände entgegen, und er schüttelte sie, da hatte ich mich bereits umgedreht und war zur Straße zurückgegangen.

Cotonou war wild. Kein Vergleich zu Neu-Delhi, Mumbai oder Medellín. Jedes Mal, wenn ich ins Auto stieg, klebte ich am Fenster und sah eine Stadt vorüberziehen, deren Häuser und Distrikte zusammengewürfelt schienen, als wären sie ineinandergewachsen, bis irgendwann diese Hafenstadt herauskam. Verrostete Autos am Straßenrand, aus denen Palmen wuchsen. Bretterbuden. Kaum geteerte Straßen, keine Straßenschilder. Ein zähfließender Verkehr, der keine Regeln kannte, außer der, dass jeder in die gleiche Richtung musste. Müll, überall Müll, der Boden war übersät von Plastik.

»Wir müssen kurz tanken«, sagte Kwasi einmal, ein Übersetzer, der die Organisation bei wichtigen Verhandlungen unterstützte, wenn das aufpolierte Schulfranzösisch nicht mehr reichte. Also fuhren wir rechts ran und hielten an einem Holztisch, auf dem alte Rumflaschen und riesige Glasgefäße standen, die mit einer braunen Flüssigkeit gefüllt waren. »So tankt man hier?«, fragte ich und zwinkerte ihm dabei zu, weil ich nicht wollte, dass er mir die Frage übelnahm, aber Kwasi nickte nur, als von dem Verkäufer der Trichter angesetzt wurde.

Vier Tage war ich in Cotonou, der Hafenstadt mit einem Strand, der in der Theorie Potenzial gehabt hätte, hätte nicht in der Praxis ein kaputtes Flugzeug mittendrin gestanden und hätten die Menschen nicht alle paar Meter ihr Geschäft im Sand verrichtet. Doch trotz der Armut, des Drecks, der namenlosen Schotterpisten und dem Wissen, dass ich mich in einem Herd aller möglicher Krankheiten befand, fühlte ich mich seltsam sicher und ruhig. Nicht unbedingt wohl, aber das musste ich auch nicht. Ich war nicht gekommen, um Urlaub zu machen und dafür war das Land auch das ungeeignetste, in dem ich bisher gewesen war.

Doch von den Menschen ging ein ganz besonderer Vibe aus. Sie waren freundlich, fast schon distanziert und sehr höflich. Ich fand es spannend, in einem Land zu sein, das kein Urlaubsziel war, ein Land, das kaum jemand besuchte, es sei denn, er ging dort einer Aufgabe nach.

Aus Neugierde wurde Dankbarkeit dafür, trotz der vielen überwältigenden Erfahrungen, hier sein zu können, und so viel zu lernen, wie es mir kein Schulbuch der Welt hätte näherbringen können.

Später am Nachmittag holte uns Kwasi am Hotel ab. Er hatte einen starken Akzent, sprach aber relativ gut Deutsch, weswegen ich mich oft mit ihm unterhielt und dadurch einiges über das Land erfuhr. Er erzählte mir vollkommen selbstverständlich, dass einige seiner Geschwister nur Halbgeschwister waren, weil der Vater nicht nur eine Frau, sondern auch eine Freundin hatte. Meine Frage, ob die beiden Frauen voneinander wüssten, bejahte er und lachte dabei. Meine Frage, ob auch Frauen mehrere Männer haben dürften, verneinte er und lachte dabei. Ich hatte zwar im Vorfeld mit diesen Antworten gerechnet, doch es ging mir um seine Reaktionen, um seine Vorstellung von fair und unfair, von gewohnt und ungewohnt.

»Alles ganz normal hier«, fügte er hinzu.

Kwasi drückte uns zwei Karten für das Länderspiel Benin gegen Mali in die Hand. Bereits seit Stunden hörte ich die Trommeln und Tröten, die vom Stadion in mein Hotelzimmer drangen. Es war Länderspieltag und ganz Cotonou stand kopf – denn eigentlich herrschte Fußballverbot. Die Regierung wartete auf Gelder seitens des Fußballbundes, und weil sie die nicht bekam, durfte vorerst nicht gespielt werden. Für eine fußballverrückte Nation wie Benin nur schwer zu ertragen. Die Regelung galt allerdings nicht für Länderspiele, und deswegen machte sich an diesem Tag die ganze Stadt auf den Weg zum Stadion – Lars, Kwasi und ich mittendrin.

Als ich das dünne Papier, das mein Ticket war, entgegennahm, sprach Kwasi aus, was ich dachte: Viele Karten kamen vom Schwarzmarkt. Und welche wirklich offiziell waren, konnte keiner mehr sagen.

Wir gingen die Stufen zum Stadion hinauf, als an einem der Eingänge plötzlich die Türen geschlossen wurden. Menschen fuchtelten mit ihren Zetteln in den Händen herum, klopften gegen die Tore und fingen an, sich mit der Polizei zu streiten, die die Eingänge bewachte. Die Atmosphäre war hitzig und aufgeladen, die Schwüle in der Luft legte sich wie ein drückender Schleier darüber.

Etwas stimmte hier nicht. Auf Menschenmassen konnte ich gut verzichten, noch dazu, wenn die Leute so aufgebracht waren. Kwasi erklärte, dass viel zu viele Eintrittskarten abseits des offiziellen Verkaufs gedruckt wurden. Er vermutete sogar, dass der Fußballbund direkt dahintersteckte, um sich die zusätzlichen Einnahmen in die eigene Tasche zu stecken. Durch einen weiteren Eingang, der unter tosendem Lärm nun ebenfalls verriegelt wurde, konnten wir gerade noch hineinspähen. Die Ränge im Stadion waren nicht einmal zur Hälfte gefüllt. Warum die Türen trotzdem geschlossen wurden, ließ sich nur vermuten. Ich glaube, die Polizei war mit dem Ansturm restlos überfordert und beschloss deswegen, die drängelnden Menschen nicht hineinzulassen. Dass jeder Einzelne, der draußen stand, ein Ticket in der Hand hielt, interessierte hier niemanden. Umgerechnet zwei Euro kostete es, was dem Tagesmindestlohn in Benin entsprach. Wohl nicht im Preis enthalten war die Zusicherung, das Spiel auch wirklich sehen zu dürfen. Eine Eintrittskarte, die nichts versprach.

Mittlerweile waren wir eingezwängt in einer zähen Masse aus Menschen, die sich wie ein Schwamm zusammenzog und wieder ausdehnte. Ich bekam Angst und dachte an die Bilder der Love Parade vor einigen Jahren. Wir mussten raus hier, das war es nicht wert.

Dann, ohne Vorwarnung, sprühten zwei Polizisten mit gespielter Notwendigkeit den diskutierenden Menschen an der Tür Tränengas direkt in die Augen. Ich hörte Schreie, und die verletzten Männer in der ersten Reihe drängten sich durch die Menge nach hinten. Ich drehte mich ebenfalls um und schaffte es rechtzeitig aus der Menschentraube heraus, mein Herz klopfte bis zum Anschlag.

»Das ist nicht Benin«, sagte eine Frau, die an mir vorbeiging, und schüttelte den Kopf. Eine Weile blieben wir etwas abseits stehen und beobachteten, wie sich die Ansammlung vor der Tür langsam auflöste.

Als ein Polizist Lars und mich entdeckte, wurde uns angeboten, das Stadion betreten zu dürfen. Vielleicht, weil er sich gegenüber Touristen gut präsentieren und ihnen das Spiel nicht verwehren wollte. Kwasi meinte, er halte uns aufgrund unserer Kameras für ausländische Presse. Ich schluckte, während der Übersetzer seine große Chance witterte. Doch alles, was ich in diesem Moment wahrnahm, waren traurige Gesichter um mich herum. Alte Männer und kleine Kinder in Fußballtrikots, Verkäuferinnen, die ihre Babys auf dem Rücken trugen und mit ihren Körben vor dem verschlossenen Stadion standen, sie alle blickten uns an. Und ich sollte nun an ihnen vorbeimarschieren, um meine Rolle als privilegierte Weiße zu untermauern? Ich konnte das nicht. Und wollte es auch nicht. Ich lehnte ab und konnte Lars davon überzeugen, dass es die richtige Entscheidung war.

Zu beobachten, wie die Menschen an jedem Eingang sich immer wieder auf Diskussionen einließen oder sich an die Holztüren pressten, um durch die Schlitze lugen zu können, fand ich unerträglich. Ich hielt die Gefühle in Fotos fest und später auch in Worten, weil es eine der vielen Situationen war, die mir etwas verdeutlichten, was sich in den kommenden zehn Tagen immer wieder bestätigen sollte: Jeder, der in Benin ansatzweise etwas zu sagen hatte, jeder, dem sich die Möglichkeit bot, auch nur den kleinsten Profit für sich herauszuschlagen, der nutzte es aus und griff zu. Zurück blieb eine bettelarme Bevölkerung. Diejenigen, denen selbst ein kleiner Wunsch wie ein Fußballspiel am Sonntagnachmittag verwehrt wurde. Das Korruptionsproblem eines ganzen Kontinents war selbst in einem kleinen Land wie Benin tagtäglich spürbar, und das machte meinen Aufenthalt von außen betrachtet vielleicht interessant und andersartig, es erschöpfte aber mindestens genauso sehr.

Wir liefen einmal um das Stadion herum, redeten, schwiegen, schüttelten die Köpfe. Doch bevor ich vollends in meinen desillusionierten Gedanken versinken konnte, wurden wir von einem bulligen Mann angesprochen, der mit anderen in einer großen Gruppe zusammenstand und uns zu sich winkte. Schnell wurden die klassischen W-Fragen abgeklappert. *Wo kommt ihr her, wie heißt ihr, wie gefällt es euch hier?* Die Stimmung der Männer war locker und herzlich, nach jedem Satz wurde erst mal lautstark gelacht und sich gegenseitig anerkennend auf die Schultern geklopft.

Der Mann stellte sich als Viktor vor und sagte uns schließlich – und das war der Moment, der mich wirklich umhaute –, dass er uns danken wolle, weil Deutschland sich so gut um die ankommenden Flüchtlinge kümmere.

Da schlüpfte eine angenehme Stille zwischen die vorher so lautstarken Männer. Ihre Gesichter spiegelten Ernsthaftigkeit wider, man biss sich auf die Lippen, blickte zu Boden. Es war, als hätte jemand für einen Moment die Zeit angehalten. Damit jeder das Bild betrachten konnte, damit jeder begreifen konnte, was hier passierte, zwischen zwei Deutschen und rund zwanzig Beninern. Etwas, das sich Menschlichkeit nannte und sich auch so anfühlte.

Als der Moment vorbei war, fügte Viktor hinzu, dass er beobachtet hatte, wie Bekannte, die nach Frankreich oder Holland geflohen waren, kurze Zeit später mit dem Flugzeug zurückgebracht wurden. Nicht jedoch diejenigen, die nach Deutschland aufgebrochen waren. Er schüttelte uns die Hände, und wir standen noch eine Weile einfach nur so da.

Alles verschwamm. Ich hatte noch nie gut mit Emotionen in der Öffentlichkeit umgehen können. Und dann wiederum, wer konnte das schon?

Letztlich war ich froh, dass ich nicht ins Stadion gegangen war. Auch, weil wir im Nachhinein erfuhren, dass zwei Menschen über die Balustraden der Ränge gestürzt und später im Krankenhaus verstorben waren.

Was in neunzig Minuten abseits von einem Ball und zweiundzwanzig Spielern passieren konnte, davon erzählte Benin seine ganz eigene Geschichte.

Ein paar Abende später saß ich mit Kwasi am Tisch in einem kleinen Ort namens Tchetti an der Grenze zu Togo. Wir waren bereits seit ein paar Tagen mit einem Team von sieben Leuten unterwegs, um zu testen, wie wir Menschen in abgelegenen Gebieten erreichen konnten. Wir unterhielten uns mit Bürgermeistern, schalteten Radiobeiträge, fragten Patienten, die zum Sehtest kamen, wie sie von uns gehört hatten und werteten schließlich alle Ergebnisse aus. Je mehr wir erfuhren, desto klarer wurde, dass Kommunikation und Werbung hier nicht einfach waren, die große Herausforderung jedoch einen ganz anderen Namen trug: Vertrauen. Zu viele Hilfsorganisationen kamen in abgelegene Gebiete, machten Werbung, verabschiedeten sich für den Tag und kamen nie wieder. Wir mussten uns also nicht nur das Vertrauen der Beniner erarbeiten, wir mussten die Fehler anderer mittragen und letztendlich beweisen, dass wir es besser machen wollten.

Immer wieder stießen wir bei der täglichen Arbeit an unsere Grenzen, redeten, überzeugten, lachten und weinten, Letzteres zumindest ich. Die Energie, die Tag für Tag von uns allen in dieses Projekt gepumpt wurde, war so unermesslich, dass ich manchmal nicht wusste, woher wir sie jeden Morgen nahmen.

Seit meiner Ankunft lief mein Körper auf Sparflamme – aufgrund der tropischen Feuchtigkeit, des Endes der Regenzeit, der Tage, an denen ich kaum etwas Vegetarisches zu essen fand und mich mit Coca Cola wach hielt. Der Tage, an denen ich stundenlang Gesprächen zuhörte in Sprachen, die ich nicht verstand, über Französisch hin zu Fon, bis zu den einzelnen Dialekten verschiedener Bezirke. Der Tage, an denen jeder Mensch mit seiner Geschichte an uns herantrat und gehört werden wollte. Diese Tage waren faszinierend, aber sie laugten mich aus. Da war so viel mehr, so viel herzzerreißend Wichtigeres, das es abseits der eigentlichen Tagesstruktur zu tun gab.

Kwasi war ein großer Fan von Deutschland und erzählte mir von seinem Aufenthalt in München vor ein paar Monaten (»FC Bayern München, FC Bayern München!!!«), vor allem jedoch davon, wie schwer es für ihn gewesen war, Anschluss zu finden. Ich hakte nach, weil ich wissen wollte, warum er das so empfunden hatte. Er zuckte die Achseln und erinnerte sich nach einer Weile an eine Unterhaltung mit einem Mädchen, das ihm an der Uni mit allem weitergeholfen hatte, was ihm Probleme machte. Er hatte sich bei ihr über ein schwules Paar aufgeregt, das ihm morgens entgegengekommen war und ihr daraufhin seine Weltanschauung bezüglich Homosexualität dargelegt.

»Sie ist aufgestanden und gegangen«, sagte er und machte dabei einen so verständnislosen Eindruck, als hätte er ihr ein Drei-Gänge-Menü gekocht, das ihr einfach nicht geschmeckt hatte. Ich ließ mir meine ehrliche Reaktion nicht anmerken und entschied mich stattdessen dafür, mich mit ihm auseinanderzusetzen: »Kwasi, warum hast du ein Problem damit, wenn ein Mann mit einem anderen Mann zusammen ist?«

Kwasi, der klein, höflich und unscheinbar war, schüttelte erst den Kopf und dann seinen ganzen Körper, als müsste er ein ekliges Tier loswerden, das an ihm klebte, als bestünde die Gefahr, selbst schwul zu werden, wenn er nur darüber nachdachte.

»Es ist falsch, das steht schon in der Bibel. Homosexuelle gehören ins Krankenhaus, damit sie wieder gesund werden können. Und ich sage dir eins: Wenn ich ein Restaurant betrete, und da sitzen Schwule oder Lesben oder so, dann gehe ich sofort wieder raus.«

Was ich hörte, war nichts Überraschendes. Aber einen Menschen vor sich sitzen zu haben, der seine absurde Vorstellung von Menschenrechten so überzeugt vortrug, haute mich komplett um. Es war überhaupt das erste Mal, dass ich mich wissentlich mit jemandem unterhielt, der homophob war.

Lars schaltete sich in die Konversation ein und fing an, Kwasi Schritt für Schritt zu erklären, dass die Überzeugung, die er so tief in sich trug, nicht in Ordnung war. Vor allem nicht, wenn er weiterhin vorhatte, in Deutschland zu studieren.

»Denk mal zurück an die Zeit der Sklaverei«, sagte er. »Da wurden deine eigenen Vorfahren an den Rand der Gesellschaft gedrängt, sie wurden misshandelt und ihre Rechte mit Füßen getreten. Warum?« Er hielt inne, aber Kwasi schwieg und ließ den Kopf hängen. Der Gedanke an die Sklaverei setzte ihm zu, fast so, als hätte er sein Wissen darüber verdrängt und als hätte Lars es nicht nur ausgegraben, sondern nun vor ihn auf dem Tisch ausgebreitet.

»Weil man überzeugt war, dass sie minderwertig seien und dass sie nicht die gleichen Rechte verdienten wie Weiße. Was sagst du: Siehst du hier eine Parallele zu deiner Einstellung gegenüber Homosexuellen?«

Kwasi schluckte und schwieg eine ganze Weile. Lars fügte hinzu: »Wenn du noch mal nach Deutschland kommst, dann empfehle ich dir, über dieses Thema zu schweigen, sofern du Anschluss suchst. Du solltest allerdings versuchen, deine Denkweise zu ändern.«

Kwasi war vollkommen in sich zusammengesackt. Er überlegte, vielleicht hinterfragte er zum ersten Mal in seinem Leben seine eigene Haltung. Am Ende erklärte er uns, dass er verstand, worauf wir hinauswollten, er jedoch nicht von seiner Meinung abrücken könne.

»Zumindest jetzt noch nicht«, schob er nach.

Ich habe lange gezögert, meine Erfahrungen in Benin so ehrlich aufzuschreiben. Im Hinblick auf die schon damals und auch heute noch aktuelle Flüchtlingspolitik wollte ich kein Feuer schüren, das sowieso schon loderte. Ich wollte allerdings noch weniger meine teilweise negativen Erfahrungen unter den Teppich kehren. Diese drei Erlebnisse, die mich allesamt auf so unterschiedliche Weise wütend gemacht haben.

Mit dem Vermischen verschiedener Kulturen und Glaubensrichtungen können immer Probleme entstehen. Benin im Speziellen zeigte mir, wie verstörend Einblicke in Ungewohntes sein konnten. Doch dann, zurück in Deutschland, wurde mir eine Sache klar: Was ich in Benin erlebt hatte, habe ich bereits überall auf der Welt erlebt.

Auch in Deutschland: Täglich werden Minderheiten ausgegrenzt und unterdrückt, Macht wird für eigene Ziele missbraucht, Homophobie und Rassismus genutzt, um den eigenen, mickrigen Selbstwert aufzupolieren. Man muss nicht nach Westafrika fliegen, um das zu erfahren, man kann genau dort bleiben, wo man gerade ist.

Fehlende Menschlichkeit und schneidende Ungerechtigkeit sind Zustände, die mich besonders wütend machen. Aber nur, weil ich sie hier in Benin erfahren habe, heißt das nicht, dass es sie nirgendwo anders genauso gibt. Das Problem ist eher, dass zu viele im gewohnten Umfeld lieber wegschauen und dann mit dem Finger auf andere zeigen, weil es so einfach ist, auf das Fremde zu zeigen. Doch in Wirklichkeit ist es so: In jeder Herde gibt es jemanden, der nicht mitspielt. Der anderen das Leben schwer macht. Und diese Menschen gibt es überall.

Wir teilen den Planeten in verschiedene Welten auf, und das schon so lange, dass wir längst vergessen haben, dass wir alle doch eigentlich in derselben leben. Dass wir eins sind und, wenn wir das wirklich wollen, auch sein können.

Am Ende des Tages war es in Benin für mich so: Nichts hat mir öfter das Herz gebrochen, als die Kinder, die im Dreck saßen, barfuß und mit nicht mehr am Körper als Kleiderfetzen. Die mit kaputten Autoreifen spielten. Deren Blicke mich fragten: Warum hast du es besser als ich?

Noch wütender macht mich aber das Bild des *Afrikaners*, das viele Deutsche haben, die sich nicht die Mühe machen, es zumindest einmal zu hinterfragen.

Die sind ja so süß, die Negerkinder mit den Afros, darf man da mal reinfassen? Unglaublich, dieses Haar. Aber, nun ja, die sollen schön da unten bleiben, bloß nicht zu uns kommen, deswegen schicken wir da jetzt mal Geld hin.

Wie es den Eltern dieser Kinder geht, interessiert kaum jemanden. Und ob das Kind in fünfzehn Jahren auf dem Weg in seine Zukunft im Mittelmeer ertrinkt, tangiert ebenfalls viel zu wenige. Und das, das ist mindestens genauso ungerecht und falsch wie meine drei Erlebnisse in Benin. Für diese Erkenntnis hätte ich nicht mal das Land verlassen müssen.

Als Denise, ein vielleicht vierjähriges Mädchen, auf meinen Schoß kletterte und ihre Pommes mit mir teilte, als wir uns ins Auto setzten, ich *brumm brumm* sagte, sie das aufgriff, mich anstrahlte und nachahmte, mit ihren kleinen Händen das Lenkrad umfassend, krallten sich diese Minuten mit ihr so tief in mich hinein, dass es wehtat. Und als Lars, Deniz, ich und der Rest des Teams ein paar Minuten später wirklich losfuhren, ich ihr zuwinkte und sie, auf dem Arm ihrer Mutter, bitterlich weinte, wusste ich, dass wir es einfach schaffen mussten, diejenigen, die nach Deutschland kommen wollten, willkommen zu heißen, aufzunehmen und daran zu arbeiten, dass das Zusammenleben funktionieren würde.

Die Welt ist zu klein, um sich gegenseitig auszugrenzen.

Die EinDollarBrille bei der Arbeit zu begleiten, hat mich an trüben Tagen immer wieder aus meiner eigenen Hilflosigkeit herausgezogen. Aus der Spirale von Gedanken, den ewigen Fragen – was ist gut, was ist schlecht? Was kann ich tun, was muss ich tun? Fragen, die mich aufrüttelten und die mich noch so lange begleiteten, bis ich schließlich in Malawi ein paar Antworten fand.

Kinder, Hausfrauen, Verkäufer oder alte Menschen mit einer Brille versorgen, die es ihnen ermöglicht, zum allerersten Mal ihre Umwelt scharf sehen zu können. Mit Kindern Seifenblasen pusten. Fotos schießen und sich beim Blick auf das Display die Bäuche halten vor Lachen. Denise zu beobachten, wie sie auf Deniz' Schultern saß und dann, als sie müde wurde, einfach den Kopf auf seinem ablegte. Der alte Mann, ein selbst ernannter König, der uns in sein Haus einlud und erzählte, dass er so viele Enkelkinder habe, dass er sie gar nicht zählen könne. Der Besuch im Python-Tempel in Ouida, wo mir eine der Schlangen in die Hände gelegt wurde. Der Stolz der Mitarbeiter des Tempels, die dieses im Voodoo-Glauben als heilig angesehenes Tier verehren. Die Fußballspiele von Kindern und Jugendlichen in der Abendsonne. Die großen Kleinigkeiten an jedem einzelnen Tag breiteten sich letztlich wie ein irrsinnig gutes Glücksgefühl in mir aus. Eins, das stärker war.

GRENZEN

oder

Warum man bei Angstzuständen einen Käsekuchen zur Hand haben sollte.

Zehntausend Meter über Oman, Dezember 2015

Ich hatte ein geschmackloses Curry. Und ich stellte erneut fest, dass Vegetarier auf Flügen zwar als Erste ihr Essen bekamen, was oftmals mit neidischen Blicken hungriger Sitznachbarn gestraft wurde, aber auch, dass man nie, nie, verdammt noch mal nie den gleichen Nachtisch bekam wie alle anderen. Immer gab es Obst für diejenigen, die kein Fleisch aßen. Nie gab es Muffin oder Käsekuchen. Und auch wenn ich mir ziemlich sicher war, dass beide keine Geschmacksexplosionen offenbarten, überkam mich in diesen Situationen immer der Futterneid. Her mit dem Käsekuchen.

Ich schob mein halb aufgegessenes Abendessen weg und drückte wieder auf Play. *The Great Gatsby*, für mehr Glamour in der Holzklasse. Bei Minute vierzehn spürte ich einen Ruck und dann rebellierten meine Ohren.

»Ich glaube, wir haben gerade an Höhe verloren«, sagte ich. »Das macht keinen Sinn, oder? Wir sind seit einer halben Stunde in der Luft.«

Deniz nickte, was mein Herz zum Rasen brachte. Grundsätzlich hatte ich ja ziemlich gerne Recht, aber in diesem Fall wünschte ich mir, dass er kurz schmunzeln, mir über den Kopf streichen und sagen würde, dass es sich nur um eine kleine Turbulenz handelte. Ich krallte meine Finger in die Armlehnen und fing an, tief und bewusst in den Bauch zu atmen.

In einem Flugzeug saß ich das erste Mal mit knapp zwei Jahren, im Juni 1989 von Frankfurt nach Gran Canaria. Danach folgten unzählige Flüge mit meinen Eltern und irgendwann mit Freunden oder alleine. Wann genau sich meine latente Flugangst entwickelt hat, kann ich nicht sagen. Bei sehr späten oder sehr frühen Flügen schlafe ich in der Regel ein, aber vor allem, wenn es Turbulenzen gibt, wenn ich irgendwo ein Klappern höre, wird mir aufs Stichwort so schlecht wie im dreifachen Looping auf der Achterbahn, dann ist es vorbei mit der Ruhe, und ab da fällt es mir irrsinnig schwer, mich wieder zu entspannen. Obwohl ich weiß, dass es wahrscheinlicher ist, in einen Autounfall verwickelt zu werden, als bei einem Flugzeugabsturz zu sterben, ist mir das Fliegen auch nach all der Zeit noch nicht ganz geheuer. Ich steige jedes Mal ein, und ich habe jedes Mal keine Ahnung, was da eigentlich passiert. Solange alles nach Plan verläuft, bin ich ein professioneller, gutgelaunter Passagier, doch kaum verändert sich etwas, bin ich in der Lage, nicht nur meinen Sitznachbarn in die Verzweiflung zu stürzen.

Heute bin ich übrigens der festen Überzeugung, dass mir diese Angst durch einen Besuch im Cockpit genommen werden könnte, aber das ist ja, wenn überhaupt, nur den Kleinsten vorbehalten. Ich erinnere mich an einen Flug von Brüssel nach Berlin, als ein kleiner Junge als Flugkapitän verkleidet war. Nicht nur hat die ganze Besatzung laut applaudiert, als er an Bord ging (was ich ein bisschen albern fand), nein, er durfte natürlich auch ins Cockpit. Ich fragte mich, ob die Mutter das immer machte. Und ob es dieses Kostüm auch in meiner Größe gab.

»Wir drehen um.« Dieser Satz fühlte sich für mich so an, als wären wir bereits abgestürzt. Ich fühlte mich ohnmächtig. Mein Blick klebte an dem Display vor mir, das die Flugkarte zeigte. Das war kein kleiner Umweg und auch kein kleiner Schlenker. Das Flugzeug kehrte um, und mein Magen drehte sich dabei gleich mit.

In den nächsten Minuten passierte Folgendes: Zum einen geriet ich in Panik, was die Sache nicht verbesserte. Dabei ließ ich den Bildschirm vor mir nicht aus den Augen. Die Maschine befand sich im Luftraum über dem Oman. Kurz vor dem Arabischen Meer hatte sie eine Drehung um einhundertachtzig Grad gemacht, und jetzt flog sie zurück. Unterdessen hatte Deniz meine Hand genommen und hielt sie nun so fest, dass ich mir nicht sicher war, ob der Schweiß, der sich zwischen unseren Handflächen bildete, aus meiner Angst heraus entstand oder meinem sehr festen Händedruck. Ich wagte einen Blick in den Gang und musste feststellen, dass die vorher so gut gelaunten Flugbegleiterinnen das Essen, das sie eben verteilt hatten, hektisch wieder einsammelten, noch bevor manche Gäste überhaupt die appetitliche Plastikverpackung hatten abnehmen können. Die Wagen wurden zurück in die Küche gefahren, zu schnell, sie stießen immer wieder gegen die Sitze. Käsekuchen überall.

Ein seltsames Bild. Flugbegleiterinnen waren normalerweise nie aus der Ruhe zu bringen und die rot geschminkten Münder mit dem perfekten Lächeln saßen meist noch bei den unangenehmsten Turbulenzen.

»Wieso sagt denn keiner was? Warum gibt es keine Infos?«, fragte ich, doch Deniz zuckte mit den Achseln. Ein paar verdammt quälende Sekunden später und mitten in einem mittlerweile sehr spürbaren Sinkflug, knackte die Durchsage.

»Meine Damen und Herren, wie Sie vielleicht bereits festgestellt haben, befinden wir uns in einem Sinkflug. Aufgrund technischer Schwierigkeiten müssen wir eine Notlandung in Maskat machen. Zu Ihrer eigenen Sicherheit bitten wir Sie, ruhig zu bleiben und sich anzuschnallen. Wir werden in zehn Minuten landen.« Knack, das war alles.

»Zehn Minuten?«

»Das ist halb so wild«, sagte Deniz. »Der Sinkflug ist kontrolliert, das ist ein gutes Zeichen. Mach einfach den Druckausgleich.«

Das tat ich dann auch. Druckausgleich, atmen, Druckausgleich, atmen. Eine Stewardess setzte sich vor uns auf den
Notsitz. Auf der anderen Seite des Ganges nahm ein in Zivil
gekleideter Mann Platz. Der Sky Marshall. Ein Flugsicher-
heitsbegleiter, der oftmals an Bord war, um eine Flugzeugent-
führung zu verhindern, saß nun direkt vor mir. Ich fixierte ihn.
Er wirkte entspannt. Ich übte mich darin, seinem Gesichtsaus-
druck zu vertrauen. Und den beiden Männern im Cockpit. Die
Sache war die, dass ich keine andere Wahl hatte.

Deniz tippte mich an und deutete auf die virtuelle Karte.
Das Flugzeug machte gerade einen Bogen über das Meer.

»Wir lassen jetzt Treibstoff ab. Das ist normal bei einer
Notlandung nach dem Start, das Flugzeug ist noch viel zu
schwer, um gleich wieder zu landen. Es wurde nun so viel ab-
gelassen, damit wir sicher runtergehen können. Alles okay?«
Ich nickte.

Fünf Minuten später setzte die Maschine in Oman auf. Alles war gut gegangen, aber jeder Muskel in meinem Körper
zuckte. Nachdem das Flugzeug von mehreren Feuerwehrautos
zu seinem Platz eskortiert worden war, stiegen wir sofort über
zwei Treppen aus.

»Schade, gar keine Notrutsche.«

»Halt die Klappe.«

Die Bustüren schlossen sich, und wir fuhren zum Flughafen,
wo jedem Passagier eine Transitkarte in die Hand gedrückt
wurde. Erst jetzt fiel mir auf, dass an Bord rund zwanzig indische Kinder waren, eine Schulklasse mit Lehrer. Ich schluckte,

und mein Blick verlor sich in den bunt gekleideten Schülern, die Hand in Hand vor mir hergingen, in den Haarspangen der Mädchen und in den kleinen Rucksäcken der Jungs.

Wir wurden durch den kompletten Transitbereich geführt, ein Beamter des Bodenpersonals ging voraus und brachte uns schließlich in einen Raum, in dem es nichts gab außer Stühle. Weil ich in diesem Stadium zwischen Adrenalinrausch und Erschöpfung nichts mit mir anzufangen wusste, setzte ich mich einfach nur und beobachtete meine Mitreisenden. Bei diesem Flug von Abu Dhabi nach Kochi war nur eine Handvoll Europäer und Amerikaner an Bord. Das waren auch diejenigen, die viel redeten, die debattierten, was denn nun letztendlich der Grund für die Notlandung gewesen sein könnte, warum es keine Infos gab und, vor allem, wie es nun weitergehen würde. Der Rest der Passagiere schwieg. Viele schlossen die Augen und lehnten sich auf den unbequemen Stühlen zurück, zogen Snacks aus den Taschen oder tippten auf ihren Handys.

»Wir waren noch nicht über dem Wasser«, sagte ich, als mich die Erkenntnis traf, doch so leise, dass nur ich es hören konnte.

Je länger wir herumsaßen, desto unruhiger wurde ich. Ich brauchte Antworten, und mich beschlich die Angst, dass das Flugzeug nun durchgecheckt wurde und dass wir wieder einsteigen mussten, wenn das Problem gelöst war. Ich wollte aber auf keinen Fall wieder einsteigen, schon gar nicht für einen vierstündigen Flug über das Arabische Meer.

Welche Optionen gab es? Eine Übernachtung in Maskat, der Hauptstadt Omans. Ich fing an zu googeln. Maskat, das hieß übersetzt *Ort des Fallens*. Treffsicher, ich musste lachen. Ich war schon einmal an diesem Flughafen gesessen, doch damals war es ein geplanter Umstieg gewesen. Vielleicht sollte ich der Stadt ja diesmal eine Chance geben? Wikipedia schlug mir Strände, das Gebirge, das bis an den Golf von Oman reichte und kleine Buchten zum Tauchen vor. Außerdem gab es die Große Sultan-Qabus-Moschee und auf dem Blog *Smaracuja* von Freundin Nina las ich: »Ich wusste nicht was mich in Oman erwarten würde und alles, was ich fand, waren Überraschungen.«

Damit konnte ich was anfangen, denn es ging mir bisher, obwohl ich noch nichts von der Stadt gesehen hatte, genauso.

Gestrandet in Oman, das war doch wirklich eine Geschichte wert. Ich fing an, mich an den Gedanken zu gewöhnen, in Maskat zu bleiben. Für immer vielleicht, denn zurück in ein Flugzeug wollte ich erst mal nicht. Ich überlegte, ein Eiscafé (wegen der Hitze) mit Bücherecke (selbsterklärend) zu eröffnen. Oder eine Bäckerei, die für ihr saftiges Schwarzbrot bekannt sein würde. Außerdem würde ich ausschließlich Frauen anstellen. Ich würde Arabisch lernen und endlich Zeit haben, mich detailliert mit dem Islam auseinanderzusetzen. Ich würde außerdem jeden Tag mein Auto putzen, denn staubige Autos wurden in Oman mit einem Bußgeld bestraft und mit der absoluten Monarchie würde ich mich nicht anlegen wollen. Des Weiteren würde ich sehr viel Kaffee trinken und Tabak rauchen und noch mehr schreiben. Vielleicht konnte das wirklich funktionieren, der Oman und ich. Pläne waren da, um sie zu verwerfen – aber ob ich meine zweite Reise nach Indien wirklich verwerfen konnte?

Wir hatten seit Stunden nichts getrunken und langsam wurde meine Angst von einer sich subtil ausbreitenden Aggression abgelöst. Warum zur Hölle sah sich hier niemand in der Lage, uns zu informieren? Ich hatte keine Lust mehr, die Umstände stillschweigend hinzunehmen.

»Wäre es möglich, etwas zu trinken zu bekommen?« Die kleine Inderin war sichtlich überfordert mit meiner Frage, und ich war mittlerweile sichtlich überfordert mit Menschen, die überfordert waren.

»Ja, Miss, Sie haben Ihre, äh, Transitkarte, ja? Gut, ja, Sie können hier den Gang entlang und dann nach oben, immer weiter, da ...«

»... Sie meinen den Weg zurück, den wir gekommen sind?« Ihr Gesicht hellte sich auf.

»Ja, Miss, genau da. Da können Sie Wasser kaufen.« Ich seufzte laut auf und holte tief Luft, um kurz innezuhalten, bevor ich endgültig explodierte, doch Deniz kam mir zuvor. Ihm lag offensichtlich mehr an einer friedlichen Lösung als mir.

»Miss, es ist mitten in der Nacht, und wir haben gerade, wie Sie sicherlich wissen, eine Notlandung hinter uns. Seit wir hier sitzen, gibt es weder Informationen für uns noch Verpflegung. Finden Sie nicht, dass zumindest ein paar Getränke das Mindeste wären, das Sie bereitstellen könnten?« Ihre ohnehin schon großen Augen formten sich zu kugelrunden, dunklen Bällen.

»Oh. Oh, natürlich! Sir, lassen Sie mich das kurz checken.« Weg war sie, und ich war vollkommen überzeugt, dass wir sie nie wieder sehen würden, doch ein paar Minuten später kam sie zurück, gefolgt von zwei Männern, die ein paar Dutzend Wasserflaschen und Softdrinks verteilten, auf die sich die Kinder der Schulklasse sofort stürzten. Deniz, mein Held des Fluges und jetzt auch der von rund zweihundert Passagieren.

Im Halbschlaf und ohne ein Gefühl für Raum und Zeit öffnete ich die Augen. Deniz sprach erneut mit der jungen Inderin. Immer wieder fielen mir die Augen zu, und ich vermischte das Bild vor mir mit einer Erinnerung an Kolumbien zwei Jahre zuvor: Wir saßen am Inlandsflughafen von Medellín und warteten darauf, dass unsere Maschine aufgerufen wurde. Als Deniz sich am Gate erkundigte, was der Grund für die Verspätung war, kam ich mit einem Iren ins Gespräch, der mir gegenübersaß. Er erzählte mir, dass unser Ziel, Bahia Solano, nur eine knappe Stunde Flugzeit entfernt war, allerdings so abgelegen, dass es nur über Flug- oder Wasserwege erreichbar war. Spätestens da hätte mir dämmern müssen, dass es sich um eine kleine Maschine handelte. So klein, dass zwei Propeller ausreichten. Mitten in unserem Gespräch wurde der Flug aufgerufen, wir gingen nach draußen, und ich sah meine Befürchtung bestätigt. Der Ire sah mir meine Panik an und sagte: »Ich vertraue den kolumbianischen Piloten mehr als allen anderen auf der Welt!« Mein Englisch reduzierte sich innerhalb von Sekunden auf das Vokabular eines Vorschulkindes, und ich fragte ihn lediglich: »Warum?«

»Die haben das richtig gelernt mit all den Bergen und den kleinen Flugzeugen. Die wissen, was sie tun, das ist für die wie Kunst.« Aha. Ich sagte nichts.

»Kannst du dich erinnern, als vor ein paar Jahren eine französische Maschine in Brasilien abstürzte? Die Piloten hatten einfach keine Ahnung, wie sie das Ding landen sollten.«

Vierzig Minuten später setzte die Maschine in Bahia Solano auf, und ich schwor mir, nie wieder in eine Propellermaschine zu steigen.

»Es geht los.«

Ich zuckte zusammen und erwachte aus meinem Dämmerschlaf. »Was geht los?«

»Komm mit, ich erzähle es dir.« Ich rappelte mich auf. Fast alle Passagiere standen bereits in der Schlange an einer kleinen Tür nach draußen, die mir vorher gar nicht aufgefallen war.

»Fliegen wir weiter? Haben wir ein neues Flugzeug? Wie spät ist es?« Gleichzeitig zog ich mein Handy aus der Hosentasche, es war mittlerweile zwei Uhr nachts.

»Das ist dieselbe Maschine«, sagte ich, als ich das Flugzeug sah.

Deniz überlegte, wie er mich davon überzeugen konnte, wirklich einzusteigen, das konnte ich spüren.

»Wir fliegen zurück nach Abu Dhabi. Die Maschine ist okay, aber die Besatzung ist mittlerweile über ihren Stunden. Wir müssen zurück, und dort bekommen wir dann ein neues Flugzeug und eine neue Crew. Klingt gut?« Ich schenkte ihm den ausdruckslosesten Blick, zu dem ich fähig war.

»Ich bin auch müde«, sagte er.

»Tut mir leid.« Ich seufzte. »Ich schätze, die dreißig Minuten zurück schaffe ich in dem Teil. Woher hast du die ganzen Infos?«

»Ich habe die Inderin ausgequetscht.«

»Warum die Notlandung?«, fragte ich.

Deniz nahm mich in den Arm. »Ist alles okay, mach dir keine Gedanken.« Ich war zu müde, um zu protestieren.

Nach einem kurzen und angenehm reibungslosen Flug nach Abu Dhabi, gefolgt von einer knappen Stunde Aufenthalt am Flughafen, traten wir den zweiten Versuch nach Kochi an. Es war mittlerweile halb fünf Uhr morgens, und abgesehen von den wenigen Vegetariern auf dem Flug hatte jeder seit Stunden nichts gegessen. Ein alter Mann, der schräg vor mir Platz nahm, flehte die Stewardess nach seinem Essen an, doch sie machte ihm klar, dass sie vor dem Start nichts austeilen durfte. Ich fand die Art und Weise, wie mit uns allen umgegangen wurde, so unverschämt, dass ich mich beim Einschlafen immer wieder dabei ertappte, wie ich in Gedanken eine Beschwerde-mail niederschrieb. Ich wollte mein Geld zurück.

Kochi, Indien, 11:30 Uhr am Morgen. Meine Augen waren verklebt, mein Hirn auch. Ich konnte kaum glauben, dass wir es wirklich geschafft hatten. Wir waren in Indien angekommen, mit einer Verspätung von knapp sieben Stunden.

Die Freude darüber starb genau dort, wo sie kurz zuvor auf-geflammt war, auf der Rolltreppe, die zur Gepäckausgabe führte. Das Band war leer und stand still. Stattdessen reihten sich daneben alle Passagiere des Fluges in eine Schlange ein. Die meisten erkannte ich mittlerweile sofort als Leidensgenossen.

»Was ist los?«, fragte ich den letzten in der Reihe und wusste im gleichen Moment, dass ich mir die Frage hätte sparen können. Was konnte nach einer Notlandung und vier Flügen innerhalb eines Tages noch passieren?

»Das Gepäck ist nicht da. Wir müssen uns hier anstellen, um unsere Daten aufzugeben.« Unnötig zu erwähnen, dass wir die Letzten waren, die sich anstellten und ebenfalls unnötig zu erwähnen, dass das Prozedere sich länger hinzog und unerträglicher war als deutsche Krimiserien.

»Die hatten in Abu Dhabi eine Stunde Zeit, das Gepäck in die neue Maschine zu bringen«, sagte ich.

Ein Mann, der eine ältere Frau im Rollstuhl an der Schlange vorbeischob, steuerte auf einen Mitarbeiter der Airline zu: »Soll ich Ihnen mal was sagen? Niemand von uns wusste, dass wir nach Abu Dhabi zurückfliegen, wir dachten, wir würden erneut nach Kochi aufbrechen. Niemand hat uns irgendwas erklärt. Meine Mutter hatte heute einen OP-Termin. Jetzt sitzen wir hier mit Was-weiß-ich-wie-vielen-Stunden Verspätung und haben nicht einmal ihre notwendigen Medikamente, da unser Gepäck nicht angekommen ist. Ist das alles ein schlechter Scherz? Denn mir ist alles andere als zum Lachen.«

Ich konnte es ihm nicht verübeln, dass er seinen Frust an dem Mitarbeiter ausließ. Allerdings war das Personal in Kochi genau das, was wir selbst alle waren: sehr überfordert und sehr unschuldig.

Nachdem wir unseren Gepäckverlust gemeldet hatten, realisierten wir, dass sich außer unseren Geldbeuteln, zwei Laptops, Kameras und ein paar Kleinigkeiten nichts in unserem Handgepäck befand. Keine zweite Unterhose, kein Shampoo, kein luftiges Kleidchen oder Flip-Flops – der größte Anfängerfehler überhaupt, der mich so wütend auf mich selbst machte, dass ich während der ganzen Taxifahrt zu unserem Hotel schwieg. Ich hatte mein Repertoire an Schimpfwörtern aufgebraucht. Mehr war nicht mehr drin.

Ein schlaksiger Typ öffnete ein nach feuchtem Schimmel riechendes Zimmer, das mit einer kleinen Luke ausgestattet war, deren Ähnlichkeit zu einem Fenster ich nicht bestreiten, jedoch anzweifeln wollte.

Das war also der großartige Tipp aus dem Reiseführer, das ›charmante Bed & Breakfast, in das man gerne zurückkommt‹.

Vor uns befand sich ein Hotelzimmer, das strenger roch als wir beide zusammen nach zwanzig Stunden Anreise. Ich hatte weder Kraft zum Heulen, noch genug Energie übrig, einfach in ein anderes Hotel umzuziehen. Stattdessen stellte ich mich unter den kalten Duschschlauch und legte mich anschließend ins Bett. *Good afternoon, Kerala.*

Die Frage, die ich mir am nächsten Morgen bei Sonnenaufgang stellte, als ich mit einem pinken Plastikkamm durch mein Haar fuhr und mir mit einer neuen Zahnbürste die Zähne putzte, war folgende: War dieses Land der beste oder eher der schlechteste Ort, an dem man nach einer Notlandung ohne

Gepäck sein konnte? Bei dreißig Grad im Schatten erschien mir meine Frage nach einem Blick auf die schwarzen Jeans an meinen Beinen doch eher rhetorisch.

Wir streiften durch die Gassen, die gerade zum Leben erwachten. Männer saßen mit der *Times Of India* in ihren Läden, andere tranken den ersten Chai am Straßenstand, und die Fischer im Hafen ließen die riesigen, chinesischen Netze ins Wasser. Ich liebte den Morgen, ich liebte ihn überall auf der Welt.

Drei Tage später kam unser Gepäck in Kochi an. Wir fuhren selbst an den Flughafen, um es in Empfang zu nehmen, da sich niemand darum bemühte, es uns zu bringen. Wir waren ohnehin schon länger in Kochi geblieben als geplant – so traumhaft die Stadt war, wir wollten weiter in den Süden des Staates reisen.

Bis heute haben wir von der Fluggesellschaft kein Geld zurückbekommen. Das Problem bestand darin, dass kein Flugrechtsunternehmen aus Deutschland, das sich auf Flugverspätungen, Gepäckverlust und dergleichen spezialisiert, uns helfen konnte – denn die Voraussetzung dafür ist, dass die Komplikationen einen Flug betreffen, der in Europa startet. Und das war bei uns nicht der Fall gewesen.

Uns blieb also nur die direkte Kommunikation mit der Airline. Zehn E-Mails und mehrere Wochen später wurden uns als endgültiges Angebot Flugmeilen im Wert von jeweils rund einhundertzwanzig Euro angeboten, die wir beim nächsten Flug einlösen oder im Shop der Airline ausgeben konnten. Für Dinge, die wir weder wollten noch brauchten.

Im Laufe der Zeit versuchte ich das Positive aus meinen Erfahrungen zu ziehen: Ich konnte die Frage, ob Indien ein geeignetes Land ist, um so etwas zu verarbeiten, zu meiner eigenen Überraschung mit Ja beantworten. Weil die Menschen unfassbar hilfsbereit sind, so offen und verständnisvoll. In Indien anzukommen, fühlte sich noch immer an, wie in einem Paralleluniversum zu stranden, mit seinen unwirklich satten Farben, dem trüben, mystischen Licht und der kaum aufzunehmenden Palette an Gerüchen. Während ich durch die Straßen Fort Kochis lief, konnte ich mein Gepäck für eine Weile vergessen und akzeptieren, dass sich meine Reiseplanung nun eben etwas geändert hatte. Indien war für mich in der Tat das perfekte Land, um die ersten drei Tage ohne Habseligkeiten zu sein. Wer hierherkommt, sollte lernen, weltliche Güter abzuwerfen. Ballast loszuwerden. Und wir hatten eben schon im Flugzeug damit angefangen.

Grenzerfahrung, was steckt eigentlich hinter dem Begriff? Bin ich je zuvor mit einer konfrontiert worden, in diesem privilegierten Leben, das ich in Deutschland führen darf? Habe ich mich jemals bedroht gefühlt und wirklich Angst gehabt? Nicht um das Bestehen der elften Klasse oder als ich mit einer Blinddarmentzündung im Krankenhaus lag, sondern um mein Leben. Denn das war es, was sich in mir abspielte, als das Flugzeug in die Notlandung ging. Natürlich kann man jetzt sagen, dass es zwar eine Ausnahmesituation war, allerdings eine unter Kontrolle. Dass alles gut gelaufen und keine Panik an Bord ausgebrochen war. Dass keine Atemmasken gebraucht wurden und die Landung, wenn auch viel zu schnell, angenehm verlaufen war. Doch in den Momenten an Bord konnte ich nichts differenzieren. Es war eine gefährliche Situation, und das Schlimmste war, dass es nicht in meinen Händen lag, wie sie ausgehen würde. Ich musste mich auf andere verlassen, und genau das brachte mich an meine Grenze.

Wenn ich die Kontrolle verliere und das Gefühl habe, keine eigenen Entscheidungen mehr treffen zu können, fühle ich mich unwohl. In vielen Fällen macht mir das auch Angst. Und diesmal war es die Angst um mein Leben und so etwas Existenzielles war für mich gänzlich neu und anders.

Alle Erfahrungen sind für irgendetwas gut. Es geht immer weiter. Ich weiß nicht, ob weiterhin in meinem Leben alles gut gehen wird, das weiß niemand. Aber ich weiß, dass fast alles einen positiven Nebeneffekt haben kann, wenn ich ihn zulasse. Das ist zwar oftmals weit entfernt von einfach, aber hinterher ist man immer schlauer und vielleicht kriege ich es irgendwann hin, es nur ein einziges Mal im Vorfeld zu sein.

Grenzen austesten, auch mal den Blick auf die andere Seite zu wagen, ist wichtig. Und wenn man sie kennt, wenn man beginnt, sich selbst wirklich kennenzulernen, dann sollte man vor allem eins: die Grenzen respektieren. Grenzen sind nicht immer da, um sie zu überschreiten. Vor allem nicht die eigenen.

Und auch, wenn ich nie wieder eine Notlandung erleben möchte, habe ich in dieser Nacht irgendwo über Oman gelernt, wie ich in so einer Situation reagiere. Was ich besser machen kann, sollte es noch mal passieren. Und dass ich nach einigen

Jahren Beziehung die Hand, die meine hielt, wirklich wertschätzte. Die Worte nicht nur zu denken und zu sagen, sondern sie wirklich zu fühlen, selbst jetzt, beim Tippen dieser Zeilen, irgendwo auf dem sicheren Boden der Tatsachen.

»Was war eigentlich der Grund für die Notlandung?«, fragte ich einige Tage später, als wir in einem Bus durch Kerala fuhren und grüne Teeplantagen an uns vorbeizogen. Ich war mir ziemlich sicher, dass Deniz es wusste, weil er sich so lange mit der Inderin in Maskat unterhalten hatte.

»Das willst du wirklich wissen?« Ich nickte.

»Es gab eine Brandmeldung im Gepäckraum.«

Ich schluckte. »Und trotzdem hast du mich da wieder einsteigen lassen?«

»Es war letztendlich falscher Alarm. Glaub mir, ich wäre nie im Leben da wieder mit dir eingestiegen, hätte da wirklich was gebrannt.«

Diese Geschichte wurde zu einer meiner meisterzählten bisher. Und irgendwann, wenn ich einmal alt sein werde, wird das, woran ich mich am besten erinnern kann, wahrscheinlich die schöne Tatsache sein, dass jemand neben mir saß, dem es wichtiger war, mir meine Angst zu nehmen, als sich um seine eigene zu kümmern. Und das ist schon heute so kostbar für mich, dass es irgendwann die dunklen Erinnerungen dieser Nacht vollkommen verdrängen wird.

VORURTEILE
oder
Warum ein Kontinent kein Land ist.

Malawi, März–Juni 2016

Wenn Menschen nach einer Weltreise nach Hause zurückkommen und gefragt werden, wie es war, wissen sie oftmals nicht genau, wie sie die Frage beantworten sollen – weil es einfach sehr schwierig ist, eine so lange Zeit auf ein paar knappe Worte herunterzubrechen und dabei trotzdem zu versuchen, ihr gerecht zu werden.

So ging es mir ebenfalls, als ich aus Malawi zurück nach München kam. Auch wenn es lediglich *ein* Land war und keine Weltreise, fühlten sich die zurückliegenden Wochen nicht nur wie eine Achterbahnfahrt der Gefühle an, sondern vor allem, als wäre ich Jahre weg gewesen. So viele Dinge waren passiert und so viele Eindrücke auf mich eingeprasselt, dass mein Verarbeitungsprozess länger als üblich dauerte. Und dafür gab es mehrere Gründe.

Zunächst – und vor allem – war es die immens große Schere zwischen Arm und Reich, die mich überrascht hatte – etwas, das mich bis heute beschäftigt. Denn wenn ich vor meiner Abreise an den Begriff »Entwicklungsland« dachte, kamen mir kein Mercedes, schicke Cafés und gar Einkaufszentren in den Sinn – doch auf genau diese Dinge stieß ich während meines Aufenthalts als Erstes. Da Benin, das Land in Westafrika, in dem ich ein halbes Jahr zuvor gewesen war, einen ärmeren und unstrukturierteren Eindruck als Malawi auf mich gemacht hatte, stellte ich im Nachhinein fest, mit welchen unbewussten Vorurteilen ich malawischen Boden betreten hatte. Diesem sehr komplexen Thema stand ein ganz anderes gegenüber: Malawis Natur. Eine Vielfalt, mit der ich gar nicht gerechnet hatte und die mir immer wieder Gänsehaut bereitete. Seen, Berge, Grassavannen, Teeplantagen, tropische Wälder – all das fand ich in diesem kleinen Land, und jeder Tag, den ich hier in der Natur verbrachte, machte mich einfach nur glücklich.

Einen weiteren Aspekt bilden die Menschen, die ich vor Ort kennenlernte. Je länger ich in Malawi war, desto mehr versuchte ich, mich zu integrieren. Ich lernte Einheimische kennen, weil sie mich beim Spazierengehen einfach ansprachen und wir gemeinsam ein Stück weitergingen. Oder ich ließ mir von Restaurantbesitzern erzählen, wann und wo sie im Ausland gelebt hatten, jedoch zurück nach Malawi gekommen sind. Und ich sprach mit Frauen, die sonntags nach dem Gottesdienst Getränke und Essen bereitstellten, um jeden, der kam, auf Spendenbasis zu versorgen. So lernte ich nicht nur eine Vielzahl von Menschen kennen, darunter unglaublich engagierte, interessante und sympathische Malawier, sondern auch Leute, die für Hilfsorganisationen vor Ort arbeiteten. Menschen, die meines Erachtens ihr Handwerk verstanden und einen tollen Job machten und andere, die restlos überfordert waren und sich dabei in eigenen Vorurteilen und oberflächlichen Erkenntnissen verloren. Vor allem kommt mir hier die durchaus bekannte Feststellung mancher Reisender in den Sinn: dass arme Menschen *so viel glücklicher seien.*

Was ich anhand meiner Erlebnisse und Beobachtungen lernte und welche Schlüsse ich dahingehend für mich selbst zog, ist ebenfalls etwas, das noch heute in mir nachhallt. Man kann wirklich sagen, dass Malawi und alles, was ich erlebt habe, mich veränderten. Obwohl ich generell ein sensibler Mensch bin, machte mich diese abenteuerliche Zeit noch feinfühliger. Ich begann, mich detailliert mit Missständen, Vorurteilen und Pauschalisierungen zu beschäftigen. Letzteres ist am einfachsten mit einem Wort zu beschreiben: *Afrika.* Ich kann und will Afrika nicht mehr länger als kompakte, exotische Sehnsuchtsdestination sehen, sondern als den vielfältigen, abwechslungsreichen und komplexen Kontinent, dessen viele verschiedene Länder es verdient haben, wirklich *benannt* zu werden.

All diese unterschiedlichen Bausteine, aus der sich meine Zeit in Malawi zusammensetzte, trugen zu einer persönlichen Entwicklung bei, für die ich heute sehr dankbar bin.

Aber fangen wir vorne an.

Meine Reise begann in Blantyre. Ich besuchte Deniz für mehrere Wochen, weil er erneut für die EinDollarBrille arbeitete. Während ich das schreibe, wird mir wieder einmal bewusst, wie erstaunlich es doch ist, dass manche Destinationen einem einfach in den Schoß fallen. Eine so plötzliche Sogwirkung entfalten, dass man gar nicht anders kann, als einen Flug zu buchen und loszuziehen – sei es auch ein noch so kleines Land, von dem man vorher kaum etwas gehört hatte.

Als ich am Flughafen der zweitgrößten Stadt Malawis von Deniz in Empfang genommen wurde und bei sommerlicher Wärme auf dem Beifahrersitz des Autos Platz nahm, wurde mir eine Sache sofort bewusst: »Entwicklungsland« ist ein dämliches Wort. Denn sehr arme Länder sind vor allem Länder der Gegensätze.

Während man das Flughafengebäude fast hätte übersehen können, standen auf dem Parkplatz davor eine große Zahl teurer Geländewagen nebeneinander. Männer mit Smartphones in der Hand stiegen aus, Frauen trugen Jeans, Bluse, High Heels und üppigen Schmuck.

Der Begriff Entwicklungsland formt jedoch in erster Linie einen ganz anderen Eindruck. Der, den ich vor allem in Benin kennengelernt hatte. Der, welcher uns von den Plakaten sämtlicher Hilfsorganisationen entgegenspringt: Tontöpfe, Reissäcke, traurige, fröhliche, in jedem Fall jedoch süße Kinder, Lehmhütten, traditionelle Kleidung. Sicher, keine NGO (nongovernmental organization, Nichtregierungsorganisation) der Welt wirbt mit Fotos aus den verhältnismäßig wohlhabenden Städten der einzelnen Länder, um für Spenden aufzurufen. Doch als ich im Auto saß und Blantyre an mir vorbeiziehen ließ, wurde mir klar, dass ein Entwicklungsland nicht unbedingt *nur* ein Entwicklungsland ist. Und dass es hier in Malawi so viel mehr gab als barfüßige Waisen und Maisbrei. Im Gegenteil:

Ich kann mir, wenn ich will, ein Auto einer westlichen Marke kaufen, einen Mercedes oder Toyota. Ich kann damit zu schmucken Cafés fahren, in denen weiße Expats, also Menschen, die vorübergehend oder dauerhaft ihren Wohnsitz in ein anderes Land verlegt haben, weiße Schüler der internationalen Schule oder reiche, indische Familien sitzen. Ich bekomme dort ein sagenhaft gutes Panino und einen Kaffee, der mit einer Siebträgermaschine gemacht wird. Oder eine frische hausgemachte Limonade, wie man sie ähnlich auch in schicken Cafés in Köln oder Hamburg findet. Danach fahre ich zum Supermarkt, dem Shoprite, der in vielen Ländern Afrikas zu finden und oftmals an ganze Einkaufszentren angeschlossen ist. Dort kaufe ich Halloumi oder Gouda, je nachdem, nach welchem Käse mir gerade ist, je nachdem, was aus Südafrika gerade importiert wird. Und ein bisschen Sahne zum Backen, obwohl in der Kühltheke der angeschlossenen Bäckerei fertige Tortenkunstwerke schon bereitliegen.

Ich kann an ein paar Bettlern vorbeifahren, nicht viel mehr, als in Berlin, Paris oder London, und im Bankenviertel parken, um noch Geld abzuheben. Dort kann ich mich in die Schlange mit einigen sehr hübsch angezogenen Frauen einreihen, die ihre Clutch vom Second-Hand-Markt unter den Arm geklemmt haben. Auf dem Kopf tragen sie meist Perücken glatter Haare oder ausgefallener Frisuren. Männer in der Stadt tragen oftmals Jeans und Hemd oder einen Anzug.

Das könnte mein Leben in der Stadt sein. Dieses Leben führt zwar nur ein Bruchteil der zwanzig Prozent der Bevölkerung, die überhaupt in Städten lebt, aber es ist möglich, nicht nur, weil ich weiß bin, es würde auch funktionieren, wäre ich Malawierin, vielleicht die Frau eines Anwalts oder selbst Bankerin.

Das Leben auf dem Land, das sind Schlaglöcher auf unasphaltierten Straßen, so tief wie Planschbecken, was aber nichts macht, da niemand ein Auto besitzt und nur die wenigsten ein Fahrrad. Alle laufen, den ganzen Tag lang, vielleicht zur nächsten Gemeinde, oftmals einfach zum Brunnen oder zum Feld. Die Frauen tragen bodenlange Röcke aus bunt gemusterten Stoffen, in der Landessprache 'Naslu genannt, sie tragen außerdem riesige Wannen oder Körbe auf ihren Köpfen, viele davon randvoll mit Trinkwasser, und sie balancieren diese äußerst geschickt.

Wiederum andere sitzen auf Stühlen vor den Häusern oder auf dem Boden, hören Musik, unterhalten sich. Viele arbeiten auf den Feldern, andere betreiben einen kleinen Kiosk, machen Näharbeiten oder fischen. Morgens, mittags, abends gibt es den Maisbrei Nsima, der satt macht, aber nach nichts schmeckt. Je nachdem, ob man sich Hühner hält, Fischer ist oder es sich leisten kann, eins von beidem zu kaufen, gibt es nicht nur Bohnen oder Salat dazu, sondern Fleisch, wahlweise Eier. Die andere Seite Malawis. Die, die sehr viele Menschen zu kennen glauben, weil die Medien sie tagtäglich zeigen. Doch die Realität ist so viel komplexer.

Nachdem wir Blantyre hinter uns gelassen hatten, fuhren wir nach Zomba, wo wir die gesamte Zeit über wohnten. Eine gute Stunde von Blantyre entfernt und unterhalb eines steil in die Höhe ragenden Plateaus traumhaft schön gelegen.

Zomba ist, zumindest nach der Regenzeit, ein sehr grüner Ort. Macht man einen Spaziergang durch die neueren Siedlungen direkt unterhalb des Plateaus, läuft man über rote Erde, vorbei an sauber angelegten Vorgärten mehrerer Villen und dem beginnenden, tropischen Wald, der sich dahinter anschließt. Es war malerisch, durch die Allee der Stadt zu fahren, vorbei an majestätisch großen Bäumen, oder auf dem Plateau zu wandern, wo sich mexikanische Kiefern, Farne und Lianen mit weiten, goldfarbenen Feldern abwechselten.

Zomba war zum Zeitpunkt meines Aufenthalts die viertgrößte Stadt Malawis und relativ weitläufig. Ich schätzte das Leben hier als Schnittstelle ein. Das Ländliche war nicht weit, der malawische Wohlstand allerdings zum Greifen nah. Auf dem Markt gab es alles, was man zum Leben hier brauchte: gespendete Kleidung aus der ganzen Welt, die hier nun weiterverkauft wurde, günstiges und frisches Obst wie Passionsfrüchte, Bananen, Physalis und Ananas, Vorhängeschlösser, getrockneten und frischen Fisch, Elektrowaren, Stoffe, riesige Avocados und allerlei Gemüse, Verlängerungskabel, Wandfarbe, große Teile von großen Schweinen.

Es dauerte ein paar Tage, bis ich mich auf mein neues Leben hier eingestellt hatte. Mich daran gewöhnte, das Leitungswasser nicht zum Zähneputzen zu verwenden, sondern immer eine Flasche Trinkwasser neben dem Waschbecken stehen zu haben. Kleidung mit der Hand zu waschen, stundenlange Stromausfälle zu überbrücken, immer Staub auf der Haut zu spüren und, sobald es dämmerte, binnen Sekunden von Moskitos zerstochen zu werden. Doch ich mochte die Zeit hier sehr, vor allem, weil mich vieles immer wieder überraschte, zum Beispiel, als ich beim Einkaufen in der Stadt eine Bäckerei fand, die nicht nur sehr leckere Cupcakes buk, sondern auch »german Landbrot« anbot.

Und dann ging es tatsächlich sehr schnell, dass ich dieses Land in mein Herz schloss. Angesichts dessen, dass es sich um eins der ärmsten Länder der Welt handelt, in das sich erst langsam Touristen hin verlaufen, ist die Frage nach dem Warum berechtigt.

Malawis Landschaft, ein Hauptgrund, warum ich diesen Binnenstaat so mag, ist sehr abwechslungsreich. Im Norden ist sie bergig, während das Mulanje-Bergmassiv (mit dem höchsten Berg Zentralafrikas) im Süden liegt und aus einem grünen Tal mit Teeplantagen hervorragt. Daneben findet man hier Grassavannen, den neuntgrößten See der Erde, den Malawisee, Hochplateaus wie das in Zomba und, was ich am meisten mochte, diese sanfte, hügelige Landschaft im Süden, die man am besten als ein *weiches, ungemachtes Bett* beschreiben kann. Ich war direkt nach dem Ende der Regenzeit angekommen, deshalb erinnere ich mich noch heute an ein sehr grünes, sattes Land, das jedoch ein paar Monate später schon ganz anders aussehen würde: staubig, trocken und vielleicht genau so, wie manch einer sich ein Land in Afrika im Klischee vorstellt.

Eins meiner beeindruckendsten Naturerlebnisse war ein Wochenende in einem der Nationalparks des Landes. Ich hatte bis zu diesem Zeitpunkt noch keine Elefanten in freier Wildbahn gesehen und auch gar nicht gewusst, dass man in Malawi tatsächlich auf Safari gehen konnte. Es gibt hier sogar einen Park, der die Big 5 beherbergt, also die früher von Großwildjägern bestimmten Tiere des afrikanischen Kontinents.

Als wir in stockdunkler Nacht am Park ankamen und das Auto abstellten, wurden wir von einem Mitarbeiter der Unterkunft, die wir gebucht hatten, empfangen. Er hielt eine Taschenlampe auf den Boden gerichtet und sagte mit gedämpfter Stimme: »Bitte mir nachlaufen und leise sein. Die Elefanten sind im Camp.«

In der Anlage, die aus schönen Chalets, riesigen Zelten, offenen Gemeinschaftsräumen und einem Lagerfeuerplatz bestand, war es so finster, dass ich kaum meine Hand vor dem Gesicht erkennen konnte. Über uns ein sternenklarer Himmel, vor uns das knisternde Feuer, liefen wir langsam und so leise wie möglich zu unserem Zelt. Der Mann, der vorausging, bemerkte die Elefanten lange, bevor wir es taten. Immer wieder hielten wir inne, und ich konnte hören, wie es überall raschelte, Äste umknickten, Büsche aus der Erde herausgerissen wurden.

Ich sah in dieser Nacht kein einziges Tier, aber hören konnte ich sie noch lange, nachdem ich unter die Bettdecke gekrochen war. Im Busch zu sein, wo es keinen Handyempfang gab, dafür jedoch die Wärme, die nur ein Lagerfeuer ausstrahlen konnte, war eine überfällige und wunderschöne Abwechslung zum Leben in der Stadt.

Am nächsten Tag war bei Sonnenaufgang deutlich zu erkennen, wo die Herde entlanggelaufen war. Umgeknickte kleine Bäume, Spuren in der schlammigen Erde und abgefressenes Napiergras, auch Elefantengras genannt, ein Beiname, der naheliegt, weil die Tiere es so sehr mögen. Auf unserem anschließenden Game Drive, einer Fahrt mit dem Auto durch den Park, beobachteten wir an dem Tag nicht nur, wie über vierzig Elefanten zu einer Wasserstelle liefen und grasten, sondern auch Antilopen in der goldenen Stunde, Affen, meterhohe Termitenbauten und einen zweitausend Jahre alten Baobab. Am Nachmittag nach der Safari stiegen wir die Holztreppe zu einer dem Camp zugehörigen Aussichtsplattform hoch. Dort oben hätte ich Tage verbringen können, weil ich entweder zu den Geräuschen der Natur sanft eindöste oder mit dem Fernglas die Weite des Parks nach Tieren absuchte. Auf der einen Seite lag ein schlammiges Flussbett, mit meterhohen Gräsern, grün, feucht und der ideale Raum zum Leben für Elefanten, Krokodile, Nilpferde und allerlei Vögel. Auf der anderen Seite eine trockene Buschlandschaft, aus der knorrige Baobabs wuchsen, ein fast schon bizarrer Anblick, der mich immer wieder ins Hier und Jetzt zurückbrachte. Ich war tatsächlich im Busch. Und alles, was zählte, war, sich darauf einzulassen und die Außenwelt abzuschalten. Unnötig zu erwähnen, wie unglaublich einfach der anhaltende Adrenalinspiegel das machte.

Am zweiten Abend saßen wir am Lagerfeuer, gemeinsam mit dem Leiter des Camps, einem gebürtigen Malawier, den ich anfangs für einen Australier gehalten hatte, mit seinem breiten Akzent und dem Aussehen von Crocodile Dundee. Er erzählte uns von den zehn Jahren, die er in Botswana als mobiler Touristenguide gearbeitet hatte, erklärte, dass die Zutaten für das Essen aus dem heimischen Garten hinter dem Haupthaus stammen und berichtete ganz trocken, aber mit viel Humor aus seinem Leben hier im Park. Als ich ihn fragte, ob ich auf meinem Blog über ihn schreiben dürfe, antwortete er: »Gerne über das Camp. Aber von mir gibt's kein Bild. Ich werde in dreizehn Ländern gesucht.«

Irgendwann legte er den Kopf in den Nacken, schwenkte sein Whiskyglas und sagte: »Wenn ich nachts hier unter den Sternen sitze, dann sehe ich, wie sie sich tatsächlich bewegen. Klar, ich habe ein bisschen was getrunken, aber sie bewegen sich trotzdem. Weil die Erde sich bewegt. Und dann denke ich mir: Man, that's life.«

Ein paar Tage in der freien Natur zu verbringen und dabei wilde Tiere beobachten zu können, ist einer der Hauptgründe, warum Menschen den afrikanischen Kontinent bereisen. Und so traumhaft und nachvollziehbar dieser Wunsch ist, so wichtig finde ich jedoch, dass sich Natur und Kultur hier nicht ausschließen. Ich wollte in Malawi eben nicht nur diese Seite erleben, ich wollte das Land mit all seinen Facetten kennenlernen, und dazu gehörten auch die Menschen. Aus diesem Grund war mein Aufenthalt, wenn auch einzigartig, alles andere als einfach.

Es verging kaum ein Tag, an dem ich nicht nach Geld gefragt wurde. Kinder, die so lange neben mir standen, bis ich weiterging. Erwachsene, die selbst beim Betteln einen Stolz ausstrahlten, der mir das Herz brach. Und jedes Mal wusste ich nicht, was ich tun sollte. Weil es nie einfacher wurde. Natürlich sagte ich in den meisten Fällen, dass ich nichts geben konnte, und jedes Mal war es eine Lüge. Ich versuchte dann immer, das Gesamtbild zu sehen und das, was ich gelernt hatte: dass ich niemandem half, indem ich ihm fünfhundert Kwacha in die Hand drückte, schon gar nicht den Kindern, die das Geld in vielen Fällen abgeben mussten und somit nicht zur Schule gingen – weil Betteln der Familie wenigstens *etwas* einbrachte. Die Regierung selbst hatte schließlich das Betteln verboten und forderte nicht nur Ausländer, sondern auch Einheimische dazu auf, es nicht zu unterstützen, unter anderem aus dem Grund, dass sie selbst Projekte zur Unterstützung bereitstellte und diese auch genutzt werden sollten. Doch wenn ein einzelner Mensch vor mir stand, blickte mir die Armut direkt ins Auge. Da konnte ich nichts schönreden, da drehte ich mich um, weil ich es nicht aushielt.

Das Geben ist ein Tropfen auf den heißen Stein, trotzdem darf es sich niemand leisten, abgeklärt darüber zu denken. Es gibt kein Richtig oder Falsch. Es gibt lediglich Lösungsansätze, die sinnvoller sind als andere. Sich das allerdings jeden Tag aufs Neue zu sagen und an dem Bettler, der nicht laufen konnte, vorbeizugehen, das war so weit entfernt von einfach, es hätte ein neues Wort dafür gebraucht.

Die Schere zwischen Arm und Reich ist in sogenannten Entwicklungsländern, wie gesagt, oft immens groß. Die Mehrheit der Bevölkerung hat keinen Zugang zu Bildung, Korruption ist ein riesiges Problem und die Tatsache, dass Landwirtschaft die am meisten verbreitete Einkommensquelle ist, verbessert das niedrige Gehalt nicht. Spätestens bei der nächsten Dürreperiode wird wieder deutlich, wie sehr ein Land wie Malawi vom Klima abhängig ist.

Ich erinnere mich noch gut an einen besonders heißen Tag Ende März, an dem Deniz unseren Geländewagen auf einer Straße, die durch ein flirrendes Tal führte, links ranfuhr. Im Hinterrad steckte ein zehn Zentimeter langer Nagel – die erste von mehreren Fahrzeugpannen, die wir in den kommenden Monaten erleben würden. Als wir feststellten, dass kein Wagenheber im Kofferraum lag, kamen bereits ein paar Kinder aus der kleinen Ansiedlung von Häusern abseits der Straße angerannt und begutachteten neugierig den platten Reifen. Ihnen folgten einige Männer, die schließlich gemeinsam mit Deniz eine notdürftige Alternative zum Wagenheber bauten, um den Reifen wechseln zu können.

Ich setzte mich aufgrund der Mittagssonne zu einer Gruppe von Kindern unter einen Baum. Sie waren schätzungsweise im Alter von zwei bis sechs Jahren, saßen nebeneinander auf dem erdigen Boden und beobachteten das Treiben an der Straße. Sie sprachen nicht viel und sahen nur ab und an zu mir herüber. Ich fühlte mich dabei wie ein Fremdkörper, den sie nicht einordnen konnten. Hier kam kaum jemand vorbei, der nicht hier lebte.

Kinder in Malawi, das sollte ich im Laufe meines Aufenthalts lernen, waren unglaublich anständig. Kaum habe ich ein Kind seinen Eltern widersprechen hören, weder auf dem Markt noch bei Veranstaltungen oder auf der Straße. Selten war ein Kind trotzig oder weinte. Man sagte mir, dass das an der Nähe innerhalb der Familie liegt. Dem konstanten Zusammenleben mit- und Sorgen füreinander. Babys werden beispielsweise so lange durchgehend auf dem Rücken der Mutter getragen, bis sie es selbst nicht mehr möchten, was einige Jahre dauern kann. Dieser direkte Hautkontakt schafft ein Urvertrauen.

Die Kleinsten faszinierten mich in Malawi ungemein – nicht nur, mit welcher Neugier sie auf Fremde zugingen, sondern auch, wie sie ohne zu quengeln im Kreis von Erwachsenen saßen. Leise vor sich hin spielten oder damit zufrieden waren, das, was um sie herum passierte, zu beobachten.

Bis der Reifen ausgetauscht worden war, hatten sich rund zwanzig Menschen um das Auto versammelt. Wir ließen ein paar Getränke und Süßigkeiten da, die wir kurz zuvor im Supermarkt gekauft hatten. Beim Abschied überfiel mich eine tiefe Dankbarkeit – für die selbstverständliche Hilfe und das Teilhaben an dieser Gemeinschaft, so dass ich noch einem alten Mann zurief: »Malawi ist so ein wunderschönes Fleckchen Erde.« Er nickte und antwortete: »Ja, ich weiß. Aber wir sind arm.« Obwohl ich diese quälende Ungerechtigkeit und große Armut bereits in Benin erlebt hatte, klingt vor allem dieser Satz bis heute nach. Vielleicht, weil ich in dem Moment nicht darauf vorbereitet war und er zwischen einer oberflächlichen Heiterkeit plötzlich gesagt wurde. Er war schonungslos ehrlich, und ich hatte keine Antwort darauf, die irgendetwas besser machen konnte.

Bei vielen Problemen dieses Landes kommen NGOs ins Spiel. Die meisten Einheimischen, die ich traf, kannten den Begriff und fragten mich oftmals direkt, ob ich für ein bestimmtes Unternehmen arbeitete – denn dass man hier schlichtweg Urlaub machen könne, war für viele nicht vorstellbar. Trotzdem oder vielleicht genau deshalb stehen sie den Menschen von außerhalb so freundlich gegenüber. Sie wissen, dass jeder, der hierherkommt, eine Aufgabe hat. Die lange Reise auf sich genommen hat, um zu helfen, und das respektieren sie sehr. Doch der Wunsch, Gutes zu tun, ist, wie ich ebenfalls lernen musste, nicht automatisch immer hilfreich und kann im manchen Fällen auch negative Folgen nach sich ziehen. Beispielsweise habe ich mitbekommen, wie sich manche Freiwilligenarbeiter, oft gerade mal zwanzig Jahre alt, beim Unterrichten in Schulen in ihrer autoritären Rolle komplett verloren und danebenbenahmen. Zum ersten Mal vor einer sehr großen Klasse zu stehen und dabei nicht in der Muttersprache zu unterrichten, kann schnell überfordern, und das ist wiederum etwas, das schwer zuzugeben ist. Doch diese Belastung führte in einem Fall zu einer den Kindern gegenüber angsteinflößenden Verhaltensweise, weil ihnen plötzlich mit dem Stock gedroht wurde.

Aus dem schlichten Wunsch heraus, helfen zu wollen, entwickelte sich in den letzten Jahren ein Freiwilligentourismus. Das manchmal daraus resultierende verzerrte Bild eines Landes, das Menschen selbst nach der Abreise in sich tragen, liegt also nicht immer an Sprachbarrieren und kulturellen Unterschieden.

Ich habe auch beobachtet, wie seltsam Menschen von außerhalb mit Einheimischen umgingen und sich nicht bewusst waren, dass ihre Art weder natürlich noch authentisch war. Ein spanischer Backpacker, der die Führung eines Bed & Breakfast übernommen hatte, sprach manchmal mit seinen Angestellten, wie man es mit Babys tut. Hohe Stimme, langgezogene Worte: »Kannst du mich ver-ste-hen?« Dann klopfte er ihnen auf die Schulter, was auf arrogante Weise wie ein »Na also, Bursche, geht doch!« wirkte.

Wenn ich selbst jedoch mit Betty, einer jungen Malawierin, die ich in Zomba kennengelernt hatte, im Auto saß und wir Leute nachahmten, die wir beide kannten; wenn wir lachten, bevor die andere das aussprach, was beide dachten, wurde mir jedes Mal klar: Wir haben den gleichen Humor. Wir sind einfach auf der gleichen Wellenlänge. Da stand keine Hautfarbe, keine ethnische Herkunft oder ein Bildungsunterschied dazwischen. Sicher gibt es viele andere Unterschiede zwischen uns. Aber ich habe Betty von Anfang an als das gesehen, was sie ist: eine junge, schöne, intelligente und sehr sympathische Frau. Hautfarbe? Mir doch egal. Herkunft? Schönes Land!

Manche Menschen, die in sehr armen Ländern unterwegs sind, machen sich nicht die Mühe, das Bild, das sie vor ihrer Reise von einem Ort hatten zu hinterfragen. Oftmals geben sie sich lieber nach außen hin als *weiße Retter* oder einfache Traveller, die jedem Zuhausegebliebenen erzählen, wie fröhlich die Menschen in diesen Ländern doch seien, obwohl sie ja so wenig hätten. Die plumpe Erkenntnis so vieler Backpacker und auch die einiger Menschen, die Freiwilligenarbeit leisten.

Woher kommt diese Feststellung? Daher, dass die meisten Kinder fröhlich lächeln, wenn man sie anspricht, und Freude daran haben, sich fotografieren zu lassen? Weil Malawier generell gerne singen, tanzen und einfach gesellig sind? Ich weiß es nicht. Es sind lediglich Momentaufnahmen, Begegnungen am Wegesrand. Was die Menschen bewegt und womit sie kämpfen müssen, zum Beispiel der hohen Sterberate junger Menschen, lässt sich nicht binnen kürzester Zeit herausfinden. Und wie schnell das Leben trotzdem weitergehen muss. Es mag also sein, dass die Lebensfreude auf den ersten Blick größer erscheint als woanders, aber das kratzt lediglich an der Oberfläche.

Meine Zeit in Malawi und die damit verbundenen Gespräche und Erlebnisse trieben mich immer wieder an meine Grenzen. Und das war gut so. Bei keiner Reise zuvor hatte ich mich jemals so detailliert mit dem Thema Vorurteile auseinandergesetzt. Durch vorangegangene Reisen und mein generelles Interesse an globalen Entwicklungen hatte ich einen Vorgeschmack bekommen. In Benin machte ich schließlich meine ersten eigenen Erfahrungen im Hinblick auf weltweite Ungerechtigkeit. Aber es war Malawi, das mir die Augen öffnete, wie vielschichtig die Probleme zwischen Binnen- und Außensicht einer Kultur sind.

Etwas, das mir während dieses Prozesses sehr schnell auffiel, war, wie in den Augen meiner deutschen Freunde der Kontinent Afrika ganz selbstverständlich für jedes einzelne seiner Länder stand. Bekannte fragten mich, wie es mir in Afrika gehe. Wie ich Afrika fand, wie Afrika denn eigentlich so war? Irgendwann fing ich an zurückzufragen, wie denn Europa so war, wie sie Europa so fänden.

Ja, schon klar, Afrika ist der Kontinent, Malawi das Land. Irgendwie wusste das hinterher dann plötzlich immer jeder. Natürlich kann man davon sprechen, *nach Afrika reisen zu wollen*, wenn man sich beispielsweise noch nicht auf ein Land festlegen konnte. Jedoch verstehe ich einfach nicht, warum jemand von Afrika spricht, anstelle das Land zu benennen, in dem er gerade ist oder von dem er sicher weiß, dass er es besuchen wird. Ich vermute, das liegt vor allem an der Romantisierung des Kontinents, die ich absolut nachvollziehen kann. Die Tourismusbranche macht es vor: Wer nach Afrika will, der soll den glutroten Feuerball über einer kargen und weiten Landschaft bekommen. Doch das ist längst nicht alles, was es hier zu sehen gibt. Und die einzelnen Länder des Kontinents sind im Kern so unterschiedlich, auch wenn sie auf den ersten Blick viele Ähnlichkeiten aufweisen mögen. Ein weiterer Grund ist, glaube ich, dass manche Menschen einen Großteil der einzelnen afrikanischen Länder gar nicht kennen. Doch dieses Unwissen wird nicht verbessert, indem man es bei *Afrika* belässt – »name the country« wurde zu meinem persönlichen Mantra während meiner Zeit in Malawi.

Im Besuch anderer Länder steckt meiner Meinung nach also vielmehr ein Austausch, kein bloßes Geben oder Nehmen. Eine Begegnung auf Augenhöhe. Ein Lernprozess für alle Beteiligten. Konstantes Mitleid gegenüber den armen Menschen in Malawi zu empfinden, schien mir genauso fehl am Platz wie zu denken, eigene Werte und Überzeugungen seien immer die richtigen. Man muss abwägen, differenzieren, und das in jeder einzelnen Situation. Man muss sich seine eigenen Vorurteile eingestehen, um sie abbauen zu können. Das ist verdammt schwer und mindestens genauso anstrengend, aber ohne dies zu tun, hängt das Bild eines sogenannten Entwicklungslandes weiterhin schief.

Was ich deshalb aus Malawi mitgenommen habe, ist, die Dinge näher und genauer zu betrachten, um die Welt als das sehen zu können, was sie ist: ein Ort voller gleichgestellter Individuen. Das fängt dort an, wo wir begreifen, dass ein Kontinent kein Land ist, und geht da weiter, wo es darum geht, einem Menschen mit anderer Hautfarbe, langem Bart, Kopftuch, oder was auch immer uns »anders« erscheint, auf der Straße vorurteilsfrei in die Augen sehen zu können. In dem Moment, wenn Menschen davon ausgehen, mehr Rechte zu haben als andere oder ein Vorurteil in sich tragen, hat sich bereits ein Graben gebildet. Ihn gar nicht erst entstehen zu lassen, wäre die einfachste aller Lösungen. Aber wenn es dafür zu spät ist, bleibt uns nur noch die andere: endlich mit der Überwindung dieses Grabens zu beginnen und uns selbst gegenüber der größte Kritiker sein.

FREUNDLICHKEIT
oder
Warum Sansibar mich fest in den Arm nahm.

Sansibar, Juni 2016
4. Juni 2016, Jambiani, Sansibar

Um die Geschichte Sansibars zu erzählen, muss ich die Geschichte Malawis zu Ende erzählen. Anders kann ich nicht erklären, warum diese Insel die Bedeutung für mich hat, die sie hat. Auch wenn ich wünschte, alles wäre anders gelaufen. Ein anderes Ende. Ich hätte mir überhaupt ein Ende gewünscht.

Ich saß mit Betty und Deniz im Auto, wir waren nach einem langen Tag in Blantyre auf dem Nachhauseweg. Es war stockdunkel, deswegen fuhren wir relativ langsam. Ich saß auf dem Beifahrersitz. Von den Gesprächen der beiden bekam ich nur Wortfetzen mit, ab und an fiel ein Lachen zwischen die Songs, die ich voll aufgedreht hatte, um den langen Tag hinter mir zu lassen.

Längst hatten wir der Stadt den Rücken gekehrt, als wir an einer ungewöhnlich großen Menschenansammlung vorbeifuhren. Als ich spürte, dass die Atmosphäre im Auto umschlug, weil Deniz sich zu Betty umdrehte und ihre Stimmen lauter wurden, schaltete ich die Musik aus.

»Was ist los?«, fragte ich und Betty antwortete, dass ein Mann angefahren am Straßenrand liege.

»Dann müssen wir zurück«, sagte ich.

Wir drehten um und fuhren langsam an den rund vierzig Menschen vorbei. Betty streckte den Kopf aus dem Fenster und fragte auf Chichewa, was los sei. Alle fingen an, durcheinanderzureden.

»Ein Mann wurde angefahren«, sagte jemand. Er liege hier schwer verletzt, aber vom Täter fehle jede Spur, auf und davon, der Wagen. Niemand hatte gesehen, was genau passiert war, erst der laute Knall hatte alle umliegenden Bewohner aufgeschreckt und aus den Häusern getrieben.

Es handelte sich um eine kleine Lehmhüttensiedlung am Rand der Straße. Hier passierten viele Unfälle, weil die Leute zu jeder Tageszeit über die Straße gingen, obwohl es keine Beleuchtung gab.

Wir parkten ein paar Meter hinter dem mutmaßlichen Unfallort, und als Betty und Deniz gemeinsam ausstiegen, dachte ich: »Ich kann das nicht.« Also blieb ich sitzen und verschloss die Türen von innen. Ich konnte spüren, wie mein Herz zu rasen begann. In Gedanken ging ich unsere Möglichkeiten durch, sollte da wirklich ein schwer verletzter Mann liegen.

»Wir können ihn doch nicht bewegen, wir können ihn nicht einfach ins Auto hieven«, sagte ich vor mich hin. Betty und Deniz bahnten sich einen Weg durch die Menschen, die seltsam ruhig herumstanden. Manche hielten ihr Handy in der Hand, andere beobachteten mich durch die Scheiben.

Die ganzen endlosen Minuten, die ich dort saß und dem Schlagen meines Herzens zuhörte, rauschten Autos an der Unfallstelle vorbei. Niemand hielt an. So unerträglich die Situation war, so froh war ich, dass wir es getan hatten.

Betty kam zurück, zog die Tür auf, setzte sich und schloss sie wieder. Ich drehte mich zu ihr um.

»Der Mann ist tot«, sagte sie, und noch während sie es aussprach, kämpfte ich innerlich dagegen an.

»Ist ein Krankenwagen unterwegs? Blutet er? Wir dürfen ihn nicht anfassen, wer weiß, ob er innere Verletzungen hat.«

Sie zeigte trotz meines Wortschwalls keine Regung, und ich fragte mich, wie oft sie das schon erlebt hatte. Die Dreiundzwanzigjährige, die ohne zu zögern, ohne panisch zu werden, zu dem Mann gegangen war, seinen Puls genommen hatte, und dann feststellte, dass alles zu spät war. Ich wiederholte meine Fragen, redete unkontrolliert und zu schnell, mein Englisch funktionierte nur noch in meinem Kopf, was herauskam, fühlte sich an wie eine Fantasiesprache.

»Ich verstehe dich nicht, Ani«, sagte sie, und erst das brachte mich dazu, den Mund zu schließen.

Deniz kam zurück, blieb jedoch vor dem Auto stehen. Er stand im Licht der Scheinwerfer und unterhielt sich mit jemandem. Vielleicht war der Mann doch nicht tot und vielleicht versuchte Deniz herauszubekommen, ob ein Krankenwagen unterwegs war, ob jemand die Polizei gerufen hatte und was wir tun konnten. Die Atmosphäre war aufgeladen, manche redeten wild durcheinander, manche standen abseits und fixierten ihn. Es gab mehrere Krankenhäuser in Blantyre, also musste es auch Krankenwagen geben. Doch mich beschlich das Gefühl, dass sich niemand um Hilfe gekümmert hatte. Vielleicht, weil es einfach zu spät gewesen war, von Anfang an. Weil es hier so schrecklich normal war, dass Menschen angefahren wurden und starben? Mein Hals schmerzte, und ich versuchte, das Stechen hinunterzuschlucken. Als ich Deniz' Blick suchte, fand ich stattdessen den des alten Mannes, der neben ihm stand. Und dann passierte es innerhalb eines Wimpernschlags: Der Alte entdeckte die Delle unterhalb der Motorhaube, die noch vor unserer Ankunft aus Deutschland durch ein anderes Auto verursacht worden war. Ich dachte *nein*, als er unvermittelt aufschrie und mit dem Finger auf Deniz deutete. *Das kann nicht sein.*

»Die denken, wir waren das«, sagte ich, und Betty sprang aus dem Auto. Sie fragte, was los sei, als innerhalb von Sekunden alle herumstehenden Anwohner unser Auto umringten. Die Gruppendynamik war so unfassbar wie absurd, alle schrien durcheinander, man beschuldigte uns, plötzlich hatte jeder Einzelne von ihnen Energie, eine Stimme, eine Meinung.

Wenn auf den Straßen Malawis ein Gespräch entstand, wenn etwas passierte oder man nur nach dem Weg fragte, versammelten sich alle, die in Hörweite waren. Das war meistens hilfreich, manchmal komisch, in dieser Nacht, in diesem Moment, machte es mir eine Höllenangst.

Ich rief Deniz und Betty zu, sofort einzusteigen. Sie versuchten noch eine Weile, zu vermitteln und die Situation aufzuklären, doch alle fielen sich gegenseitig ins Wort. Dann kamen sie zurück zum Auto, und ich hoffte, dass niemand sie tätlich angreifen würde. Deniz stand an der Fahrertür und breitete die Arme aus, eine hilflose Geste, die fragte: »Was zur Hölle ist los mit euch? Wir sind die Einzigen, die angehalten haben.«

Doch seine Worte fanden genauso wenig Gehör wie die von Betty. Die Geschichte war fertig gesponnen, keine Erklärungen nötig. Ich war komplett überwältigt von der Heftigkeit und der Ungerechtigkeit dieser Situation. Und eingeschüchtert.

Betty nahm auf dem Rücksitz Platz, wir schlossen die Türen und sie sagte: »Sie schreiben sich das Kennzeichen auf. Sie haben mich beschimpft und gesagt, dass sie das Auto der Polizei melden werden.«

Zwanzig Minuten vollkommene Dunkelheit. *Wir haben nichts getan.* Ein Mantra, das die Finsternis durchbrach, die ganze Fahrt über. Als wir zu Hause ankamen, zitterte ich unkontrolliert. Ich blieb im Auto sitzen, weil ich Angst hatte, dass es mir die Beine wegziehen würde, würde ich versuchen aufzustehen. Ich öffnete die Tür, und die kühle Luft ließ mich noch mehr frösteln. Ich schaute nach oben. Der Himmel war vollkommen klar, die Sterne wie so oft unmöglich zu zählen.

»Ich möchte gehen«, sagte ich, und Deniz nickte sofort. Er wollte ebenfalls gehen. Verständlich, denn er war der Fahrer gewesen.

Ich wollte den Gedanken an eine Flucht nicht aufkommen lassen, wir hatten nichts Falsches getan, aber die Aussicht, jetzt, nach allem, was passiert war, zu bleiben und darauf zu warten, dass die Polizei nach uns suchen würde, mit rund vierzig möglichen Aussagen gegen unsere, schnürte mir die Kehle zu. Ich wollte nicht herumsitzen und darauf warten, von etwas freigesprochen zu werden, das ich nicht getan hatte. Niemand von uns wollte das.

In den letzten Monaten hatte ich mit einigen Anwälten zu tun gehabt und durch sie einen guten Einblick in Malawis Rechtssystem bekommen, das zu funktionierten schien – darauf ankommen lassen wollte ich es allerdings nicht. Ich spürte, dass, so traurig und unverständlich es für andere sein mochte, die Zeit in Malawi für mich vorbei war. Jetzt, hier, sofort, in dieser Nacht. Und weil wir das beide spürten, fingen wir an zu packen.

Betty, die uns zunächst bat, zu bleiben oder zumindest eine Nacht darüber zu schlafen, war zu klug, um meine Angst nicht zu verstehen und organisierte uns schließlich ein Taxi.

Drei Stunden und einige Kilometer in Richtung Hauptstadt später, bemerkte der Fahrer seltsame Geräusche am Vorderreifen des Geländewagens und hielt an. Deniz schlief tief und fest, während ich in unangenehmen Halbträumen zwischen zwei Welten hin- und herwandelte und nur mitbekam, dass der

233

Fahrer ausstieg. Ein paar Augenblicke später kam er zurück und teilte mir mit, dass irgendetwas mit dem Keilriemen nicht stimme. Kein Weiterfahren möglich. Als er seinen Chef anrief und dieser sagte, er sei in zwei Stunden mit einem neuen Auto da, als wir da saßen, unter dem gleichen Sternenhimmel wie ein paar Stunden zuvor, in der kalten Winternacht Südostafrikas, fing ich nicht mal an zu weinen. Mein Körper war so am Ende, dass ich meinen Kopf kraftlos an die kalte Scheibe lehnte und einschlief.

Der Kofferraum wurde geöffnet und zwei hysterische Hühner hineingeworfen. Ich schreckte auf.

»Was soll das?«, fragte ich, doch der Taxifahrer lächelte nur.

»Keine Sorge, die Hühner fahren zurück nach Zomba.« Ich drehte mich wieder um, da wurde unser Gepäck bereits umgeräumt. Das neue Taxi, ein Privatwagen, war viel zu klein für das ganze Gepäck. Wir stiegen in das Fahrzeug ein, wo ich auf der Rückbank, eingequetscht zwischen meinen Sachen, Platz nahm. Der dreckige Textilbezug stank nach Bier. Es war einer dieser Momente, in denen plötzlich alles egal war, solange ich nur, vielleicht für ein paar kurze Momente, wieder die Augen schließen konnte.

Bei Sonnenaufgang kamen wir in Lilongwe an. Wir ließen uns zu einem hübschen Hotel bringen, in dessen Garten wir Kaffee und Omeletts bestellten. Ich schlang das Omelett hinunter, und jedes Mal, wenn die Bilder der zurückliegenden Nacht in mein Bewusstsein drangen, zuckte ich zusammen.

Das war plötzlich meine Geschichte. Das war wirklich das Ende dreier schöner, abenteuerlicher Monate. Ich hasste es, dass wir dem Mann nicht rechtzeitig hatten helfen können. Aber ich hasste es auch, dass wir uns entschieden hatten umzudrehen. Wir hatten alles richtig und gleichzeitig alles falsch gemacht. Und dieses Gefühl würde mich noch sehr lange begleiten.

»Lass uns einfach Urlaub machen. Einen Puffer bauen, bevor wir nach Deutschland zurückkehren«, sagte Deniz, als mir beim Anblick des Flughafens Tränen über die Wangen liefen, und ich widersprach nicht. Es war zu spät, um lange über Entscheidungen nachzudenken. Es raubte Kräfte, und was wir tun mussten, war, auf unsere Bedürfnisse zu hören, und ich vertraute Deniz, dass er meine kannte. Also stiegen wir nicht in das Flugzeug nach Johannesburg, um von dort aus in unsere Heimat zu fliegen, sondern ließen uns stattdessen in die Sitze einer Kenya-Airways-Maschine fallen.

»Wir haben die richtige Entscheidung getroffen«, sagte Deniz, und ich seufzte.

Es schmerzt mich noch heute, dass meine Zeit in Malawi so endete. Eine so abenteuerliche und bereichernde Reise mündete in ein Erlebnis, das für mich Endstation bedeutete. Trotzdem verbinde ich jetzt, wo ich mit ein bisschen Abstand auf meine Zeit zurückblicke, so viele positive Erinnerungen mit dem Land und vor allem mit seinen Menschen. Zehn Wochen voller Freude, Lernbereitschaft und Bereicherung sind einfach wertvoller als eine Nacht geprägt von Angst.

»Werden wir uns jemals wiedersehen?«, stand auf meinem Display, als ich mich in das W-Lan des Hotels einloggte und gleichzeitig die Füße in den puderweißen Sand grub. Eine Weile saß ich in der Hängematte und spürte ganz bewusst den feinen Sand zwischen meinen Zehen. Dann schob ich das Handy in meine Hosentasche und ging am Strand entlang. Die Flut kam langsam. Ich lief los, um das große Korallenriff herum und hinein in die nächste Bucht. Die Sonne stand tief, das warme Wasser umspülte meine nackten Füße. Ich atmete tief durch, die Tränen stiegen mir in die Augen. Ich vermisste Betty. Obwohl ich sie vor der Abfahrt lange umarmt hatte, hatte ich das Gefühl, mich nicht verabschiedet zu haben. Immer wieder bereute ich meine Entscheidung, doch jedes Mal wusste ich auch, dass ich für mich lebte und nicht für jemand anderen. Ich konnte nicht bleiben, wenn alles in mir sagte, dass es Zeit war zu gehen. Ich machte sehr oft Kompromisse, überhaupt war ich das gewohnt auf Reisen. Doch jetzt, wo ich etwas nur für mich getan hatte, fing ich an zu lernen, dass das auch okay war.

Ich setzte mich in den Sand und blickte auf das Wasser. Sansibar mit seinen unwirklich weißen und weichen Sandstränden und dem türkisblauen Wasser war letztendlich genau das, was ich brauchte. Es war einer der Orte, die man von Fotos zu kennen glaubte. Manchmal täuscht dieser Eindruck, doch Sansibar war wirklich eine traumhafte Insel. Der schönste Rückzugsort, den ich mir hätte vorstellen können. Und obwohl ich jetzt in diesem Paradies angekommen war, wusste ich genau, dass ich Betty zu sehr vermisste, um sie nicht wiederzu-

236

sehen. Das schrieb ich ihr später im Hotelzimmer dann auch. Und ich war mir ziemlich sicher, dass ich nicht die Einzige war, die bei diesen Zeilen auf ihr Handy heulte.

08. Juni, 2016, Paje, Sansibar

Ich saß umringt von Plastik auf dem Bordstein, ein verlauster Hund, der auf den Namen Ninja hörte, zu meinen Füßen. Er drehte sich auf den Rücken und streckte mir seinen Bauch entgegen. Ich lächelte ihn an. Als ich nicht weiter reagierte, stupste er mit seiner Pfote an mein Bein. Ich öffnete meine Hand, und er legte sie hinein.

Ninja zuckte zusammen, als ein Rastafari seinen Jeep zum Laufen brachte und zur Testfahrt über das kleine Gelände der Autowerkstatt raste. Der Wagen funktionierte wieder. Erst als er ausstieg und auf mich zuging, fiel mir auf, dass fast jede freie Stelle des Autos mit Marihuana- und Bob-Marley-Aufklebern verziert war.

Zwei Stunden zuvor hatte das Hinterrad unseres Rollers so stark zu klappern begonnen, dass ich es – selbst nach zwei Autopannen in Malawi – nicht mehr ignorieren konnte und wollte. Also machten wir bei einer verlassenen Tankstelle halt, wo im Schatten des Gebäudes drei Männer auf der Vortreppe saßen und sich unterhielten. Als sie uns kommen sahen, bedeuteten sie uns, dass es kein Benzin mehr gab. Deniz schob den Roller zu ihnen und kippte ihn zur Seite. Ich taumelte innerlich, als ich feststellte, was los war. Sechs von acht Schrauben, die das Rad an seinem Platz hielten, waren nicht da, wo sie sein sollten. Um nicht zu sagen, da saßen nur noch zwei, und beide schlackerten. Nicht zum ersten Mal spürte ich am ganzen Körper, was Glück im Unglück wirklich bedeutete.

»Im nächsten Ort gibt es Leute, die euch helfen können, da könnt ihr hinlaufen«, sagte einer der Männer, und wir trotteten los. Zwischen Stone Town und unserem derzeitigen Heimathafen Jambiani gab es hier, wo wir nun entlangliefen, in rund fünf Kilometern eine Kreuzung mit ein paar Häusern. Dort war vielleicht keine Werkstatt vorhanden, aber hoffentlich zumindest jemand, der das Ding reparieren konnte.

Als wir so mit hängenden Köpfen die Straße entlangliefen, hielt neben uns ein Großraumtaxi, und ein Mann mit für meinen Geschmack viel zu guter Laune schüttelte energisch unsere Hände und fragte, ob er uns helfen könne.

Das Problem ist, dass wir verflucht sind, dachte ich, als Deniz ihm schilderte, was passiert war. Ali, so hieß der Mann, rief nach seinen zwei Freunden, die noch im Taxi saßen, und erklärte uns, dass sie alle auf dem Weg nach Paje waren, um dort in einem Hotel bei einer Veranstaltung auszuhelfen. Und dass sie uns gerne mitnehmen würden.

»Und der Roller?«, fragte Deniz. Ali winkte ab, öffnete den Kofferraum, und die drei fingen, ohne zu zögern, an, Platz zu schaffen und die hintere Rückbank umzuklappen. Dann hievten sie ihn hinein. Ich musste lachen angesichts der Tatsache, wie einfach hier doch alles war. Denn eigentlich gab es keine Befestigungen, um den Roller sicher zu transportieren und außerdem, da kam die Deutsche in mir hervor, war das Taxi schlichtweg zu sauber für das Teil. Aber hier schien das niemanden zu kümmern.

»Geht das wirklich? Ist das in Ordnung für euch?«, fragte ich Ali, der auch für die beiden anderen sprach, weil sie kein Englisch konnten.

»Es ist Ramadan! Wir helfen aus Liebe.« Ich schluckte meine Freudentränen hinunter, weil ich dieser Tage noch näher am Wasser gebaut war als sowieso schon.

Nach kurzer Zeit konnte keiner den Geruch von Benzin mehr leugnen. Deniz drehte sich um und stellte fest, dass der Roller tröpfchenweise Sprit verlor.

»Das tropft auf die Teppichauslage«, sagte Deniz, und schuldbewusst war gar kein Ausdruck. Ich wurde nervös. Ich wollte hier nicht mehr aussteigen, ich wollte mein Glück auskosten. Ali drehte sich zu uns um und sagte, dass das kein Problem sei und er den Wagen am kommenden Wochenende putzen werde. Danke, danke, danke.

Auf den ersten Blick wirkte die Werkstatt in Paje, dem letzten Ort vor Jambiani, verlassen. Wie ein Ort, an dem vielleicht mal eine Autowerkstatt gewesen sein mochte, mit den herumliegenden Autoteilen und der Natur, die sich den Platz langsam zurückeroberte. Doch mittendrin hantierten zwei Männer an Autos herum, während ein oberkörperfreier dritter in einem großen Topf, der auf glühenden Holzkohlen stand, Milch aufkochte. Überall lag Plastik herum, und zwei Hunde saßen im Schatten. Das war dann wohl wirklich die Werkstatt. Und wenn Mama das gesehen hätte, hätte sie erst mal aufgeräumt.

Während einer der Männer irgendwo hinfuhr, um die fehlenden Schrauben zu kaufen, unterhielt ich mich mit dem Rastafari, der kurz zuvor seinen Jeep zum Laufen gebracht hatte. Er hatte diese unkomplizierte Art, die es möglich machte, sich stundenlang zu unterhalten, obwohl man sich gerade erst kennenlernte. Kein Smalltalk, kein Drink zum Festhalten, keine unangenehmen Gesprächspausen.

Er erzählte von seinen jahrelangen Erfahrungen als Touristenführer bei Safaris und hier, in Sansibar, als Tourguide für allerhand Ausflüge. Ich hörte zu und musste so viel lachen, wie schon lange nicht mehr.

»Manche kommen hierher, weil sie *es* sehen wollen. Dann fahren sie an den Hütten vorbei und fragen sich, *kann man denn so leben?*« Am Satzende hob sich seine Stimme, und er machte eine kurze Pause.

»Sie sind so perplex und überrascht. Manche haben Angst und bleiben in ihren Hotelanlagen. Wenn sie dann bereit sind, herauszukommen, ist der Urlaub vorbei.«

Wir lachten, und er schüttelte den Kopf.

»Das ist schon lustig. Aber uns hier ist das egal.« Normalerweise hätte er seine Worte mit einem *Hakuna Matata* abschließen müssen, einer Redewendung aus der Swahili-Sprache, die ich anfangs sympathisch und irgendwann anstrengend fand, denn: *Hakuna Matata* hieß es immer und überall, und wer König der Löwen nicht kennt, dem sei gesagt, dass es so viel heißt wie: alles kein Problem. Dass aber genau diejenigen das immer sagten, die ständig Druck auf Urlauber ausübten – hartnäckige Beachboys und Restaurantangestellte, die energisch ans Autofenster klopften, bevor man das Fahrzeug überhaupt geparkt hatte – empfand ich als so deplatziert, dass ich den eigentlich so angenehm klingenden Spruch mittlerweile nicht mehr hören konnte.

Aber der Rastafari – ich schätzte ihn auf Ende dreißig –, sagte ihn nicht, er redete einfach weiter mit einem Grinsen, das sein Gesicht weicher machte.

»Manchmal frage ich mich: Was ist los mit euch Europäern? Da sagen mir die Spanier, sie wollen mit den Polen keinen Ausflug machen. Wenn dann drei verschiedene Nationalitäten in einem Boot sitzen und nicht reden, schalte ich Musik an. Und dann sehen sie auf einmal einen Delfin und sind plötzlich völlig außer sich und beginnen durcheinanderzureden.«

Er erzählte alles ganz nebenbei, als würde er die Dinge lediglich beobachten und einordnen, sie aber nicht beurteilen. Nach einer Weile fügte er hinzu: »Ich schaue sie dann immer an und sage: ›Na also, geht doch.‹ Und dann lachen alle. Jedes Mal das Gleiche.«

Nach einer Stunde waren am Hinterrad unseres Rollers acht neue, glänzende Schrauben festgezogen worden, und wir fuhren im Sonnenuntergang nach Jambiani. Es war schon verrückt, wie aus all diesen kleinen Unglücken und Pannen auch immer etwas Positives erwachsen war. Der Zwischenfall heute machte zwar die Pläne eines halben Tages kaputt, bereicherte mich aber alleine schon deswegen, weil ich eine Stunde lang lachte und Geschichten zuhörte, die so echt und unterhaltend waren, dass ich sie nicht vergessen würde. Auf Sansibar war jeder Tag ein Abenteuer. Und sie sollten nicht aufhören.

12. Juni 2016, Jambiani, Sansibar

Als ich nach Malawi flog, hatte ich nicht mit einem Urlaub gerechnet, bei dem ich so viel Zeit haben würde, und hatte zu wenige Bücher eingepackt. Deshalb stöberte ich durch die Hotelbibliothek. Rund vierzig Prozent der Romane und Sachbücher waren auf Deutsch, der Rest Englisch und einige wenige auf Spanisch oder Niederländisch. Das machte die Auswahl extrem groß, und ich konnte mich zwischen den teilweise alten und zerschlissenen Büchern kaum entscheiden. Dann fiel mir ein Roman von Karin Slaughter in die Hände, und ich fragte mich unweigerlich, was eigentlich hinter dem Phänomen steckte, dass so viele Menschen in ihrem Urlaub solche Thriller lasen. Da lag man am Strand und hörte das Meeresrauschen, brauchte allerdings, um komplett abschalten zu können, eine Geschichte, bei der eine in die Jahre gekommene Prostituierte vergewaltigt, umgebracht und ihr die Zunge herausgeschnitten wurde?

Ich nahm das Buch und begann zu lesen. Nach knapp drei Tagen war ich durch. Ich war nun offiziell Teil des Phänomens. Warum, das verstehe ich bis heute nicht. Danach griff ich zum nächsten Buch und genoss es, ein paar Tage lang nur zu lesen. Ich konnte mich nicht erinnern, wann ich das letzte Mal dafür Zeit gehabt hatte.

Die Tage waren wunderschön und unglaublich friedlich, wenn auch kurz, weil die Dunkelheit bereits am frühen Abend einbrach. Und sie folgten einem ebenso schönen Ablauf, den ich als Alltag im Urlaub empfand: Morgens schlief ich aus, ging dann kurz ins Bad und zog mir ein Kleid an. Ich ging ungeschminkt und unfrisiert nach draußen, setzte mich barfuß an einen Tisch, von dem aus ich einen atemberaubenden Ausblick auf das weiße, weiche, kilometerweite Watt hatte, trank Kaffee und aß Früchte, Omelette und Pfannkuchen. Danach las ich stundenlang und ging ins Meer, sobald die Flut kam. Oder lief am Vormittag einen knappen Kilometer hinein ins Watt. Die Füße sanken dabei leicht ein, der starke Wind trug die Hitze hinweg. Vorbei an den Seegrasplantagen, die kurze Zeit später vom warmen Wasser des Indischen Ozeans überdeckt sein würden. Das Seegras wurde auf den Feldern im Watt gepflanzt, die kleinen Gärten waren durch Holzpflöcke und dazwischen gespanntem Nylongarn ein farblicher Kontrast zu dem weißen Sand und dem am Horizont schimmernden Türkis des seichten Wassers. Später erfuhr ich, dass es auf den Weltmärkten begehrt war und in der Kosmetikindustrie genauso verwendet wurde wie bei der Rumherstellung.

Ich hätte den Frauen ewig bei der Arbeit zusehen können, aber weil ich selbst wusste, wie unangenehm es sein konnte, beobachtet zu werden, vor allem von Touristen mit Kameras in den Händen, lief ich weiter, spürte das Einsinken meiner Füße in den feuchten Sand, kniff die Augen hinter meiner Sonnenbrille zusammen und sah Deniz dabei zu, wie er den Krabben hinterherlief, bevor sie in ihre Löcher flüchteten und in unterirdischen Gängen verschwanden.

Nachmittags saß ich mit einer *french press* wieder an meinem Lieblingsplatz. Die Wellen reichten nun direkt bis an die Häuserfassaden, das helle Wasser umspülte die erste Stufe der Treppe, die an den Strand führte. Die Kinder, die den halben Tag dort gespielt hatten und mit den Kitesurfern die großen Bretter ins Wasser trugen, dabei kicherten und versuchten, sich gegenseitig auszuspielen, waren längst zurück im Dorf. Jetzt hörte ich das Meeresrauschen so laut, als wäre es in meinem Ohr und würde sich nicht am Riff, sondern an meinem Trommelfell brechen.

Wer wollte das hier je wieder verlassen? Wie sollte ich jemals wieder Socken anziehen können und meine Füße einer möglichen Klaustrophobie aussetzen?

Sansibar wurde mit jedem Atemzug ein Stückchen mehr Rückzugsort, wo ich nicht auf die Uhr, sondern auf den Wasserstand des Meeres blickte und nicht mehr tat, als schlicht und ergreifend zu existieren. Zumindest versuchte ich mich daran. Zwar dachte ich oft zurück an diese letzte Nacht in Malawi, aber ganz langsam konnte ich mich mehr und mehr fallen lassen in den puderweichen Sand einer der traumhaftesten Inseln überhaupt. Denn ich verstand: Um wirklich zu entspannen, musste ich vor allem damit aufhören, es zu wollen – und es stattdessen einfach nur loslassen.

14. Juni 2016, Michamvi, Sansibar

»Entschuldigen Sie, aber unsere Wasserleitung steht unter Strom. Das ist, wie soll ich es sagen, irgendwie unangenehm.«

Der Südafrikaner, der das Hotel vor Kurzem übernommen hatte und meiner Meinung nach für diesen Job genauso passend war wie Hulk Hogan als Vertreter für Meissener Porzellan, sagte: »Ich kann es nicht spüren, aber ich habe ja auch Schuhe an.«

Ich folgte seinem Blick. Neben meinen sonnengebräunten Füßen steckten seine Beine in Wanderschuhen mit dicker Gummisohle.

»Ich hole denjenigen, der hier die Leitungen gelegt hat. Das ist das reinste Chaos.«

Guest relations ging dann doch anders. Für den Moment zog ich mir also Schuhe an, um mir die Hände zu waschen. Oder zu duschen. Als Entschädigung zwei Dollar weniger pro Tag. Ich musste lachen. Ich mochte Menschen mit Humor.

Nachdem ich mir die Hände gewaschen hatte, zog ich meine Schuhe wieder aus und stapfte zu dem kilometerlangen und vollkommen menschenleeren Strand an der Spitze der Halbinsel von Michamvi. Die Farbe des Wassers war hier nicht so kräftig wie ein paar Kilometer weiter südlich, dafür war der Strand weitläufig und vollkommen naturbelassen.

In Michamvi zu sein, auf der Halbinsel an der Ostküste, in einem der wenigen Hotels hinter dem kleinen Dorf, noch dazu in der Nebensaison, war ein großes Glück, das wurde mir erst im Nachhinein so wirklich bewusst. Es waren kaum Touristen da, und wenn man welche traf, wollten sie genauso in Ruhe gelassen werden wie man selbst. Das angeblich überlaufene, laute Sansibar habe ich so nicht kennengelernt. Es war still, es war angenehm, es war alles, was ich für den Moment brauchte. Und als ich nach drei Tagen zum Händewaschen auch keine Schuhe mehr anziehen musste, grenzte Michamvi an Perfektion, aber mit dieser Aussage war ich vorsichtig, denn wenn ich auf Sansibar eines gelernt hatte, dann: Es ging immer noch ein bisschen schöner.

17. Juni 2016, Matemwe, Sansibar

Die Insel war vielfältiger, als ich gedacht hatte. Man kam wegen der Strände, doch auf dieses cremige Eis mit gefrorenen Sahnestückchen setzte Sansibar noch eine Cocktailkirsche drauf und übergoss das Ganze mit dieser famosen Schokoladensoße, die gefror, sobald sie mit dem Eis in Berührung kam. Wir fuhren mit einem Auto den ganzen Süden ab und sahen dadurch nicht nur die schönsten Strände, die ich mir hätte ausmalen können, sondern auch die Palmenwälder im Landesinneren und den Nationalpark mit seinem Mangrovenwald. Wir beobachteten die hier endemische Affenart beim Futtern, gingen zweimal an einem Atoll tauchen, aßen in wunderschönen Hotelanlagen zu Abend und steckten bei einer Gewürztour unsere Nasen in die verschiedensten Blätter. Wir verliefen uns in den Gassen der Hauptstadt, einem UNESCO-Weltkulturerbe, mit ihren handgefertigten, schweren Eisen- und Holztüren, den verwinkelten Straßen, in denen kleine Kinder unter Fenstern standen und von oben Früchte heruntergeworfen bekamen oder selbst aus den Fenstern spitzten und »Jambo, Jambo!« (»Hallo, Hallo!«) riefen, in denen Obstverkäufer im Schatten saßen und verschleierte Frauen hinter Häuserecken verschwanden. Stone Town war entspannt und trotz des Staubes und der Hitze eine kleine Stadt, in der ich Stunden verbringen konnte, um dann am Abend auf einer der schönen Dachterrassen maximal zu entschleunigen. Das Meer war nie weit. Ich konnte es zwar nicht immer sehen, aber das Salz in der Luft war Baldrian für meine Seele.

18. Juni 2016, Matemwe, Sansibar

Der vorletzte Tag. Nun gab es auch ein Rückflugticket. Morgen würden wir nach Stone Town fahren und von dort aus mit der Fähre zurück auf das Festland Tansanias übersetzen, und nach einer Übernachtung im Flughafenhotel würde es am nächsten Morgen zurückgehen. Ich zählte die Tage seit meinem Flug nach Malawi im März. Am Morgen des Fluges zurück nach Deutschland würden es genau einhundert sein. Es war wohl wirklich Zeit, nach Hause zurückzukehren, und der Geruch meiner vermeintlich sauberen Klamotten sah das ähnlich.

Am letzten Tag forderten wir unser Glück heraus. Wir hatten die Nase voll von unserer Pechsträhne mit Verkehrsmitteln und wollten uns wahrscheinlich beweisen, dass uns wirklich keine Hexe mit ihrem Voodoo-Zauber belegt hatte, weil mein Rock vielleicht mal zu kurz gewesen war oder Deniz sein Nsima nie aufgegessen hatte.

Wir mieteten erneut einen Roller, um damit nach Nungwi, ganz in den Norden zu fahren. In die Region, wo die Strände noch ein bisschen atemberaubender sein sollten und wo man sowohl den Sonnenaufgang als auch den Untergang sehen konnte. Wir waren bereit, uns auf die kitschig schönste Art und Weise von dieser Insel zu verabschieden. Also setzten wir uns auf den heißen Lederbezug der Sitzfläche – und wurden bei der ersten Polizeikontrolle nach nicht mal einem Kilometer herausgezogen.

Bisher waren die Polizisten auf Sansibar immer freundlich gewesen. Das Spiel war immer das gleiche: *Willkommen, woher, internationaler Führerschein, bitte. Wo ist Ihre Erlaubnis zu fahren? Welche Erlaubnis? Minutenlanges Diskutieren, Lachen, haha, höhö, wir wissen von nichts, keine Ahnung, tut uns sehr leid, dürfen wir weiterfahren, Sansibar ist so schön, wir werden wiederkommen, asante sana.*

Fünf Mal war das so abgelaufen, doch heute, da lief die Kontrolle von vornherein anders. Und das hereinbrechende Unglück war lediglich auszuhalten, weil wir uns im Paradies befanden.

Die Polizisten an diesem Samstagmorgen waren nicht besonders gut drauf. Aufgrund eines Dokuments, das wir nicht besaßen (eine Erlaubnis, die man sich in Stone Town besorgen musste, bevor man irgendwo auf der Insel ein Fahrzeug führen durfte, woran sich aber niemand hielt), verlangten sie eine Strafe in Höhe von einhundert Dollar, die – und das war so sicher wie das Amen in der Kirche – zu neunzig Prozent die Haushaltskasse der beiden etwas aufpolieren sollte.

Wir sagten, was tatsächlich den Tatsachen entsprach: dass uns das Bargeld an diesem vorletzten Tag ausgegangen war und wir, bevor es in den Norden gehen sollte, in die Kleinstadt Kiwengwa fahren wollten, weil es dort den einzigen ATM auf der ganzen Insel geben sollte – abgesehen von denen in der Hauptstadt, die viel zu weit weg lag. Nach langer Diskussion ließen sie uns dorthin fahren, mit der Auflage, in mindestens zwei Stunden zurück zu sein. Inklusive dem Strafgeld.

»Der ATM öffnet in drei Wochen«, erklärte ein Maler, der mich vorher penibel darauf hingewiesen hatte, nicht auf die nasse Farbe, die überall war, zu treten. Er lächelte mich an und zuckte entschuldigend die Achseln.

Ich ging zurück zu Deniz, der auf dem Roller saß. Kein Bargeld und zurück zu den Polizisten. Es graute mir davor, unsere missliche Lage erklären zu müssen. Alles, was ich wollte, war einen letzten Ausflug zu machen und ein bisschen Bargeld in der Tasche zu haben.

Nach fünf Minuten Fahrt ging plötzlich der Motor aus, das Lenkrad schlackerte stark, wir kamen gerade so zum Stehen, ohne herunterzufallen. Deniz versuchte, den Roller neu zu starten – keine Chance. Wir schwiegen. Die Fassungslosigkeit überkam uns, es reichte nicht mal zum Fluchen. Ich sagte nichts, stieg ab, und wir begannen zu schieben. Doch auch jetzt, nach rund fünf Minuten, hielt ein Auto mit zwei Männern an, die zwar kein Englisch sprachen, sich aber sofort des kaputten Rollers annahmen. Ich setzte mich auf den Seitenstreifen und schloss die Augen, während Deniz mit den beiden hilfsbereiten Männern den Roller auseinandernahm. Sie feilten an den Zündkerzen, was genau sie da machten, wusste ich nicht, zu diesem Zeitpunkt überstieg sowieso alles meinen Verstand.

Nach zehn Minuten sprang der Roller an, doch da war es längst vorbei mit meiner Geduld. Ich wollte nicht mit diesem Teil und auch mit keinem anderen Verkehrsmittel in den Norden fahren. Ende, aus, vorbei.

Wir fuhren im Schritttempo zurück zur Kontrollstation, wo ich auf die Frage »Wie geht's?« zum ersten Mal auf Sansibar sagte: »Nicht. Besonders. Gut.«

Kein Bargeld, um die Strafe zu bezahlen, kein funktionierender Roller, fast einen Unfall gehabt, kein letzter Ausflug. Die beiden Polizisten schenkten uns mitleidige Blicke: »Machen Sie sich keine Sorgen«, sagten sie und klopften uns auf die Schultern.

»*This is the joy department.*«

Zurück im Hotel erzählten wir einem Paar aus Holland, mit dem wir am Tag zuvor zu Abend gegessen hatten, von dieser zweiten Pannenstory. Sie wussten bereits von allem, was auch schon in Malawi schiefgelaufen war und fingen an, laut zu lachen.

»Was ist nur los bei euch?«, sagten sie unter Tränen. Und mir war klar, wie angenehm es sein musste, diesen Geschichten einfach nur zu lauschen, statt sie selbst zu erleben. Unnötig zu erwähnen, dass das Paar ohne Zwischenfälle den Kilimandscharo bestiegen hatte.

Sie fragten uns, ohne zu zögern, ob sie uns Geld leihen sollten, und ich seufzte vor Dankbarkeit auf. Wenn Leute viel reisten, was bei den beiden der Fall war, wussten sie meist, wie schnell man sich in einer Lage befinden konnte, in der man plötzlich auf andere angewiesen war. Und obwohl wir dankend ablehnten und beschlossen, die Hotelrechnung mit Kreditkarte zu bezahlen, war ich überwältigt von der Freundlichkeit, die ich auf Sansibar immer wieder erfahren durfte. Vom Taxifahrer, der sich freute, als ich mein iPhone anschloss und meine Lieblingslieder abspielte, über die Männer, die unsere Roller so selbstverständlich reparierten, bis hin zu den Hafenangestellten in Tansanias Hauptstadt, die uns halfen, unser Gepäck zu tragen, ohne danach die Hand aufzuhalten. Viele hier lebten wahrhaftig nach dem *Hakuna Matata*-Prinzip. Und das war letztendlich, wo es mich doch zwischendurch so genervt hatte, eine der schönsten Erkenntnisse dieser Reise nach Sansibar. Alles ist gut und wenn es das nicht ist, dann wird es gut werden. Ein unvergessliches Mantra, ein unerschütterliches Vertrauen ins Leben.

EINSAMKEIT
oder
Warum Glück eine Frage des Teilens ist.

Italien, September 2016

Ich saß am Flughafen München, zwei Stunden vor dem Abflug. Mein Gepäck war bereits eingecheckt und die Sicherheitskontrolle lag ebenfalls hinter mir. In einem Restaurant hatte ich mir einen Platz am Fenster gesucht, trank einen Kaffee und arbeitete ein paar E-Mails ab. Ich war verdammt nervös, was diese Reise anging, und war deshalb drei S-Bahnen früher als nötig losgefahren. Für den Fall, dass etwas schiefging, wollte ich einen Puffer haben und arbeiten konnte ich schließlich auch am Flughafen.

Und hier saß ich nun und beobachtete die Flugzeuge beim Starten und Landen. Es fühlte sich an, als stünde mir die abenteuerlichste Reise meines Lebens bevor. Und in gewisser Art und Weise war sie das dann auch.

Es gibt Orte, in die ich mich verliebt habe, bevor ich jemals dort war. So war es auch mit Apulien. Alles in Italien, was südlich von Rom lag, war für mich bis zu diesem Zeitpunkt vollkommen fremd, lediglich das Italiengefühl, das sich in der Brust ausbreitet, sobald man an Gelato, Sonnenschirme und Salzwasser denkt, schwappte immer wieder in mein Bewusstsein: Ich wollte seit Jahren nach Apulien, in den Stiefelabsatz des Landes, und als ich dann auf Bilder des Gargano stieß, der Halbinsel mit ihren weißen Kalksteinfelsen, den Meeresgrotten und den weiß getünchten Häusern, da wusste ich – es wurde Zeit. Was ich nicht wusste, war, dass meine erste Reise dorthin auch eine Reise allein sein würde. Deniz war gerade im Ausland und meine Freunde alle an Urlaubstage gebunden, deshalb fand ich mich selbst bei der Buchung eines Mietwagens wieder, den ich am Flughafen abholen und der mich eine Woche lang begleiten sollte. Was mich zu dem Punkt bringt, warum ich überhaupt so aufgeregt war: Ich, die auf ihrem Blog von Roadtrips schwärmt, seitdem es den Blog als solchen gibt, würde zum ersten Mal einen Roadtrip alleine unternehmen. Ich war seit Jahren keine langen Strecken mehr selbst gefahren, noch dazu unbekannte. Und diese Vorstellung also, nur der Mietwagen und ich, war nach monatelanger Entwicklungshilfe und nach wochenlangem Pilgern auf dem Jakobsweg eine weitaus größere Herausforderung, als mancher sich vielleicht vorstellen kann.

»Was, wenn ich mich verfahre und nie am Hotel ankomme?«, schrieb ich bewusst theatralisch an Deniz. Ich wusste, dass ich Roadtrips nur schätzte, weil ich mich dabei unglaublich entspannen konnte. Auf jemand anderen verlassen konnte. Ich ließ mich jedes Mal auf dem Beifahrersitz nieder, seufzte ganz leise, öffnete das Fenster, schaltete die Musik an, lehnte mich zurück – und ließ mich von der Welle des Glücks überfluten. Jedes einzelne Mal.

Als Fahrer, noch dazu ohne Beifahrer, musste man sich erst mal an das Auto und die Straßen gewöhnen. Sich auf das Navi konzentrieren oder, für den Fall, dass man ohne unterwegs war, auf Straßenschilder.

»Das Gute in Italien ist ja, dass jede Mama und Nonna fabelhaft kochen kann. Das heißt, jedes falsche Abbiegen bringt dich in jedem Fall an eine einmalige kulinarische Destination«, war Deniz' Antwort auf meine latente Panik. Die Vorstellung, dass jedes Mal, wenn ich mich verfuhr, am Ende der Straße ein randvoller Teller Pasta auf mich wartete, beruhigte mich.

Was ich außerdem feststellte, als ich am Flughafen in München saß, war, dass ich unglaublich gerne zu zweit verreiste. Sobald man in einer großen Gruppe unterwegs war, lief man Gefahr, sich nicht einigen zu können, und dann waren mühsam aufrechterhaltene Höflichkeit und Kompromissbereitschaft vor allem eins: anstrengend.

Aber zu zweit mit dem passenden Reisepartner, und bei mir war das meistens der Fall, war es immer am schönsten. Meine persönliche Begründung erschien mir ganz einfach: Ich musste in der Lage sein zu teilen. Meine Gedanken, meine Eindrücke, einfach alles.

Ich bin nicht der Typ, der einen Sonnenuntergang für sich beansprucht – ich bin der Mensch, der ihn teilen will. Und das war die zweite Herausforderung für mich bei diesem Trip. Nicht unbedingt, mir etwas zuzutrauen, von dem ich nicht überzeugt war, es zu können, sondern es vor allem genießen zu lernen. Für mich und nur für mich. Mich selbst aushalten zu können, rund um die Uhr. Vielleicht hört sich das einfacher an, als es ist. Aber ehrlich: Wann sind wir überhaupt noch alleine? Haben wir es nicht längst verlernt? Wissen wir überhaupt noch, was das wirklich bedeutet?

Ich habe über diese Frage schon oft nachgedacht. Als Einzelkind bin ich ohne Geschwister aufgewachsen und habe nie verstanden, warum sich so viele Geschwisterpaare, die ich bereits als Kind kannte, nicht verstanden. Stattdessen weiß ich ganz genau, wie es sich anfühlt, wenn man sich mit den Eltern streitet und diesen Kampf alleine austragen muss. Ich habe dahingehend schon früh gelernt, vieles mit mir selbst auszumachen, was mich zwar nicht zu einem introvertierten Menschen werden ließ, allerdings zu einem, der kein Problem damit hat, seinen Alltag allein zu bestreiten. Auf Reisen ist das eine andere Sache, da bin ich gerne mit anderen unterwegs und tausche mich aus, aber abseits dessen kann ich gut für mich sein. Und genieße das sogar. Das hört sich vielleicht gewöhnlich an, ist es aber für viele nicht.

Vielleicht ist es ein Problem unserer Generation: Wir sind alle einen Anruf voneinander entfernt und setzen uns dadurch immer weniger mit uns selbst auseinander. Verabreden uns oft, sobald am Abend Stille einkehrt. Lassen Serien laufen, aber nebenher greifen wir zum Handy, weil es einer Herausforderung gleicht, sich auf eine Sache zu konzentrieren.

Wir müssen keine Briefe schreiben, wir können tippen, in Echtzeit, und wenn wir uns nach einem Partner oder zumindest nach ein bisschen Liebe für eine Nacht sehnen, dann wischen wir zur Abwechslung einfach nach rechts. Alles ist verfügbar, doch ich glaube, wir vergessen dabei, dass das Alleinsein es genauso ist. Und wahrscheinlich ist es gerade in diesen extrem schnelllebigen und reizüberfluteten Zeiten besonders wichtig.

Mit diesen Gedanken stieg ich ins Flugzeug nach Bari, und als ich wieder ausstieg, konnte ich das Meer von der Tür der Maschine aus sehen, roch das Salz, atmete die warme, mediterrane Luft ein, holte den Mietwagen ab, fuhr los – und war nach zehn Minuten vollkommen am Ende.

Das Navi war nach zwei Minuten einfach ausgegangen, und weil ich nicht rechts ranfahren konnte und aus einer Spur immer mehr wurden, fuhr ich erst mal geradeaus weiter. Ich überprüfte während der Fahrt, ob ich das Gerät richtig angesteckt hatte, doch jedes Mal, wenn ich es anschaltete, ging es nach ein paar Sekunden erneut aus. Weil mein Ziel viel zu weit weg lag, um angeschrieben zu sein, blieb mir nichts übrig, als erst mal von der Autobahn abzufahren. Hinein in die Rushhour Baris, mit italienischen Autofahrern um mich herum, die fuhren, als ginge es um Leben und Tod. Ich begann zu schwitzen, dann zu fluchen. Ich fuhr rechts ran, schmiss das kaputte Navi ins Handschuhfach und öffnete eine App, die ich mir für genau so einen Fall noch in Deutschland heruntergeladen hatte. Die App hatte nämlich nicht nur Offlinekarten und Reisetipps integriert, sondern ebenfalls ein Navi. Glücklicherweise funktionierte es, doch mit dem Handy im Getränkehalter konnte ich das Display während dem Fahren kaum sehen. Ich musste mich also auf die Stimme verlassen, die ich so laut eingestellt hatte, dass ich immer wieder zusammenzuckte.

Wir waren uns nicht wirklich sympathisch, die Frau, die mich dirigierte, und ich, die eigentlich visualisieren muss, um sich etwas zu merken.

Zweieinhalb Stunden auf den Straßen Italiens, mit niemandem neben mir, der mir bei der Orientierung helfen konnte. Nachdem ich die Hälfte der Zeit auf der Autobahn verbracht hatte, führten mich die letzten hundert Kilometer durch die winzigen Altstädte kleiner Orte, wo sich das Navi gerne mal vertat und mich plötzlich in die Fußgängerzone einbiegen ließ. Irgendwann schloss ich die App. »Sinn und Verstand, Mädchen, los geht's«, sagte ich mir, kämpfte mich durch so enge Gassen, dass ich der Nonna den Pastateig aus der Schüssel hätte naschen können, fing an, genauso viel zu hupen wie alle anderen, und kam bei Dunkelheit in Vieste an.

Ich öffnete die App erneut, um die Straße meiner ersten Unterkunft einzugeben, doch die kannte es plötzlich nicht. Also stand ich da, in einer Stadt, in der es knapp zweihundert Übernachtungsmöglichkeiten gab, und eine davon (meine) lag vier Kilometer außerhalb in den Hügeln des Gargano.

Ich fuhr erneut los, rein nach Bauchgefühl durch die ganze Stadt Richtung Norden, so hatte ich die Strecke in Erinnerung, die ich mir zu Hause in Deutschland noch auf Google Maps angesehen hatte. Ein paar Kilometer außerhalb, rechts von mir das dunkle Meer, links von mir die sanften Hügel der Halbinsel, bog ich in die Einfahrt eines Fischrestaurants und erklärte einem Kellner, der kein Englisch konnte, dass ich eine Ferienanlage suche. Ich deutete auf den Namen, er lächelte mich an und sagte auf Italienisch, das ich zum Glück einigermaßen verstand: »Die ist direkt hinter uns. Einfach die nächste Abzweigung links einbiegen.«

So viel zu meinem Bauchgefühl und der Tatsache, dass ich es definitiv mehr trainieren sollte als den Bauch selbst.

Ich parkte, atmete tief ein und aus und war zu nichts mehr imstande, als schlichtweg zu existieren. Obwohl meine Intuition mich hierher gebracht hatte, auf den richtigen Parkplatz der richtigen Anlage, war das kein besonders angenehmer Start in den Selbstversuch, alleine einen Roadtrip zu machen. Im Gegenteil, ich fühlte mich ausgelaugt, war müde und verspannt und hatte so viel Redebedarf wie schon lange nicht mehr, nachdem mich die letzten Stunden lediglich die unfreundliche Frauenstimme des Navis genervt hatte, die ich ab einem bestimmten Zeitpunkt nur noch anschrie, sobald sie drei Mal hintereinander »Fahren Sie in den Kreisverkehr!!!« sagte.

Ich checkte ein und setzte mich später in den schwach beleuchteten Poolbereich. Dort war ich der einzige Mensch weit und breit. Aus den Boxen einer Anlage drangen viel zu laut Rockklassiker aus den 80ern, die mir vielleicht dabei helfen sollten zu übersehen, dass außer mir selbst niemand anderes hier saß. Taten sie nicht. Ich kühlte meine Füße im Pool und griff zum Telefon.

»Dann reserviere ich Ihnen zwei Tickets, ja?«

Die junge Frau, die am Ticketschalter saß, konnte kein Englisch. Das Gute daran war, dass je weniger Menschen die Sprache konnten, mein kaum vorhandenes Italienisch immer besser wurde. Ich verstand, was sie wollte, und sagte: »Nein, nur eins.«

Die Frau sah beeindruckt aus. Sie wollte etwas sagen, doch sie wusste nicht, wie, wir konnten uns schließlich kaum verständigen. In dem Moment fiel mir mal wieder auf, wie wichtig es sein konnte, die Landessprache zu beherrschen. Zumindest im Ansatz, ein paar Worte, die man umherwerfen konnte, so dass die Sprachbarriere vielleicht sogar Spaß machen würde.

Ich lächelte sie an. *Danke für den Blick*. Weil er in diesem Moment so gut tat.

Auf dem voll besetzten Motorboot nahmen ich, ein deutsches Paar und rund vierzig Italiener Platz. Mit Apulien verhält es sich vielleicht ein bisschen so wie mit der Ostsee: unter Einheimischen ein beliebtes Urlaubsziel, für den Rest der Welt noch eher ein Geheimtipp.

Der Skipper, ein sichtlich in die Jahre gekommener Italiener mit vollem Haar (wie machten die das bloß?) und weißem Leinenhemd steuerte das breite Boot gekonnt in jede noch so schmale Grottenöffnung, erzählte jedes Mal eine Anekdote oder einen Witz, ich war mir da nie so ganz sicher. Die Stimmung war durchweg ausgelassen, alle lachten, außer ich. Immer wenn mich jemand anschaute, lächelte ich rasch. Als der Skipper irgendwann bemerkte, dass ich eher unaufmerksam war, fragte er mich, ob ich denn nichts verstünde, und ich bejahte das.

Sì, nix capire und da blieb ihm nur das Schulterzucken, er konnte eben kein … ja, genau.

Aquamarin war das Wasser, weiß waren die Kalksteinfelsen, sattgrün die Kiefern, die aus ihnen herauswucherten. Aber am schönsten waren die vollkommen unterschiedlichen Meeresgrotten. Teilweise komplett durchflutet und mystisch, manche mit einem kleinen, nassen Kiesabschnitt, mit großen und kleinen Löchern in den Felsen, durch die Sonnenstrahlen fielen.

Ich schwieg zweieinhalb Stunden lang, war mit Staunen beschäftigt und amüsierte mich darüber, dass alle an Bord klatschten, weil das Motorboot rückwärts aus der Grotte fuhr. Auf dem Rückweg schloss ich die Augen. Weil der Wind sich auf meinem Gesicht so schön warm anfühlte.

Nach der Bootstour streifte ich durch Vieste. Die kleine Stadt hatte bereits vom Wasser aus umwerfend ausgesehen, ganz besonders die mittelalterlich wirkende Altstadt, die auf der Felsspitze San Francesco ins Wasser ragte, mit ihren kleinen, weiß gestrichenen Häusern, die schwindelerregend nah an den Klippen standen. In den engen Gassen herrschte lebhaftes Treiben, und alle Eindrücke vermischten sich zu einem einzigen italienischen Lebensgefühl. Touristen liefen durch die Straßen und kauften verkitschte Souvenirs oder die Klassiker wie Olivenöl, kolorierte Pasta und Gewürzmischungen. Auf winzigen Balkonen flatterte frische Wäsche, Obstverkäufer lehnten an ihren Ständen und unterhielten sich mit vorbeilaufenden Polizisten oder alten Frauen, die vor ihren Türen auf kleinen Hockern saßen. Das Spätsommerlicht in den Straßen, die vorbeifahrenden Vespas, die Katze, die zusammengerollt auf einem Stuhl lag, auf dessen Lehne geschrieben stand: »Katze am Schlafen, bitte nicht stören.«

Es war herrlich. Eigentlich. Mein Magen knurrte, und ich hatte mich bereits den ganzen Tag auf die für Apulien traditionelle Nudelsorte Orecchiette (italienisch für »Öhrchen«) gefreut, in einer Weißweinsoße vielleicht, oder zumindest mit einem Gläschen neben mir. Aber in Italien füllten sich die Restaurants erst spät am Abend, und das wussten auch die Touristen, mich eingeschlossen. Hunger hatte ich trotzdem, denn das Mittagessen war aufgrund der Bootstour ausgefallen.

Es fiel mir schwer, an den gerade frisch eingedeckten Tischen vorbeizulaufen, wo absolut niemand saß und die Kellner noch an der Bar standen und sich unterhielten, eine Zigarette rauchten oder gerade erst zur Arbeit antraten. Ich fühlte mich unwohl bei dem Gedanken, mich an einer Piazza alleine auf eine vollkommen leere Terrasse zu setzen. Was ich wollte, war Trubel, und der fand nach wie vor auf den Straßen statt. Ich sehnte mich nach vollen Restaurants, wo Kellner sich ihren Weg durchbahnen mussten, sich laut unterhaltenden Italienern, Touristen, die die Karte nicht verstanden, Familien, deren Kinder nörgelten, Frauen, die vorbeiliefen und denen hinterhergepfiffen wurde. Ich wollte untertauchen, um nicht aufzufallen. Um so bei mir bleiben zu können, hinter meinem Buch zu verschwinden, das Treiben zu beobachten und bis zu einem gewissen Grad ein Teil davon zu werden. Also schlich ich eine Stunde durch die Gassen und hoffte darauf, dass die Terrassen der Restaurants sich füllen würden, aber es war schlichtweg zu früh und mein Hunger zu groß.

Ich setzte mich in eine Weinbar am Hafen, wo außer mir nur ein einziges Pärchen zu Gast war, und bestellte eine Pizza. Sie war durchschnittlich lecker, mit Dosenpilzen statt frischen, und der Weißwein schmeckte wie eine Schorle. Ich war hochgradig frustriert, und das bereits am zweiten Abend meines Aufenthalts.

Das war schon seltsam. Ich war mit neunzehn Jahren zu Hause ausgezogen, hatte in Wohngemeinschaften und schließlich alleine gewohnt, habe mir meine Berufswege selbstständig geebnet, steige mehrmals im Jahr alleine ins Flugzeug, um irgendwo hinzureisen, sitze in Hotelzimmern, an meinem Schreibtisch oder in Cafés und arbeite, alles eigenständig, alles alleine. Doch nun ohne Begleitung durch Süditalien zu reisen, das schien plötzlich nicht zu funktionieren. Ich wollte reden, Wein trinken, ein bisschen zu viel davon, und dann ein bisschen zu viel reden. Ich wollte mit Freundinnen über das Pfeifen der italienischen Männer lästern, wie es anfangs schmeichelte, und dann die Abzweigung vor der Peinlichkeit verpasste.

Ich wollte teilen. Meine Erfahrungen, meine Emotionen, von mir aus auch meine Pizza. Doch ich war umgeben von Paaren, Rentnergruppen, Familien und italienischen Männern, die nichts anderes taten, als zu glotzen. Das war also mein Roadtrip durch Apulien. Und es lag an mir, das Beste daraus zu machen.

Jeden Morgen motivierte ich mich neu. Ich hatte hierhergewollt, und auch wenn sich der Aufenthalt anders entwickelte, als ich es mir erhofft hatte, konnte ich zumindest versuchen, das Beste daraus zu machen.

Wenn ich in Gruppen reiste und irgendetwas schiefging – das ausgesuchte Restaurant hatte geschlossen, die Tour war ausgebucht – behielt ich oftmals die Motivation und den Optimismus für alle anderen zusammen, um schnellstmöglich umzudisponieren. Ich war meist diejenige, die die Leitung übernahm und das nie, weil ich sie an mich riss, sondern, weil es sich so ergab. Vielleicht, weil ich einfach Spaß am Organisieren hatte, und ich gut darin war. Doch hier, in Italien, verließ mich die Lust. Immer mehr ließ ich mich einfach treiben. Und dann geschah das größte Unglück, das einem deutschen Urlauber, der im Spätsommer noch ein bisschen bella Italia erleben wollte, passieren konnte. Dramatisch klingende Himmelstrommeln kündigten es an, halleluja: Das Wetter schlug um.

Als ich bei strömendem Regen in Alberobello ankam, einem hübschen Ort, überhaupt einer schönen Gegend, bekannt für ihre kegelförmigen Häuser, bekam die Trostlosigkeit auch ein Gesicht. Meine vorab gebuchte Unterkunft war ein kleiner Hof außerhalb des Ortes, geführt von einem älteren Ehepaar, was sich im Vorfeld so schön und einladend angehört hatte.

Doch ich war erneut der einzige Gast, zumindest an diesem Abend, und der schöne Hof, in dem normalerweise das Frühstück unter einem Sonnensegel serviert wurde, wirkte bei dem tristen Wetter verlassen und trostlos. Der Sohn des Paares, der etwas Englisch sprach, erklärte mir, dass außerdem das W-Lan nicht funktioniere, da die Antenne in den nächtlichen Stürmen abgebrochen war. Ich ging also in mein Zimmer, setzte mich auf mein Bett und las die verbliebenen Seiten meines Buches. Als ich irgendwann nach draußen spähte und es ohrenbetäubend laut gewitterte und nicht aufhören wollte zu regnen, fragte ich mich, wo ich nur gelandet war.

Auf meiner Fahrt nach Ostuni am nächsten Tag hielt ich an einer Tankstelle an, an der man jedoch lediglich mit Bargeld an einem Automaten zahlen konnte. Ich fragte den Fahrer eines Fernbusses, ob er mir meinen großen Geldschein wechseln könne. Konnte er, und obendrauf war er auch noch sehr freundlich. Er erzählte mir, dass er aus Rumänien stammte und gerade eine Pause einlegte, bevor es mit der Reisegruppe zurückging.

»Und Sie sind alleine unterwegs?«, fragte er mich, und ich war dankbar für dieses kleine Gespräch. Ich nickte. Er nickte auch.

»Manchmal ist das ganz schön anstrengend«, sagte ich. Da nickte er wieder. Und antwortete: »Aber ich glaube, Sie werden sich dadurch besser kennenlernen. Das ist eine wertvolle Erfahrung, alleine unterwegs zu sein.« Und genau das dachte ich mir mittlerweile auch.

Später am Tag, als sich erneut schwere Gewitter ankündigten, unterbrach ich meine Tour und lief zurück zum Auto. Die Stadt schien innerhalb von Minuten wie ausgestorben, jeder war vor dem Regen geflüchtet.

Ich parkte aus – und fuhr gegen ein verbeultes Eisenblech, das aus einer Mauer hervorragte, die so niedrig war, dass ich sie durch den Rückspiegel nicht hatte sehen können.

Ein paar Augenblicke lang tat ich gar nichts. Hörte lediglich, wie mein zuvor angeschaltetes Hörbuch weiterlief. Dann schaltete ich es aus. Und fragte mich, ob das nun der Höhepunkt der Reise war, denn wenn es nach mir ging, dann wollte ich sie jetzt in diesem Moment beenden.

Irgendwann fuhr ich wieder los, mit frischen und unübersehbar tiefen Kratzern im Heck, und kroch mit zwanzig Stundenkilometern so überflutete Landstraßen entlang, dass ich einmal sogar wenden und einen neuen Weg finden musste.

Ich war an dem Punkt angekommen, an dem ich es mit mir selbst nicht mehr aushielt. Wäre doch einfach irgendein Mensch neben mir gesessen – irgendjemand, der im richtigen Moment gesagt hätte: »Fahr mal rechts ran, ich übernehme jetzt. Und wenn wir von diesen Straßen runter sind, trinken wir erst mal einen Schnaps.«

Was war schiefgelaufen, an welcher Kreuzung war ich falsch abgebogen?

Vielleicht an gar keiner. Vielleicht musste ich einfach das Projekt für mich abhaken. Mir eingestehen, dass ich es nicht konnte, weil ich es nicht wollte.

Natürlich war ich in der Lage, alleine herumzufahren, mir Dinge anzusehen, abends lecker essen zu gehen und mich dabei gut zu fühlen. Aber nicht auf Dauer. Das Glücksgefühl, alleine etwas genießen zu können, stellte sich nicht ein. Und das war okay.

Natürlich gab es viele Gründe, warum der Roadtrip nicht so funktionierte, wie ich ihn mir vorgestellt hatte. Zum Beispiel, weil das hier kein Backpacking-Urlaub war, wo ich in jedem Hostel auf andere Reisende traf und am Ende sogar glücklich sein konnte, wenn im Mehrbettzimmer mal niemand war. Und auch, weil ich nur ein Mal auf ein Mädchen getroffen war, das ebenfalls alleine reiste. Es war an meinem letzten Tag, und wir saßen zur Mittagszeit im gleichen Restaurant, als sich unsere Blicke trafen. Ich wollte sie ansprechen, mich mit ihr austauschen, vielleicht sogar gemeinsam weiterziehen.

Doch ich tat es nicht. Vielleicht war ich zu diesem Zeitpunkt schon so in mich gekehrt und zurückgezogen, dass ich nicht den Mut aufbrachte. Vielleicht lag es auch daran, dass ich an diesem letzten Tag bereits mit einem Fuß im Flugzeug stand. Trotzdem machte es mich kurz traurig, dass ich endlich eine Gleichgesinnte gefunden hatte, jedoch die Chance nicht ergriff, sie anzusprechen. Und damit auch an diesem letzten Tag alleine blieb.

Als ich ein wenig später durch Baris Straßen lief, durch die breiten, mit üppigen Prachtbauten gesäumten, oder durch die Gassen der Altstadt, aus denen immer mal eine Vespa herausschoss, als ich zusah, wie alte Damen vor den Häusern saßen und Teig für Pasta und Gebäck formten und mir der Geruch der frisch gewaschenen Wäsche in die Nase stieg, wurde ich ruhiger und zufriedener. War im Reinen damit, dass ich nicht alles schaffen und mir nicht alles Spaß machen musste, was ich an anderen bewunderte. Stattdessen freute ich mich darauf, das erste und letzte Eis des Urlaubs zu essen, das, wie es sich für eine Italienreise gehörte, unter einer heißen Mittagssonne dahinschmolz. Und ich freute mich, weil ich wusste: Es gab einige gute Gründe, nach Süditalien zurückzukehren. Allen voran den, dass ich diesen Ort unbedingt jemandem zeigen wollte – um ihn dann teilen zu können. Mit Fotos, auf denen zwei Menschen zu sehen sein würden statt einem.

Der Roadtrip durch Süditalien, wie ich ihn mir vorgestellt hatte, kam also nie zustande. Ich war zu sehr damit beschäftigt gewesen, Straßenschilder zu lesen, so dass das Gefühl von Freiheit, wie ich es aus Kalifornien oder Malawi kannte, erst gar nicht hatte entstehen können. Und, wie es jemand schön mal so formulierte: Bei einem Roadtrip geht es weniger um die Strecke an sich, als vielmehr um die Menschen, die mit einem im Auto sitzen. Und weil ich alleine war, bekam ich eben etwas anderes geschenkt: Erkenntnis.

Wie hätte Apulien auf mich gewirkt, wenn mein Italienisch besser gewesen wäre? Wenn es durchweg heiß und sonnig gewesen wäre, mit Unterkünften am Wegesrand, die mit großen Tischen voller Touristen auf mich gewartet hätten? Für tolle Gespräche an jedem Abend.

Reisen ist subjektiv, weil der Mensch nicht objektiv sein kann, wenn er etwas erlebt. Er wird seine Erfahrungen im Nachhinein immer automatisch bewerten. Das ist ein ganz normaler Prozess.

Und manchmal, unterm Strich, braucht man einfach einen Menschen neben sich, der hilft, aus dem eigenen Karussell auszusteigen.

Ein halbes Jahr später würde ich zwei Wochen durch Curaçao streifen, alleine, um dem Winter zu entfliehen und unter karibischer Sonne meinen Roman fertigzustellen. Ich würde es genießen können, all die kleinen Begegnungen am Wegesrand würden nette Abwechslungen sein, jedoch nichts, wonach ich mich täglich sehnen würde. Im Gegenteil, ich würde die Unabhängigkeit in vollen Zügen genießen. Ich würde schreiben, an Traumstränden Bücher lesen, abends an Bars vorbeigehen, deren Salsa-Musik nach draußen dringt und Menschen auf der Straße grüßen. All das würde möglich sein, weil jede Reise von der eigenen Stimmung, dem Land und seinen Menschen abhängt. Doch das ist wiederum eine andere Geschichte.

»Happiness only real when shared«, hat Christopher McCandless, ein Abenteurer und Aussteiger kurz vor seinem dramatischen Tod in Alaska niedergeschrieben – in eigenen Worten: Glück ist nur dann echt, wenn man es teilt.

Ich glaube nicht, dass das so ausschließlich stimmt. Aber ich glaube, dass dieses Teilen der vielleicht wichtigste Baustein des Glücks ist.

HEIMAT

oder

Warum wir gehen.

Deutschland, heute

An einem Freitagabend vor nicht allzu langer Zeit lief ich durch München. Ich war auf dem Weg nach Hause, von einem Ende der Innenstadt zum anderen. Das war so nicht geplant, eigentlich war ich mit Freunden in meiner Lieblingsbar verabredet gewesen. Doch der frühe Abend verlief ungewollt anders, und so fand ich mich ohne Begleitung wieder, zwischen Bars, deren warmes Licht mich hineinzuziehen versuchte, knutschenden Paaren in dunklen Ecken und Passanten, die sich gegenseitig durchs Handy anlachten.

Ich fragte mich, warum ich so wenig spontan war, warum ich aus diesem richtig blöden Abend nicht noch etwas machte.

Warum gehst du da jetzt nicht einfach rein, in diese neue Bar, die so voll ist, dass es gar nicht auffallen wird, dass du alleine bist. Du stellst dich an den Tresen, du bestellst einen Drink, und weil du

nicht weißt, welchen, lässt du dir vom Barkeeper seinen Lieblings-
cocktail mixen. Damit bist du dann schon mal mit ihm im Gespräch.
Alles andere wird sich von selbst ergeben. Du weißt, wie das geht,
du machst das auf Reisen so oft. Den Kontakt zu anderen suchen.

Ich lief an beschlagenen Fenstern vorbei. Da war keine
Neugier in mir drin, kein Wunsch, etwas zu erleben, was nicht
auch in meinem Bett, mit einer Tafel Schokolade und einer
Runde Serienmarathon möglich gewesen wäre. Kein Funken
Spontanität in meinem Körper. Ich lief nach Hause und fühlte
mich wie jemand, der nicht dazugehörte.

Ich begann, meine aufkeimende Teilnahmslosigkeit am Leben, hier, jetzt und heute, darauf zu schieben, dass ich noch nie
der letzte Mensch auf der Tanzfläche war, dass Nächte, nach
denen man erst am nächsten Morgen nach Hause kam, mir
ziemlich fremd waren, dass ich es hasste, mich in lauten Clubs
anzuschreien, mich zum Tanzen gedrängt zu fühlen, stundenlang am Klo anzustehen. Mich interessierte das alles nicht, das
war schon immer so gewesen (mit Ausnahme einiger weniger
guter Partys, wir waren schließlich alle mal sechzehn), und es
hat eine Weile gedauert, bis ich mir das eingestehen konnte.
Dass ich die Uncoole war, die sich spätestens gegen ein Uhr
verabschiedete oder irgendwann einfach verschwunden war.
Doch je älter ich wurde, desto leichter fiel es mir, zu dem zu
stehen, was eben ein Teil von mir war, unabhängig davon, ob
andere ihn mochten oder nicht. Ich war in meinem Freundes-
kreis nicht die erste Wahl, um die Nacht zum Tag zu machen,
aber das war für alle und vor allem für mich vollkommen in
Ordnung.

Doch darum ging es an diesem Abend nicht, zumindest nicht nur. Es ging nicht um eine Nacht in irgendeinem überteuerten, neuen und doch immer gleichen Club. Es ging darum, dass ich das, was ich auf Reisen liebte, hier in Deutschland einfach nicht tat. Mit Fremden ins Gespräch kommen, mir von Barkeepern oder Taxifahrern Tipps einholen, gute Gespräche suchen und finden. Einfach draußen sein, unterwegs sein. Hier in München, wo ich eigentlich auftankte, bevor es wieder weiterging, langweilte mich all das plötzlich.

War ich also in fremden Ländern ein spontanerer, aktiverer Mensch? War ich glücklicher? Lebte ich nur, wenn ich unterwegs war, und dazwischen *überlebte* ich lediglich oder war ich zu Hause in München zu sehr damit beschäftigt zu funktionieren? Zu arbeiten, da zu sein, mehr nicht? Vom Reset-Knopf auf Reisen zum Snooze-Modus zu Hause – das konnte es nicht gewesen sein. Das war mir zu einfach.

Gina, eine Freundin, mit der ich virtuelle Briefe schreibe, die wir auf meinem Blog als »Kaffeesätze« veröffentlichen, nannte das Kind beim Namen: der Post-Travel-Blues, ein Luftloch zwischen Alltag und Abenteuer. Das war, wenn der Sand aus der Buchfalte rieselte, die Zehen aber nicht mehr vom Wasser umspült wurden. Genau das. Das Ende einer Reise. Mit wackeligen Beinen auf bekanntem Terrain.

Ich wollte das Problem an der Wurzel packen, nur so ließ es sich behandeln. Warum wollte ich gehen, und warum fiel es mir immer schwerer zu bleiben?

Ich bin nicht die Einzige, die ihre Gründe für den Aufbruch hat – was sind meine, was sind die der anderen? All diejenigen, die ich auf Reisen traf, die seit Jahren unterwegs waren und das vielleicht noch sind, Familien auf Weltreise, Leute, die Freiwilligenarbeit leisten oder die Reisenden, die nur ein paar Tage an einem Ort bleiben wollten, schließlich wochenlang dort lebten? Menschen, die in Bewegung sind, selbst wenn sie es nicht sind. Warum gehen wir alle letztendlich irgendwohin? Warum kommen wir alle immer irgendwann an den Punkt, dass wir auf den Globus oder zumindest auf Google Maps starren und das Gefühl haben, hineingezogen zu werden?

Manche behaupten, wir würden weglaufen, und auch wenn das für andere vielleicht zutreffen mag, ist mir diese Argumentation zu platt. Ich kenne mich zu gut, um zu wissen, dass Weglaufen die schlechteste aller Lösungen ist. Zum Weglaufen ist die Welt zu klein.

Am Anfang, als ich zum ersten Mal ohne meine Eltern (dafür aber mit meiner Freundin und deren Eltern), in den Urlaub gefahren bin und eine Woche in New York verbrachte, war es vor allem Abenteuerlust und Nervenkitzel. Zum ersten Mal raus aus Europa, sieben Stunden Flug über den Atlantik.

Heute ist da mehr. Aus einem Urlaub wurde ein Hobby, das Reisen, das alleine schon so viel mehr ist als Urlaub. Die Beweggründe entwickelten sich von reiner Lust auf Neues zu dem Wunsch, den Planeten, auf dem ich lebe, wirklich sehen, schmecken, riechen zu können. Es reicht mir nicht mehr, den Heimatort, das Heimatland und die Nachbarländer zu kennen. Das ist für mich ungefähr so, als ob sich jemand sein ganzes

Leben lang von Spaghetti bolognese ernährt, und nur ab und an mal was anderes dazugibt. Feta zum Beispiel. Es gibt doch so viel mehr als Spaghetti bolognese. Und Feta.

Ich fing an, mich für Länder zu interessieren, die mit großen Vorurteilen belegt waren. Indien, Kolumbien – letztendlich der ganze Kontinent Afrika, von dem ich heute, nach mehrmaligen Reisen dorthin, immer noch das Gefühl habe, dass er von uns allen in seiner Diversität gar nicht wahrgenommen wird.

Je mehr ich über andere Kulturen erfuhr und versuchte, Menschen zu verstehen, deren Auffassungen so grundverschieden von meinen waren, desto mehr hatte ich das Gefühl, über weitreichendere Themen reden zu können als aktuelle Lieblingsbücher, das neue iPhone oder die Jobsuche. Ich merkte, wie mein Selbstbewusstsein proportional zu meinen Erfahrungen wuchs, weil ich immer öfter einen Blick über den Tellerrand wagte.

Mit jeder meiner Reisen wurde ich etwas reifer und entwickelte ein Interesse für Dinge, die mich früher kaum tangierten. Zum Beispiel Insekten: In Malawi habe ich gelernt, dass Termiten in ihren riesigen Bauten Vorratskammern anlegen und darauf achten, dass ihr Zuhause immer angenehm warm ist. Oder Bäume. In Kolumbien kam ich zum ersten Mal mit Mangrovenbäumen in Berührung. Diese können im Gezeitenbereich tropischer Küsten wachsen und sind somit salztolerant. Manche von ihnen geben das durch das Wasser aufgenommene Salz über Drüsen auf den Blättern ab, bei anderen bleibt es so lange enthalten, bis die Blätter selbst abfallen. Oder landestypische Gerichte. In Indien wurde Paneer-Butter-Masala mit Kümmelreis und Knoblauchnaan zu meinem Lieblingsessen, und ich lernte, dass es nur dort schmeckt, wo es ursprünglich herkommt, nämlich in Nordindien, und dass es nirgendwo schmeckt, wo ich es immer wieder bestellte, nämlich in Südindien.

Aus der Lust auf das Abenteuer wurde der Wunsch, mehr als das Offensichtliche zu sehen, um zu verstehen, was nicht gleich verständlich war. Haken auf der Bucketlist sind eine Sache, aber Erfahrungen, die einem niemand mehr nehmen kann und Eindrücke, die gefestigte Überzeugungen erschüttern können, eine ganz andere.

Vor allem aber beobachte ich beim Reisen auch mich selbst. Wenn ich unterwegs bin, bin ich viel genügsamer als zu Hause, wo in meiner Dachgeschosswohnung alles sauber sein muss und ich Erfüllung darin finde, meine Kaffeemaschine zu entkalken. In vielen Ländern öffne ich dagegen die Tür zu einem Zimmer und tröste mich mit dem Gedanken, dass ich ja nur eine Nacht bleiben muss. Modrige Räume, weil das ganze Haus feucht ist, dreckige Laken, auf denen ich meinen sauberen Schlafsack ausbreite, Ungeziefer im Bad, lockere Duscharmaturen, kein Wasser, wenig Wasser, nur kaltes Wasser, siedend heißes Wasser. Reis mit Steinen darin, deswegen nur ganz langsam kauen, Moskitostiche am ganzen Körper, stinkende Klamotten mit Schweißrändern, die sich nicht mehr herauswaschen lassen, über Monate nur Handwäsche, weil es keine Waschmaschinen gibt.

Was die Hygiene in fremden Ländern angeht, stoße ich oft an meine Grenzen. Doch ich überwinde sie immer wieder und kann am Ende des Tages darüber lachen, mich mit einer Flasche Wasser abduschen zu müssen. Natürlich wurden mit steigendem Reisebudget auch die Unterkünfte schöner und in Schlafsälen übernachte ich schon lange nicht mehr – das ist meine persönliche Grenze. Doch ich kann nicht von jedem Land den Standard erwarten, den ich von zu Hause gewohnt bin.

Durch diese Genügsamkeit und die Akzeptanz gewisser Umstände machen mich immer öfter Kleinigkeiten glücklich, beispielsweise, wenn ich nach tagelangem Verzicht auf Kaffee, weil es nur Instantpulver gibt, ein verstecktes Café entdecke, das die besten Kaffeevariationen weit und breit serviert. Das sind schöne Momente, ganz klein im Kern, auf Reisen aber ein Stückchen Heimat, das mir plötzlich zugeworfen wird.

Ein fremdes Land zu bereisen, fühlt sich für mich immer so an wie der Anfang einer vielleicht ganz großen Liebe. Mit dem Zug durch die Alpen fahren, mit dem Flugzeug über die Sahara fliegen – das sind die Anfänge von Abenteuern. Zurückkommen, das Ende der Reise, der Anfang des Alltags, fühlt sich manchmal an wie Schlussmachen. Die schöne Zeit ist vorbei, jetzt geht es ans Aufräumen. Koffer auspacken, Wäsche waschen, dazwischen Fotos sortieren, um in Vergangenem zu schwelgen. Zuhause ist, wo der Schlüssel ins Schloss passt, ich die Sprache verstehe und das W-Lan funktioniert. Vielleicht wurde es auch gerade deshalb zu einem Ort der Rastlosigkeit.

Schnell wurde mir bewusst, dass ich das so nicht will. Ich wollte keine Reisesüchtige werden, deren Freunde sich langsam verabschieden, sind es doch genau diese Menschen, die bei meinen Lesungen in der ersten Reihe sitzen und sind es doch genau diejenigen, die mich am Flughafen abholen oder am nächsten Tag an der Tür klingeln, meine Geschichten hören wollen, sagen wollen: Schön, dass du wieder hier bist.

Zurückzukommen ist der Moment, in dem ich beginne, wirklich zu reflektieren und über das, was ich erlebt habe nachzudenken. Es anderen zu erzählen und dabei meine eigene Meinung zu formen. Der Alltag und das Zuhausesein sind deshalb kostbar, und ich will sie nicht aufs Spiel setzen. Einen Platz zu haben, an den man zurückkommen kann, der einen mit offenen Armen empfängt, vor allem, wenn die letzte Reise einem alles abverlangt hat, das ist so wichtig und so schön. Also machte ich es mir zur Aufgabe, den Alltag jedes Mal aufs Neue wertzuschätzen, ihn zu nutzen, um Energie zu tanken und ihn auch dann noch zu mögen, wenn der Körper längst schon wieder kribbelt.

»Vorfreude ist die schönste Freude«, schrieb ich Gina damals als Antwort auf ihren Brief. Vorfreude, das ist, wenn man Pläne schmiedet, wenn das Herz rast, während man selbst noch stillsitzt. Ob zu Hause oder auf Reisen, ich wollte überall vollkommen zufrieden sein, glücklich sein.

Das brachte mich zur nächsten Frage: Wer ist schon glücklich? Da ist immer dieses letzte Puzzleteil, das nicht passt, und selbst wenn es passen würde, irgendwann, dann bräche etwas anderes ab, und man müsste von vorne anfangen, das Glück zusammenzubauen. Also, wer ist schon glücklich? Außer ganz Bhutan, wo es das Bruttonationalglück gibt.

Jammern macht, vor allem den Deutschen, einfach zu viel Spaß. Dem Glück eilt der Ruf voraus, das Ziel einer langen

Reise zu sein. Um es zu erreichen, muss man arbeiten, man muss kämpfen, um irgendwann beim Glück anklopfen zu dürfen. Das ist ein bisschen so wie mit dem Passierschein A38 aus Asterix und Obelix: Wir rennen durch die Gegend, und am Ende werden wir einfach nur verrückt.

Ich glaube, weil wir es kaum gewohnt sind, wirklich glücklich zu sein, sind wir es auch so selten. Denn in unserer Vorstellung sind wir beim Finden des Glücks am Ende angelangt, *wir haben alles erreicht.*

Ähnliche Gedanken hatte ich bereits damals, als ich in dieser Freitagnacht durch München lief. Und dann, ein paar Wochen später, kam dieser eine Tag im Sommer. Ich fuhr auf meinem Fahrrad über die Hackerbrücke, die ganze Stadt war in dieses warme Abendlicht getaucht, auf das ich das ganze Jahr gewartet hatte. Und dann, mit einem Mal, war ich plötzlich glücklich. Einfach so. Meine Gedanken und ich und mein Dauergrinsen fuhren auf meinem Fahrrad eine gerade, glückliche Linie nach Hause. Das war der Tag, an dem ich beschlossen habe, glücklich zu sein. Weil schlichtweg nichts dagegen sprach.

Glück bedeutet heute für mich nicht, einhundert Euro im Lotto zu gewinnen, sondern Verantwortung für mein Leben übernehmen zu dürfen und das absolut Beste daraus zu machen.

Und in gewisser Weise ist auch Glück mehr ein Privileg, uns über die Dinge aufzuregen, über die wir uns täglich aufregen. Wenn die Deutsche Bahn es nicht hinbekommt, einmal pünktlich zu sein, wenn wir den vermeintlich schlimmsten Streit (denn wir reden gerne in Superlativen) unseres Lebens hatten, wenn im Supermarkt der Lieblingskäse aus ist. Das mag überzogen klingen, aber genau das sind doch die Dinge, die uns so oft einen Strich durch die Glücksrechnung machen. Der Alltag, der zuschlägt, während wir so mühsam einen Rahmen aufgebaut hatten, innerhalb dessen das Glück hätte Platz nehmen können. Deswegen versuche ich diese Dinge mittlerweile umzudrehen. Das heißt, wenn meine EC-Karte streikt, dann freue ich mich, dass ich überhaupt eine habe. Es gibt Menschen ohne Bankkonto.

Für mich ist alles miteinander verknüpft. Glücklich sein bedeutet mutig sein, bedeutet authentisch sein, bedeutet Gefühle zulassen, bedeutet glücklich sein.

Das ist eine einfache Formel. Auch machbar für alle, die immer schon schlecht in Mathe waren.

Seit zehn Jahren wohne ich nun in München. Zwischendurch war ich immer mal ein paar Wochen oder Monate woanders, und es gab auch immer wieder Phasen, in denen ich überlegte, ob Hamburg oder Berlin vielleicht die Lücken schließen würden, die für mich in München immer wieder entstehen. Doch ich bin geblieben, und das hat einen ganz einfachen Grund: Ich bin glücklich hier. Ich fühle mich wohl hier. Diese Frage, was München für mich ist, habe ich schon so vielen beantwortet. Freunden aus Berlin, die die Stadt belächeln. Reisebekanntschaften, die sich für München interessieren, weil diese vergleichsweise kleine, bayerische Stadt kurioserweise weltweit bekannt ist.

München ist und bleibt ein Millionendorf – und das ist eine Balance, die gar nicht so einfach zu halten ist. Es gibt

Zwischennutzungen und Undergroundpartys, es gibt (anscheinend) gute Clubs, aber noch bessere Bars, es gibt noch Arthouse-Kinos und die Boazn mit ihren Damen hinterm Tresen, die allesamt mehr zu erzählen haben, als es an einem Abend möglich wäre. Es gibt aber auch horrende Mietpreise und eine erschreckende Gentrifizierungswelle. Es gibt aalglatte Schwabinger, deren Porsche Cayenne nicht über die Stadtgrenzen hinauskommt, und es gibt die Latte-macchiato-Muttis, die mit ihrer Familie ins Kneipenviertel ziehen und sich dann über den Lärm beschweren.

Das Wichtigste für meinen persönlichen Wohlfühlfaktor ist jedoch: München ist ziemlich entspannt. Es ist die perfekte Stadt, um nach Hause zu kommen. Kaum einer rennt hektisch umher, und auch wenn sich vieles ändern kann, erfindet sich die Stadt längst nicht so schnell neu wie andere. Ich genieße es hier, wirklich zu wissen, wo es einen guten Mittagstisch gibt, und dass der alte Mann an der U-Bahn-Station mich jeden Morgen anlächelt und mir »Guten Morgen, mein Sonnenschein« zuruft.

Ich mag diese Stadt. Sie hat neben ihren Vorzügen die Kanten, die ich brauche, damit ich mich ab und an aufregen kann, damit dann Reibung und schließlich Wärme entsteht, wenn ich im Winter in einer zur Kulturtheke umfunktionierten Eisdiele eine Lesung halte oder im Sommer mindestens einmal pro Woche Freibadpommes esse.

Unterm Strich ist es doch so: Man ist dort, wo man sich wohlfühlt. Manchmal ist das auch einfach nur ein Gefühl. Manchmal sind die Gründe gar nicht wichtig. Egal, wohin das Fernweh mich treibt und egal, wie gut ich mit ungewohnten

Umständen zurechtkomme, etwas in mir liebt immer das Vertraute. Deshalb baue ich mir auf langen Reisen automatisch irgendwo mein Nest, und es zieht immer ein Teil vom Gewohnten mit ein. Und diesen Gedanken finde ich nicht nur beruhigend, ich finde ihn verdammt schön. Denn das ist der Grund, warum man vertraute Schätze am Ende der Welt finden kann, die zwischen so vielem Unbekannten rufen: *Hey, wir kennen uns doch.* Mit dieser Gewissheit wurde das Zuhausesein ein eigenständiger Baustein in meinem Leben. Er wird nicht mehr nur zwischen meine Reisen gepresst, sondern ausgekostet. Als das, was er ist – Heimat.

Es war schon immer so, dass ich etwas vermisse, sobald es nicht mehr greifbar ist. Das ist mit Schokolade nach Ladenschluss genauso wie mit dem Reisen. Oder eben dem Zuhause. Fernweh oder Heimweh – ich weiß nie so genau, welches Weh sich wann melden wird und wie ich dann damit umgehen werde. Das ist kein Luxusproblem, sondern vielmehr ein Geschenk. Vielleicht ein Stück vom Glück.

Ich gehe, weil es mich glücklich macht. Laufe irgendwo hin, für neue Geschichten und Erfahrungen. Damit ich später mehr erzählen kann, weil ich nicht der Mensch sein möchte, der einfach nur geblieben ist. Ich möchte Orte entdecken, an denen ich mir vorstellen kann zu bleiben. Für den Fall, dass ich irgendwann einmal meine Heimat verlasse, weil eine neue wartet.

Bis dahin rieselt beim Auspacken der Sand aus der Buchfalte. Etwas, das ich eigentlich überhaupt nicht mag. Aber es steht für das, was ich am meisten vermisse, wenn ich in meiner Dachgeschosswohnung in München stehe und spüren kann, wie es sich noch gestern anfühlte. Die Strände Kaliforniens, Spaniens, Kolumbiens.

Dann setze ich mich an den Küchentisch, meinen Lieblings-platz in der Wohnung, und fange an zu schreiben. Weil das Schreiben das Einzige ist, was mir dabei hilft, noch ein kleines bisschen länger zu bleiben.

Danksagung

Unglaublich, wie so viele Reisen in ein großes Abenteuer mündeten.

Ich danke meinem Lektor Johannes Engelke für die hilfreichen und lustigen Telefonate, wenn das W-Lan in Malawi verlässlicher war als der Internetempfang in der Münchner Innenstadt – vor allem jedoch für sein Vertrauen in dieses Buch. Ich danke meiner Redakteurin Antonia Zauner für ihr genaues Auge und meinem Agenten Markus Michalek – ich könnte mir keinen besseren vorstellen.

Ein großer Dank geht an meine Freunde, die mir trotz meiner hohen Abwesenheitsrate immer wieder eine gute Reise wünschen sowie allen, die ich auf genau diesen Reisen kennenlernen durfte und deren Geschichten Teil dieses Buches sind. Ich weiß es sehr zu schätzen, dass sich so viele die Zeit nahmen, mir meine Fragen zu beantworten und mit mir gemeinsam in Erinnerungen zu schwelgen. Ihr habt mir dadurch eine ganz tolle Zeitreise ermöglicht, und ich hoffe, die Worte in diesem Buch werden ihr gerecht.

Außerdem möchte ich Deniz für seine Geduld und die wertvollen Ratschläge danken sowie zu guter Letzt meinen Eltern. Für so vieles, dass ich gar nicht wüsste, wo ich anfangen sollte.

Unsere Leseempfehlung

240 Seiten

Einfach mal spontan die Koffer packen und mit niemandem Reiseziel und Programm abstimmen – wünschen wir uns das nicht alle hin und wieder? Reisejournalistin Katrin Zita macht gerne allein Urlaub und bricht mit dem Klischee, dass Soloreisende einsam sind. Sie zeigt, wie man die unterschiedlichsten Orte dieser Welt mit Leichtigkeit und Lebensfreude kennenlernt und dass man danach Souvenirs wie Selbstvertrauen und Selbstsicherheit im Gepäck hat.

Unsere Leseempfehlung

ca. 252 Seiten
Auch als E-Book
erhältlich

Sascha Tegtmeier und seine Frau Paulina, beide Mitte Dreißig, haben Deutschland für sechs Monate den Rücken gekehrt. Sie wollten um den Globus reisen, waren aber nicht bereit, ihr Hotelzimmer mit Kakerlaken oder einen Schlafsaal mit betrunkenen Mitreisenden zu teilen. Mit diesen Ansprüchen sprechen sie vielen aus der Seele: Flashpacking heißt diese Art zu reisen und ist mittlerweile ein globaler Trend. Mit ihren unterhaltsamen Geschichten ermutigen Sascha und Paulina alle Ex-Backpacker und Abenteurer, den Rucksack zu entstauben und in die Welt zu ziehen. Mit praktischen Flashpacker-Tipps – ob für eine Woche Urlaub oder ein Jahr Auszeit.

Unsere Leseempfehlung

320 Seiten
Auch als E-Book
erhältlich

Pauschaltourismus und Strandurlaub waren gestern – heute gehen wir Bergsteigen im Himalaya oder machen Hundeschlittenrennen in Alaska. Und doch gibt es Leute, die wollen gar nicht weg. Der Schisser zum Beispiel würde lieber zu Hause bleiben. Das Problem ist nur: Seine Frau liebt Abenteuerreisen. Und er liebt seine Frau. Erspart bleibt ihm auf seinen unfreiwilligen Reisen rund um den Globus natürlich nichts: menschenfressende Riesenechsen, Wildwasserrafting mit Zahnverlust und dabei immer mit den Nerven zu Fuß. Dies ist die Geschichte von einem, der mitmusste ...

Unsere Leseempfehlung